MON ÉVASION

Romancière et essayiste célèbre pour son engagement féministe, Benoîte Groult est née en 1920 à Paris. Diplômée de lettres, elle enseigne d'abord le français puis devient journaliste. Après avoir collaboré à différentes revues, elle cofonde en 1978 *F Magazine*, un mensuel féministe. C'est en collaboration avec sa sœur Flora qu'elle écrit ses premiers ouvrages, dont *Journal à quatre mains*, adapté pour le théâtre et joué en 2009 (Molière 2009). *La Part des choses*, publié en 1972, est son premier livre en solo. Benoîte Groult est décédée le 20 juin 2016.

BENOÎTE GROULT

Mon évasion

AUTOBIOGRAPHIE

GRASSET

ISBN : 978-2-253-12804-5 – 1re publication LGF

À ma belle descendance
totalement féminine,
Blandine, Lison et Constance, mes filles,
Violette, Clémentine et Pauline, mes petites-filles,
Zélie, mon arrière-petite-fille.

Prologue

La jeunesse d'aujourd'hui imagine mal l'extra-ordinaire parcours qui a été celui des femmes au XXe siècle.

Moi qui suis née en 1920, qui ai grandi sagement dans une institution catholique et qui suis arrivée à l'âge adulte sans même avoir le moyen légal d'exprimer mon opinion sur les orientations de mon pays (je n'ai obtenu le droit de vote qu'en 1945, à 25 ans !). Moi qui me suis avisée, la quarantaine venue, que j'avais vécu une bonne partie de ma vie sans contraception ni IVG (ce qui ne veut pas dire, hélas, sans avortements), sans avoir pu accéder aux écoles de mon choix, au pouvoir politique, aux hautes fonctions de l'État, pas même à l'autorité parentale sur mes propres enfants, j'ai l'impression d'avoir été condamnée à une interminable course d'obstacles.

À l'âge où il devient plus que temps d'écrire son autobiographie, ma vie passée m'apparaît comme une longue marche vers une autonomie qui m'échappait sans cesse et vers une indépendance qui ne serait plus limitée par d'autres mais conquise pas à pas dans une direction que j'aurais librement choisie.

Avec *Histoire d'une évasion*, en 1997, j'avais voulu faire le point sur cette révolution féministe qui ambitionnait de transformer la vie des femmes et qui allait bouleverser du même coup les rapports humains et concerner peu à peu les hommes dans tous les pays, qu'ils le veuillent ou non. Plutôt que le récit de ma vie, ce livre se voulait celui d'une prise de conscience, jamais tout à fait terminée car les barreaux des prisons et des clôtures ont une fâcheuse tendance à repousser, comme les bambous.

J'y racontais les étapes de ma deuxième naissance en quelque sorte, qui date de « l'année zéro du féminisme » comme la nomma la presse de l'époque, du jour où le MLF naissant manifesta sous l'Arc de Triomphe devant le tombeau du soldat inconnu, en hommage à quelqu'un de plus inconnu encore que le soldat : sa femme ! C'était le 28 août 1970, j'avais 50 ans déjà et toujours cette impression d'être une naturalisée de fraîche date et d'occuper une place octroyée d'en haut dans un monde qui, de toute éternité, avait appartenu aux hommes. Et je n'imaginais pas qu'il serait si ardu de se délivrer du carcan des traditions, de tous ces liens qui vous enserrent si profondément qu'on ne les distingue même plus de sa chair.

Je découvrais que la liberté ne se prend pas, qu'elle s'apprend. Au jour le jour et souvent dans la peine.

Et pour cet apprentissage, j'avais besoin non pas de la philosophie, de la science ou d'une foi religieuse, surtout pas. Et je n'avais pas besoin des hommes non plus. Ils pouvaient certes m'apporter des choses

merveilleuses mais pas celles qui m'étaient nécessaires à ce stade de ma vie. Pour celles-là, j'avais
besoin des autres femmes, celles que l'on m'avait si
soigneusement cachées au cours de ma scolarité. Je
découvrais enfin leur existence et je m'apercevais
qu'elles avaient travaillé pour moi, chacune à sa façon
et selon son époque, Christine, Olympe, George,
Flora, Pauline, Jeanne, Hubertine, Marguerite, Séverine et tant d'autres, afin que nous parvenions à bous-
culer la répartition traditionnelle en premier et
deuxième sexe pour devenir des êtres humains tout
simplement. J'avais besoin de connaître leurs itinéraires, leurs difficultés, les choix héroïques que quelques-unes avaient faits [1], toujours seules contre leurs
proches et contre la société, malgré le besoin d'amour
et de reconnaissance qu'elles portaient au cœur
comme tout le monde et plus que tout le monde.

Le féminisme est-il autre chose que cette transfu-
sion d'âme de celles qui ont osé à celles qui ont préféré accepter les règles du jeu ?

Il est de bon ton aujourd'hui de proclamer que la
misogynie n'existe plus.

— Mais il est où, le patriarcat ?

— Il crève les yeux, il est invincible ! comme
l'exprime superbement Marie-Victoire Louis, la fon-
datrice de l'AVFT [2].

---

1. Notamment Olympe de Gouges, guillotinée en 1793, et Pauline Roland, morte en déportation en Algérie en 1852.
2. Association contre les violences faites aux femmes dans le
travail, citée dans le réjouissant pamphlet d'Isabelle Alonso *Même
pas mâle*. Éd. Robert Laffont, 2008.

On pourrait dire exactement la même chose de la misogynie. Je fais en effet partie d'une génération-charnière où pratiquement aucune femme n'ose se dire féministe, comme s'il s'agissait d'une maladie honteuse. Se vanter d'être antiféministe en revanche demeure une excellente carte de visite dans tous les milieux et qui fait mieux pardonner la réussite. Les hommes apprécient même que nous soyons antiféministes, cela leur évite de jouer les machos : c'est nous qui nous chargeons du sale boulot.

Chaque fois que je vois apparaître sur nos écrans une femme capable ou qui a du pouvoir, je sais qu'elle va annoncer d'emblée que, bien sûr, elle n'est pas féministe, continuant ainsi à décrédibiliser un peu plus une cause dont nous devrions toutes être si fières, en termes de civilisation. Et en oubliant que sa présence à l'écran n'est due qu'aux combats passés des femmes et en aucun cas à un geste spontané de ses partenaires masculins.

De la même façon, un livre qui s'avoue féministe ne sera jamais considéré comme un livre NORMAL qui pourrait intéresser les lecteurs des deux sexes. Il est plutôt vu comme une sorte de missel réservé à quelques dévotes attardées, un ouvrage de patronage en somme. Quelques-unes le feuillettent, quelques-unes le liront jusqu'au bout. Mais 90 % des hommes, selon mon expérience personnelle, ne l'ouvriront même pas. Qu'un livre féministe puisse, comme tous les autres, être bon ou mauvais, bien ou mal écrit, brillant ou mortellement ennuyeux, ne les effleure même pas. C'est forcément chiant : le mot reflète exactement leur pensée rudimentaire. Encore heureux que les maris ne parviennent plus à en détourner leurs épouses, dans l'espoir de les préserver d'un virus… Qui poursuit son chemin, en douce, malgré eux.

En ce qui me concerne, toutes nos conquêtes sont trop récentes (certaines même sont arrivées trop tard pour que j'aie pu en profiter… de mon vivant, si j'ose dire) pour me permettre d'oublier que notre guerre d'indépendance n'est pas encore gagnée. D'autant que pour des centaines de millions de mes semblables sur tous les continents, elle est à peine commencée. C'est pourquoi je mesure ce que chaque droit, chaque nouvelle avancée représente de précieux, d'essentiel mais de fragile et de précaire aussi.

Pourtant, j'ai bénéficié d'une grande chance : ce sont les femmes qui achètent les livres de nos jours, romans ou essais. Sans elles, je serais une laissée-pour-compte en littérature. Fumer tue… mais le féminisme peut tuer aussi !

Après sept ou huit romans où j'avais mêlé le réel et le fictif comme la plupart des romanciers, j'ai eu envie de raconter de plus près ma vraie vie. Ce livre est en quelque sorte le tome II de l'*Histoire d'une évasion* que je me décide à livrer douze ans après le premier pour éclairer des zones volontairement laissées dans l'ombre jusqu'ici, avec la franchise et l'insouciance que seul l'âge peut conférer.

Le roman, c'était bien commode, surtout vis-à-vis de mes proches, car la réalité est souvent rugueuse ou blessante. Mais vient hélas un temps où les proches se raréfient, surtout quand ils sont vos contemporains, et l'on se retrouve un jour en rase campagne dans un état de semi-liberté désertique. En revanche, un des rares avantages de l'âge, c'est de ne plus avoir peur de grand-chose, de savoir qu'il est trop tard pour changer de route et d'image et que le tableau est plus ou moins définitif. C'est en somme l'heure de vérité.

Est-ce toute la vérité ? En tout cas, ce n'est rien d'autre que la vérité. Mais peut-on jamais se vanter de connaître toute la vérité sur soi-même ? Et la manière dont on raconte sa vie n'est-elle pas aussi révélatrice que sa vie même ? D'autant que le bonheur d'écrire, c'est aussi de donner naissance à des personnages qu'on n'a pas su être, pas osé être. C'est une sorte de revanche sur tout ce qu'on a manqué dans sa vie. Et c'est l'occasion de commencer son histoire comme un conte de fées : « Il était une fois une petite fille qui naquit à Paris le 31 janvier 1920 et qu'on appela Rosie... »

CHAPITRE I
Rosie Groult

Comme enfant, lorsque j'y pense, assez rarement, je me déçois. Déjà je ne portais pas mon vrai prénom. Mes parents, espérant sans doute un Benoît, m'avaient déclarée Benoîte à l'état civil, mais ce prénom se révélant inadapté, je suppose, pour un gros bébé placide, ils préférèrent mon deuxième prénom, Rosie. Aucun des deux ne m'a jamais appelée Benoîte. J'étais une enfant conventionnelle, timide, obéissante et bonne élève, beaucoup plus proche de Camille et Madeleine de Fleurville, deux petites filles modèles et sans intérêt, que de l'insolente Sophie de la Comtesse de Ségur. Mes parents, en tant que père et mère, étaient beaucoup plus intéressants que moi en tant qu'enfant. D'excellents parents qui n'ont eu comme défaut que de rester eux-mêmes, avec leur forte personnalité qu'ils n'ont jamais sacrifiée, sous prétexte de devenir de meilleurs éducateurs pour ma sœur et pour moi. Ils menaient leur vie et puis nous étions là et ils nous aimaient, c'est tout. Pas de thérapeutes à l'époque pour se pencher sur le pipi au lit tardif, ou sur la dyslexie qu'on osait qualifier de manque d'application ou sur le médiocre travail en classe qu'on attribuait tout simplement à la paresse, sans crainte de traumatiser à jamais le coupable ! Pas de théoriciens du moindre effort, pas de camouflage des matières scolaires sous des appellations ludiques et frauduleuses laissant croire aux élèves et aux parents que l'on peut s'instruire en faisant l'économie du travail. Pas d'activités d'éveil, impliquant que les autres activités seraient soporifiques ! Pas de psychologues scolaires enfin pour interdire toute punition, toute note trop basse qui pourrait traumatiser le nul, ou pour expliquer, donc justifier, l'insolence vis-à-vis du prof, voire la violence ou le passage à tabac avec la complicité d'un parent, conduites qui ne représentent plus tout bêtement l'arrogance et le refus de toute discipline mais un signe d'angoisse des jeunes, un appel au secours qu'il convient non de sanctionner mais de soigner, en remettant en question les enseignants, l'enseignement et la société tout entière. Nous, d'avant-guerre, étions des enfants, « infans », étymologiquement ceux qui ne parlent pas, qui ne donnent pas leur avis et nos parents à nous étaient « les parents », une espèce qui n'avait pas à être jugée ni remise en question.

La plupart des écrivains aujourd'hui, hommes ou femmes, en reviennent sans cesse à leur enfance comme à une caverne d'Ali Baba, qui peut se révéler, selon les cas, pleine de trésors ou d'horreurs, d'attendrissements ou de rancunes inexpiables. En tout cas, ils prétendent y trouver les raisons de leur réussite et surtout de leurs échecs, analysant interminablement les phrases de papa ou de maman, instruisant sans cesse le procès de leurs géniteurs, de leur laxisme ou de leur autoritarisme, s'interrogeant même sur la façon dont ils ont fait l'amour le jour où ils ont conçu leur enfant ; et dénonçant avec la même amertume le désintérêt parental pour la passionnante promesse qu'ils constituaient ou bien leur intolérable exigence de résultats pour leur enfant.

Personnellement, sauf talent exceptionnel du scripteur, les enfances m'ennuient et les actes d'accusation dressés contre les parents, qu'ils soient biologiques ou adoptifs, présents ou enfuis, aimants ou indifférents, commencent à m'écœurer. Je me suis avisée que ce qui est si reposant chez les Anciens, comme chez les Classiques ou les Romantiques, c'est qu'ils nous ont fait grâce de leur enfance. Corneille fut-il un enfant battu ? Est-ce que Platon se masturbait à dix ans ? Musset a-t-il beaucoup pleuré parce que sa mère ne venait pas l'embrasser le soir dans son lit ?

Ce ne serait sans doute pas inintéressant de le savoir et c'est indispensable pour les psychanalystes face à des patients qui souffrent de leur enfance comme d'une plaie qui ne veut pas se refermer. Autrefois on se passait très bien d'enfance. Elle n'occupait pas la place primordiale dans une existence.

Elle n'occupera pas non plus une place primordiale dans ce livre. Car je n'ai aucun procès à instruire, aucune rancune à assouvir, aucune excuse à invoquer pour expliquer que je n'aie pas été une surdouée ou un de ces cancres magnifiques que tant d'écrivains se vantent d'avoir été. L'éducation qu'on me donnait, en revanche, les personnes qui me la dispensaient jettent un éclairage indispensable pour comprendre comment je suis devenue cette adolescente timorée et incapable d'exploiter ses dons, alors que tant de fées s'étaient penchées sur mon berceau.

J'étais une gentille petite fille avec de très grands yeux bleus un peu fixes, une frange de cheveux châtains bien raides et une bouche trop charnue pour l'époque et que je laissais souvent ouverte, ce qui me donnait un air débile qui désolait ma mère. Comme elle n'était pas femme à se désoler mais à agir, afin de me rappeler de mimer cette bouche en cœur qui était à la mode pour les filles dans les années 30, elle me soufflait en public, dans un chuchotement que je jugeais tonitruant : « Pomme, Prune, Pouce, Rosie ! »

Je ne lui ai jamais répondu « Zut Maman ! ». Je devais bien être débile quelque part... Docile, je rassemblais mes deux lèvres pour qu'elles ressemblent à celles de ma sœur qui étaient parfaites. Comme tout le reste de son être aux yeux de ma mère. Ah ! se dit le psy, l'air connu de la jalousie !

Eh bien non, même pas. J'aimais ma petite sœur, de quatre ans ma cadette et, en tout cas, je ne l'ai jamais haïe. Je l'ai à peine torturée, de bonnes grosses brimades bien innocentes. Après tout, je n'avais jamais prétendu adorer ma mère comme elle. Il est donc normal que maman préférât le genre de beauté de Flora et l'attachement passionné qu'elle lui a d'ailleurs voué toute sa vie.

Encore aujourd'hui, vingt ans après la mort de notre mère, Flora me dit parfois : « J'ai vu maman cette nuit en rêve. Elle allait bien. »

Moi, je rêve rarement d'elle. Sans doute parce que je me suis mise à lui ressembler.

Grâce à Pomme-Prune-Pouce, je n'ai pas la bouche qui pend. Et je n'ai pas le dos trop rond, malgré mon âge et mon métier, grâce à la chaise de torture qu'elle m'avait commandée dans un magasin d'accessoires pour handicapés : un siège de bois massif, lourd et raide comme la justice, comportant, au centre de l'assise, une haute planche de la largeur de mon dos qui m'obligeait à m'asseoir très droite, presque au bord, et qui comportait deux brassières en sangle où je devais enfiler mes bras, ce qui me donnait le maintien d'Éric von Stroheim. Mes coudes étaient si bien tirés en arrière que je parvenais tout juste à porter ma fourchette à la bouche [1].

— Mâche, Rosie, mâche ! Regarde, André, elle fait semblant d'avaler mais elle empile tout dans ses joues comme un hamster.

Rosie n'a jamais eu l'idée de recracher... elle était sûrement débile quelque part.

Comme je chipotais – par bonheur on n'appelait pas encore anorexie ces manifestations puériles d'opposition – on compensait par du Bemax fait de germe de blé, de la Gaduase, huile de foie de morue prétendument désodorisée (mais les morues qui

---

1. Avec cinquante ans d'avance ma mère inventait le siège ergonomique qu'on utilise aujourd'hui dans les hôpitaux.

batifolaient sur l'emballage suffisaient à lever le cœur) ; de la Phytine Ciba pour le squelette et du sirop de pommes de reinette pour les bronches.

J'avais vraiment une mère magnifique.

Ou bien je n'ai pas su être à mon tour une mère magnifique, ou le moule des petites filles modèles s'était perdu : je n'ai obtenu d'aucune de mes trois filles cette soumission de larve où n'a couvé, hélas, aucune révolte avant un âge avancé.

Ma mère, impavide, œuvrait pour mon bien. Comment refuser le bien ? Elle ne pouvait qu'avoir raison. Elle était belle, avec de grands yeux bleus un peu fixes comme les miens. « Les yeux de vache des Poiret ! », disait mon père, qui avait les yeux en boutons de bottine. Impeccablement, mais trop maquillée, comme souvent les « jolies femmes » de ce temps-là, surtout quand elles travaillaient dans la mode ; jamais malade et partant chaque matin à la conquête du monde, les ongles rouges, de grosses bagues aux doigts, une coiffure courte et crantrée, rectifiée chaque jour au fer à friser que j'entendais cliqueter dans la salle de bains quand elle l'enlevait de son support où brûlait une tablette d'alcool Meta.

Elle n'aimait que la ville, à condition qu'elle fût capitale ; détestait la Bretagne, les maisons de campagne, les chaussures de sport ; ne nageait pas et ne savait pas conduire ; n'était heureuse qu'en dessinant des modèles pour sa maison de couture, ou entourée d'artistes et d'écrivains qui venaient à la maison pour déguster l'insolence de Nicole et les gigots en croûte d'André. La nuit, je la surprenais souvent à écrire à

ses nombreux amoureux, de sa belle écriture en guir-
lande, d'une force et d'une régularité saisissantes, elle
qui avait appris à écrire chez les Sœurs, de cette gra-
phie penchée aux majuscules contournées qu'on
imposait à toutes les jeunes filles de ce temps-là. Née
Marie Poiret, en 1887, elle décida de devenir Nicole
Groult, lors de son mariage en 1907. En changeant
d'état civil, elle voulut changer du même coup d'écriture, de style et d'ambitions.

Je ne savais pas encore que j'allais faire la même
chose à vingt ans. Sauf pour l'écriture (j'ai toujours eu
la même que ma mère…) et pour les ambitions… (les
siennes me bouchaient l'horizon). Restait le prénom, j'ai
repris Benoîte, c'était un début. En attendant il fallait
lui ressembler ou ne pas être. Alors je n'étais pas…

À qui d'autre souhaiter ressembler en effet ? Dans le
salon de Nicole j'apercevais des femmes d'artistes ou
d'écrivains. Elles me paraissaient redoutables. Toutes
un peu sorcières comme Élise Jouhandeau. Vêtues de
robes amples aux couleurs violentes, portant la frange et
des cheveux courts, parlant fort et ne lâchant pas d'une
semelle leurs grands hommes. Et aussi Marie Laurencin, ma marraine, qui me scrutait chaque fois derrière son face-à-main de myope comme si elle ne m'avait
jamais vue et découvrait un insecte inconnu et vaguement répugnant.

Et puis, dans le monde extérieur, il y avait les dames
normales, les mères de mes amies de classe. Elles portaient des chignons, se chaussaient de richelieus à talon
bottier, tricotaient à cinq aiguilles les chaussettes de leur
nombreuse progéniture et venaient chercher leurs filles

en classe vêtues de tailleurs sombres ou de manteaux d'astrakan l'hiver. Maman détestait l'astrakan. Elle porta longtemps, à ma grande honte, un ahurissant manteau de singe avec de longs poils noirs en bataille. L'idée qu'elle pourrait apparaître à la porte de l'institut Sainte-Clotilde, rue de Villersexel, Paris 7ᵉ, avec ses escarpins à talons qui claquaient sur le trottoir d'une manière indécente, ses « bibis » extravagants et son allure de reine, s'apparentait à un cauchemar.

Elle ne vint jamais par bonheur et l'École put rester pour moi un refuge contre ses excentricités et l'occasion de cultiver un réel goût de l'étude, encouragé par un tempérament moutonnier et besogneux. À la Sorbonne, plus tard, je multiplierais les certificats, grec, philologie, études pratiques d'anglais, biologie... tout pour rester étudiante et retarder l'entrée dans l'arène, où il faudrait « tenir la dragée haute » (encore une expression de ma mère) aux garçons, qui constituaient à mes yeux une tribu redoutable, aux mœurs mystérieuses, mais globalement hostile aux filles. Et il faudrait pourtant que je « décroche » parmi eux un mari (toujours le vocabulaire de la performance), ce qui me paraissait, vu l'état de mes munitions, un exploit hors de portée. Tout à fait à côté de la plaque, mon père, citant Barrès, me répétait : « J'aime les jeunes gens qui entrent dans la vie l'injure à la bouche. » À moi qui n'avais jamais su dire ZUT !

Avec mes complexes, j'étais faite sur mesure pour intégrer le troupeau des agnelles de Dieu. Ne serait-il pas plus simple en effet d'entrer au couvent où m'attendait un divin époux ? Finie l'obligation de faire la belle, finie la lutte pour réussir. Finis les talons hauts, le rouge Guitare, les indéfrisables ratées, les hideux bigoudis. De toute façon je partais perdante, les bonshommes n'aimaient que les blondes vaporeuses et les coquettes futiles. J'ai caressé ce projet religieux sans véritable sincérité et sans doute par défi à mes parents, pendant près d'une année.

Plusieurs de mes compagnes (on ne disait pas encore copines, les garçons seuls avaient des copains) se préparaient à entrer dans les ordres. Déjà petites, elles avaient fait partie des Enfants de Marie, ce qui leur conférait prématurément ce maintien de dignité triste teinté de reproche qu'on voyait aux dames qui revenaient de la Sainte Table. Certaines, qui avaient perdu un proche, étaient « vouées au bleu et au blanc. » Ça m'aurait bien plu… Après tout, j'avais moi aussi perdu une petite sœur, de deux ans ma cadette ; mais ma mère aimait beaucoup trop les couleurs vives et pas assez la Vierge Marie pour accepter cette contrainte vestimentaire. Et elle aimait beaucoup trop la vie, et *ma* vie, pour consentir à mon renoncement. Le mot seul lui faisait horreur.

J'avais tellement peur de quitter le royaume libre et indéterminé de l'enfance que je me suis longtemps cramponnée à l'âge ingrat, un syndrome aujourd'hui disparu. L'adolescence m'apparaissait en effet comme un noviciat qui menait inéluctablement au mariage, c'est-à-dire à la condition féminine. Cette perspective me donnait des boutons. Et comme je ne voyais pas d'échappatoire, malgré l'ozone, les scarifications et les lotions soufrées, j'ai réussi à conserver mon acné deux ans, relayée par l'herpès qui fleurissait mes lèvres chaque fois que j'étais invitée au bal ou en soirée.

Un jour, pourtant, malgré toutes mes manœuvres dilatoires, il a fallu que je me résigne à mon sort de femelle et à accepter les conditions du marché.

La première était d'avoir un joli « minois ». C'était cela qu'ils appréciaient, disait-on. Moi, je faisais plutôt la gueule. Mauvais point.

Ensuite, il était bon de ne pas faire d'études trop poussées. Ça enlaidissait les filles (les filles seulement), et on était traitées de bas-bleu.

Enfin, il était souhaitable de ne pas avoir d'idées dérangeantes, voire pas d'idées du tout, surtout politiques. Car ils laissaient tomber les bêcheuses et vous deveniez très vite une vieille fille, pauvre chose qui ne suscitait que pitié ou sarcasmes. Il n'y avait pas d'alternative. Je pouvais m'agiter dans mon bocal, c'étaient en définitive les mecs, et eux seuls, qui détenaient les clés de mon avenir. Chaque garçon s'est mis à m'apparaître comme un destin.

Non que je me sois jugée nulle : j'avais même de l'estime pour ma personne. Mais je ne voyais pas comment convaincre un homme de ma valeur. S'ils ne savaient pas me repérer, me distinguer du troupeau de jeunes filles à marier, c'est qu'ils étaient idiots. Mon père, qui avait un dicton latin pour chaque occasion, était bien de mon avis : « *Margaritas ante porcos*[1] », proférait-il pour me consoler. J'étais bien avancée !

---

1. « Des perles pour les cochons. »

Ma médiocrité fut scellée le jour où Marc Allégret, venu à la campagne chez des amis communs, me repéra. À la campagne ou à la mer, je paraissais moins butée… Il cherchait des jeunes filles pour le film qu'il préparait et proposa à maman de me faire faire des bouts d'essai. Elle se montra enthousiaste. Je me liquéfiai.

À la veille du rendez-vous au studio, je lui annonçai que je me sentais incapable d'affronter une caméra. « J'aime encore mieux faire des ménages », lui dis-je d'un air lugubre. On me considéra une fois de plus comme une incapable. Mon éducation était décidément un échec.

Après la mort de ma mère, trente ans plus tard, j'ai recueilli le grand cahier de maroquin rouge où elle notait ses réflexions, ses poèmes, et recopiait ses plus belles lettres, à Marie Laurencin, à Jean Cocteau, à Pierre Benoit, à Paul Poiret son frère, à tant d'autres. Au détour d'une page, dix lignes pour dire sa déception devant sa fille aînée, qui n'avait alors que seize ans : « Rosie a une nature plus réceptive que créatrice. Je sais maintenant qu'elle n'a pas de dons majeurs. Elle doute d'elle et croit trop aux livres. Elle se voit énergique, elle n'est que butée, je commence à perdre espoir pour son avenir. »

Ma pauvre maman, j'allais te décevoir longtemps encore et mettre des années à sortir de ma léthargie.

C'est beaucoup plus tard que j'ai compris ce qui m'avait paralysée ; l'impossibilité de ressembler à ma mère et l'absence de tout autre modèle. Nicole Groult était une des seules femmes de ma connaissance qui eût réussi par son travail, sans le secours d'un homme. Elle gagnait bien sa vie, c'est-à-dire la nôtre. Elle fut aimée tout au long de son existence par son mari et les admirateurs ne lui manquèrent pas, ni les amoureuses. Jusqu'à un âge avancé, elle sut rester mince et belle. Elle avait perdu une petite fille de dix-huit mois, son deuxième enfant, mais au lieu de sombrer dans l'abattement, elle en avait mis une autre au monde douze mois après. En ce temps-là, comme aujourd'hui d'ailleurs, il était rare qu'une femme réussît ainsi sur tous les plans. On ne lui pardonnait pas dans nos milieux bourgeois. On aurait aimé qu'elle fût punie… quelque part. « C'est une excentrique ! », disaient mes tantes avec une moue réprobatrice. « Tâchez de n'avoir pas mauvais genre comme votre mère », nous avertissait périodiquement grand-mère, qui pesait cent kilos et s'habillait toujours en noir depuis la mort de son fils aîné à Verdun.

Je n'avais pas le courage d'être une excentrique. Ni les capacités.

Et je n'avais de secours à attendre de personne et encore moins de mes lectures. Plus je lisais, au contraire, plus m'apparaissait cette évidence qu'il n'existait pas d'avenir indépendant pour les filles. Je n'avais pas même le soupçon qu'une Virginia Woolf pût exister. *Une chambre à soi*, écrit en 1929, ne sera traduit en français qu'en 1951[1] ! J'ignorais tout bien sûr d'une Marie Wollstonecraft, d'une Olympe de Gouges, d'une Flora Tristan, d'une Louise Weiss.

---

1. Par Clara Malraux.

Simone de Beauvoir n'allait écrire *Le Deuxième Sexe* que cinq ou six ans plus tard, et je n'ai pas dû prononcer le mot « féminisme » avant d'avoir vingt-cinq ou trente ans. Et sans mot pour le dire, comment concevoir la chose ? Ma mère se moquait bien du droit de vote et de la politique en général. À moi d'en faire autant.

Je vivais en somme dans une sorte d'innocence, mais comme on dit « l'innocent du village ». Nous d'avant-guerre, qui avions eu dix-huit ans en 1939, nous avons été presque toutes des innocentes du village. D'un village planétaire. Et c'était pire ailleurs ! Au moins n'étais-je pas une de ces négresses à plateau que j'avais vues, exhibées comme des guenons sur une estrade, à l'Exposition coloniale de 1936. J'avais seize ans déjà, mais l'idée ne m'a pas effleurée qu'elles aussi étaient femmes « à condition ». À condition de plaire aux hommes qui fixaient les critères à leur guise, fussent-ils les plus cruels, et n'épousaient qu'en cas de conformité.

C'est ainsi qu'à vingt ans je n'avais toujours rien remarqué d'anormal dans le fonctionnement de la société. J'avais en poche une licence ès lettres, j'enseignais le latin et l'anglais dans un cours privé, pourquoi ne pouvais-je pas voter comme les chauffeurs de taxi ou les balayeurs, ni ouvrir un compte en banque sans autorisation maritale, ni avorter sans risquer des poursuites, une condamnation de la société et peut-être la mort ?

La question n'a pas été posée.

Et pourquoi, pendant l'Occupation, les hommes eurent-ils seuls le droit à une carte de tabac, les femmes étant une fois de plus traitées comme des mineures ?

La question n'a pas été posée.

(En revanche, la réponse a été trouvée ! Aucune de nous ne fumant, nous avions confisqué la carte de tabac de mon père pour l'envoyer chez des fermiers du Morbihan qui nous expédiaient en échange du beurre et des lapins.)

Pourquoi, enfin, en suis-je restée à la licence sans aller jusqu'à l'agrégation ou à Normale comme les jeunes gens autour de moi ? Je les ai vus décoller. Je suis restée sur place. À quoi tenait ce défaitisme qui m'a incitée à abandonner alors que j'avais le temps, l'argent, la santé et le goût de l'étude ?

Là non plus, la question n'a pas été posée. Le renoncement passait pour une vertu chez les filles, y compris le renoncement au bonheur.

Mais là aussi, j'ai trouvé la réponse en découvrant, des années plus tard, un passage du *Deuxième Sexe* qui semblait écrit pour moi : « *C'est d'abord dans la période d'apprentissage que la femme se trouve en état d'infériorité… Ce qui est extrêmement démoralisant pour la jeune fille qui cherche à se suffire, c'est l'existence d'autres femmes, appartenant aux mêmes catégories sociales, ayant au départ la même situation, les mêmes chances qu'elle, et qui vivent en parasites. D'autant plus qu'il lui semble que plus elle va de l'avant, plus elle renonce à ses autres chances. En se faisant bas-bleu, femme de tête, elle déplaira aux hommes*

en général ; ou elle humiliera son mari, son amant, par
une réussite trop éclatante… De toute façon la jeune
fille est convaincue que ses capacités sont limitées… Se
résignant à cette inégalité, elle l'aggrave. Elle se per-
suade que ses chances de réussite ne sauraient résider
que dans sa patience, son application. C'est là un détes-
table calcul… Écrasée par le respect des autorités et le
poids de l'érudition, le regard arrêté par des œillères,
l'étudiante trop consciencieuse tue en elle le sens cri-
tique et l'intelligence même. »

Terrible analyse et qui rejoignait celle de ma mère.
Enfin, je m'expliquais le sommeil de mon intelligence.
C'était si exactement mon portrait que traçait Simone
de Beauvoir que j'ai eu envie de rouer de coups cette
pauvre jeune fille que j'avais été, puis de l'embrasser à
chaudes larmes.

Mais alors comment avaient fait les autres, les quelques-unes qui, au XXᵉ siècle, avaient choisi leur voie et
réussi à se faire un nom ? Je les admirais avec stupeur.
Conchita Cintron, la première torera en 1937. Marie
Bashkirtseff, que mon père admirait, morte de tuberculose en 1884, à vingt-quatre ans, déjà célèbre par
son *Journal* et ses peintures. Marie Laurencin, ma
marraine, bien sûr. Et Colette la scandaleuse, et Elsa
Triolet, qui reçut en 1945 le prix Goncourt, le premier attribué à une femme depuis quarante ans ! Et
puis Maryse Bastié et Hélène Boucher, gloires de
l'aviation française, mais qui, malgré leurs records
internationaux et leur héroïsme, ne réussirent jamais
à se faire engager sur des lignes régulières. D'accord,
quelques femmes parvenaient à franchir le mur des

préjugés, à briser le tabou du silence, mais la société s'empressait de les dénigrer ou de les effacer de nos mémoires. Elles n'entraient pas vraiment dans le monde des hommes, ne conquéraient ni place, ni pouvoir. Sauf les artistes et les comédiennes, mais leur statut restait précaire, à la merci d'une mode, de leur âge, de la faveur du public. Ce n'était toujours pas le monde des hommes. Et d'ailleurs, y réussir exigeait au départ un talent que je n'avais pas.

Il faut dire que j'avais passé le plus clair de ma vie jusqu'ici dans les écoles catholiques, où l'on se gardait bien de nous laisser pousser des ailes. La seule structure de notre religion aurait suffi à nous convaincre de notre insignifiance. Pas de déesse de la fécondité et des moissons comme Déméter chez mes chers Grecs aux dieux multiples. Pas de trace de déesse-mère comme chez les Égyptiens, ni même de Kali hindoue, incarnation de la mort mais aussi de la vie. Nos dieux à nous n'étaient que des barbus.

Au pied de notre trinité masculine, on apercevait bien une forme prosternée, la Vierge Marie. Mais elle constituait à la fois, par sa conception immaculée et sa virginité, un double défi à la nature et donc un modèle impraticable pour les femmes. Le triste destin de cette Mater Dolorosa, écrasée d'humilité face à Dieu et à son Divin Fils, était peu fait pour nous encourager sur les chemins de l'émancipation.

Nous avions bien quelques saintes, martyres le plus souvent, célébrées pour avoir perdu leurs seins ou leur tête, mais qui jamais n'avaient écrit le moindre évangile, ni des épîtres, ni même des prophéties comme la pythie de Delphes, ni le moindre texte fondateur. Les rares textes de femmes étaient gardés secrets.

Je crois que si j'ai perdu la foi vers ma vingtième année, c'est à cause de cette absence tonitruante de femmes dans l'Église, à la fois dans le message évangélique, dans la hiérarchie et dans la liturgie. La formule rituelle assenée chaque dimanche en chaire, « Mes bien chers frères », m'écartait d'emblée du discours. Sans avoir su l'analyser en termes féministes, je me sentais déshonorée par cette exclusion. Un prêtre venait nous dire la messe chaque matin à l'institut Sainte-Clotilde, mais il se faisait accompagner par ses enfants de chœur, comme si, parmi les centaines de petites filles agenouillées devant lui, aucune n'était jugée digne de servir la messe. La présence de ces galopins vêtus de rouge et appelés à des fonctions qui nous paraissaient prestigieuses, face au troupeau bêlant des « pisseuses » que nous étions à leurs yeux, m'a peut-être plus sûrement préparée au féminisme que bien des discours.

Voilà pour ma culture catholique.

Du côté de la culture grecque, malgré la joyeuse confusion de l'Olympe, rien de bien valorisant non plus pour mon ego. Aristote et Platon m'avaient prévenue deux mille ans plus tôt, que je n'étais « qu'un homme manqué, un mâle raté, une erreur de la nature ». Devant des autorités aussi irréfutables, il ne restait aux « ratées » de l'humanité qu'à s'incliner et à se tourner vers les spécimens réussis : les hommes ! Là, les héros ne manquaient pas. Mais nous les

admirions sans espoir. Le rusé Ulysse, Achille au pied
léger, le bel Hector enflammaient nos imaginations
mais à la manière dont un athlète courant le marathon
fascine un cul-de-jatte dans sa caisse à roulettes.

Nos héroïnes à nous ne semblaient connaître que
des destins pathétiques, abrégés par Dieu, leur père
ou un oracle.

Chacune de nous avait pu rêver d'égaler Antigone,
figure qui inspira tant d'auteurs, mais un bref instant
seulement, avant que les lois de la Cité ne la condam-
nent, pour désobéissance, à être emmurée vive à vingt
ans !

Il nous restait Hélène, dont la beauté fut la cause
de la guerre de Troie où moururent les meilleurs des
Grecs ; et Jocaste, épouse sans le savoir de son fils
Œdipe, et qui se pendit de désespoir en l'apprenant ;
et Iphigénie, sacrifiée à seize ans pour de dérisoires
raisons météorologiques ; ou Ariane, séduite et abandonnée dans une île déserte par Thésée. Et Médée,
l'infanticide, une magicienne comme sa sœur Circé,
ce qui ne les empêcha pas d'être elles aussi abandonnées. Et puis la brave Andromaque, bien sûr. En
fait de figures emblématiques, des destinées de
vaincues, de victimes. D'ailleurs, Eschyle, Sophocle,
Euripide et les autres avaient illustré ces vies dans de
terribles et magnifiques tragédies dont la beauté
même constituait un argument de plus contre les
femmes.

Et voilà pour ma culture grecque.

En somme, païenne ou chrétienne, la femme
demeurait la mauvaise moitié de la Terre, et les Pères

de l'Église, avec moins de talent mais plus de fanatisme que les penseurs de l'Antiquité, allaient confirmer la triste vérité : Platon, Aristote, saint Paul, Tertullien, Benoît XVI, même combat !

Restait la culture classique.

Las ! Là aussi dès le commencement, l'histoire de France posait notre exclusion. Et pas seulement par la loi salique, spécialité bien française qui nous a privées de grandes reines telles qu'Elizabeth d'Angleterre ou Catherine de Russie. Marie de Médicis fut notre dernière reine couronnée. Catherine de Médicis et les autres n'allaient plus être désormais que des régentes ou des épouses répudiables.

Pour nous les filles, qui nous sentions pourtant aussi avides de rêves que nos frères, point de ces héros archétypiques chez lesquels tant de garçons ont puisé leur vocation, leur inspiration ou tout simplement leur assurance dans la vie ; l'assurance d'appartenir au sexe qui avait fourni tant d'exemples glorieux et le sentiment qu'un peu de ce prestige rejaillissait sur chacun d'eux. Où étaient nos personnages légendaires à nous, face au Petit Tambour Bara, au Grand Ferré, à Bayard le Chevalier sans Peur et sans Reproche, aux Trois Mousquetaires, à Gavroche, le voyou magnifique ? Ou bien à Dumouriez qui sauva le peuple et la Révolution à Valmy, à Hoche le beau général de vingt ans, ou au Père la Victoire que vénérait mon père ? Et je n'oublie pas Napoléon, auquel on ne résiste pas à douze ans. « Waterloo, morne plaine » me tirait chaque fois des larmes. Même dans la défaite, même dans l'exil, il restait immense. J'ai collectionné ses bustes, en plâtre, en bronze, en faïence et même en forme de bougeoir, avec la bougie plantée au milieu de son bicorne. Il trôna longtemps sur ma table de nuit, mon Napoléon ! Mais quel exemple pouvait-il me donner ? Je dus rompre avec mon grand homme. Et avec la grandeur du même coup.

Pour nous les filles, il n'existait pas non plus d'« auteurs du programme » de notre sexe. À aucun stade de mes études, même en licence de lettres, un seul de ces sacrés « auteurs du programme » n'avait été une femme !

Erica Jong raconte qu'à Barnard, faculté fondée par des féministes américaines et réservée aux jeunes filles, on n'étudiait pas d'auteurs féminins, ni romancières, ni poètes. À la bibliothèque, ne figuraient ni les romans de Colette (prétendument épuisés), ni les œuvres de Simone de Beauvoir, ni Emily Dickinson. En 1960 ! Au pays du féminisme ! Alors en Sorbonne, en 1941, on imagine le désert. En fait, notre panthéon était vide. À l'exception, il est vrai, d'une héroïne prestigieuse : Jeanne d'Arc, encore une pucelle d'ailleurs, unique descendante des mythiques amazones et la seule qui ait eu l'audace de rompre avec sa condition et ses traditions de femme. Elle en fut châtiée comme on sait, et comme Antigone, Iphigénie ou Jocaste, vouée à une fin précoce et tragique.

Modèle dissuasif, on en conviendra.

Les autres n'apparaissaient que comme des figurantes. Nos historiens, toujours soucieux d'occulter la présence des femmes dans l'histoire, réduisaient leur action à l'agitation de quelques groupuscules, désignés pour mieux les marginaliser par des appellations ridicules : « Tricoteuses » de la Révolution française, dignes héritières des héroïnes de *Lysistrata* et de *L'Assemblée des Femmes*, dont Aristophane raconte qu'elles cardaient la laine elles aussi, entre deux discours politiques... « Pétroleuses », dont les engagements héroïques pendant la Commune furent ainsi minimisés ou tournés en dérision. Un surnom qui resta à Louise Michel, en plus de celui de « Vierge Rouge » (encore une pucelle !), et qui allait reléguer au second plan la volonté politique de toute sa vie, tout ce pour quoi elle s'était battue et avait été envoyée au bagne.

De même, au XXᵉ siècle, pour mieux évacuer les revendications des suffragistes, la presse les surnomma bien vite « suffragettes », ce qui leur valut de passer à la postérité comme les joyeuses majorettes du droit de vote. À la même époque, en Angleterre, elles se battaient héroïquement, s'enchaînaient aux grilles de Westminster, se jetaient sous les sabots des chevaux au Derby d'Epsom devant une foule médusée ou entamaient des grèves de la faim, et obtenaient ainsi le droit de vote vingt ans avant les Françaises !

Même tactique en littérature : en les traitant de « précieuses ridicules » ou de « femmes savantes », on raillait chez les femmes un penchant qui paraissait des plus honorable pour un homme : le désir de s'instruire et de parler le beau langage. Ces formules chocs, lancées par Molière en 1679, fourniront des repoussoirs qui vont longtemps jeter le discrédit sur l'ambition créatrice des femmes.

On imagine mal en effet l'impact d'une formule quand elle arrive historiquement au bon moment. La relation entre *savante* et *ridicule* est désormais posée et le ton pour en parler est donné : ce sera la *dérision*.

La Bélise de Molière, flanquée de sa belle-sœur Philaminte et de sa nièce Armande, va servir à disqualifier à la fois les dévotes qui tournent à l'hystérie par manque de mâle et les pimbêches qui se piquent d'écrire au lieu de repasser les pourpoints.

Mise au pas des femmes d'autant plus désolante qu'au Moyen Âge et à la Renaissance, nombre d'entre elles avaient pu acquérir une culture remarquable et se consacrer aux lettres et aux arts. On surnommait Christine de Pisan « La dame savante », mais à la fin du XVIe, c'était un compliment ! Héloïse savait le latin, le grec, l'hébreu et la théologie, et c'est l'amour, et non la science, qui causa son malheur… et celui d'Abélard. Louise Labé parlait quatre langues et Marguerite de Navarre rayonna sur tout le XVIe siècle.

Les femmes du peuple n'étaient pas non plus recluses au foyer. Les traditions germaniques avaient prévalu sur le terrible droit romain : elles pouvaient être tisserandes, tapissières [1], miresses (le mire est le médecin au Moyen Âge) ou prudes-femmes dans les corporations (cela semblait plus logique aux gens du XVe que notre Madame « le prud'homme »).

---

1. Ce sont des femmes qui tissèrent la fameuse *Dame à la Licorne*.

Le patriarcal XVIIe siècle allait remettre de l'ordre dans les familles. Et malgré l'embellie des Lumières au XVIIIe siècle, malgré les mouvements de menton des théoriciens de la Révolution, grisés par l'énoncé des grands principes dits universels mais qu'ils étaient bien décidés à ne pas appliquer aux femmes, on ne trouvera plus guère d'intellectuelles qui ne soient marginalisées et privées de toute chance d'influer sur les idées du temps.

Mais il fallait des lois pour ramener les filles et les épouses à leurs devoirs sacrés. Estimant à juste titre que l'instruction est le premier pas vers l'émancipation, le jacobin Sylvain Maréchal propose en 1801 son fameux *Projet de loi portant défense d'apprendre à lire aux femmes*. Le Code civil de Napoléon ira beaucoup plus loin encore, pour établir « la perpétuelle et obligatoire résignation des femmes » en faisant d'elles des incapables civiles et des mineures leur vie durant.

« Femme savante » ayant fait son temps, il fallut un mot nouveau : ce fut « bas-bleu », une expression venue d'Angleterre au XIXe siècle. Un bas-bleu, nous dit le dictionnaire, désigne « une femme qui a des prétentions littéraires ». Car quand une femme écrit, il faut bien comprendre que c'est de la prétention, pas de la littérature.

« Je ne veux pas de bas-bleu chez nous », disait Mme Dudevant à sa belle-fille Aurore Dupin, la future George Sand.

« Je n'accepterai pas que ma fille devienne un bas-bleu », déclare la mère d'une de ces *Dames aux chapeaux verts*.

« Pas de jupons chez nous », renchériront les Goncourt, refusant de couronner *Marie-Claire*, le très beau roman de Marguerite Audoux, en 1906, pour cause de… « jupon » !

Comme « femme savante », le terme de « bas-bleu » allait faire fureur et mettre à mal la réputation des « déserteuses » qui abandonnent leur foyer pour faire carrière. Les mots parfois peuvent tuer et font plus de mal qu'une longue diatribe. Barbey d'Aurevilly, auteur que mon père portait aux nues avec J.K. Huysmans, autre antiféministe notoire, intitulait un de ses romans les plus venimeux *Les Bas-Bleus*, et Albert Cim allait en faire autant dix ans plus tard. Curieusement, cette expression ne s'applique jamais aux hommes, si pompeux qu'ils soient parfois !

Non qu'il ne se soit jamais trouvé de philosophes, de scientifiques, de poètes ou d'hommes politiques [1] pour affirmer l'égale dignité des deux sexes. Mais ils restèrent isolés (Condorcet fut pratiquement le seul défenseur des femmes avec Guyomar sous la Révolution), passèrent pour de doux hurluberlus ou de dangereux utopistes (le génial Fourier resta dans la misère toute sa vie). Ils ne furent jamais cités dans nos manuels pour leur défense des droits des femmes. Le féminisme, c'était une lubie, un détail sans importance, une non-pensée.

Comme toutes mes contemporaines, je suis donc restée privée de toute référence, de toute analyse de

---

1. Cf. *Le Féminisme au masculin* publié en 1977 chez Denoël.

ma situation, donc, de toute porte de sortie du patriarcat.

« Si j'avais dû rompre avec la tradition, il m'aurait fallu un courage héroïque, et je ne suis pas un héros ! » écrivait Virginia Woolf.

Je ne l'étais pas non plus, et je continuai donc à me repaître de livres qui me détruisaient. En l'absence de télévision, c'est en effet la littérature passée et présente qui fournissait aux jeunes gens les images, modèles et fantasmes qui s'imposaient dans la société. Avec Malraux et Martin du Gard, c'est Gide et Montherlant qui étaient mes maîtres à penser pendant la guerre. Par passion pour *Les Nourritures terrestres*, je me rendais à peine compte que les héroïnes des romans d'André Gide étaient interdites de désir et de maternité, vouées, comme leurs sœurs antiques, à des morts sinistres.

Marceline, Alissa de *La Porte étroite*, Gertrude, la belle aveugle de *La Symphonie pastorale*, qui se suicide quand elle retrouve la vue, Éveline de *L'École des femmes*, Ariane, toutes des vaincues, des victimes sacrifiées à l'égoïsme masculin. Mais il y avait Nathanaël, qui me disait, sans s'apercevoir que j'étais une fille : « Jouis. Regarde. Possède le monde ! »

Mais comment jouir quand on se reconnaît dans la pathétique Andrée Hacquebaut de Montherlant ? L'Andrée des célèbres *Jeunes filles*, répandue sur le paillasson de Costals qu'elle aime, rampant devant lui quand il daigne lui ouvrir... pour l'insulter et ne pas lui faire l'amour. Car elle a le « tort » d'être intelligente. Ça la rend laide, et le désir de Costals ne naît pas, ne naîtra jamais. Il le réserve, avec tout le mépris qui convient, à Solange Dandillot, ravissante d'idiotie et de futilité, ce qui a le don de l'exciter furieusement.

Les jeunes gens que je rencontrais citaient volontiers Montherlant, auteur dont ils croyaient partager la grandeur en adoptant ses obsessions de virilité. La plupart étaient coutumiers de cette « misogynie de salon » bien française, qui les autorisait à se croire spirituels dès lors qu'ils débitaient les plaisanteries les plus éculées sur les gonzesses. Ne pas en rire avec eux eût été considéré comme un manque d'humour… bien féminin. Je riais donc avec les autres… on n'est pas une pauvre conne pour rien. Et il faut du temps pour comprendre que l'on participe à la misogynie en l'acceptant.

L'appartement familial où se pratiquait joyeusement le matriarcat, et la parfaite considération de mon père pour sa femme, ses filles et la gent féminine en général m'avaient mal préparée à l'énormité tranquille de la misogynie que j'allais découvrir dans le monde extérieur. Plus qu'une conviction étayée, c'était un mode d'être, une sorte d'obligation mondaine, un sport national. Il fallait qu'un jeune homme fût vraiment intelligent, ou vaguement débile, ou bien d'une originalité rare pour parler normalement des femmes. Et aux femmes.

J'étais d'autant moins aguerrie que, même en philo, au lycée Victor-Duruy, je n'avais jamais connu de classe mixte, jamais affronté la méchanceté instinctive des petits garçons, leur brutalité. J'arrivais toute fraîche, sans armes ni armure, à l'âge où les blessures font mal. Heureusement je cicatrisais bien et formais de solides durillons aux points habituels de friction.

En attendant de trouver assez d'audace pour blesser à mon tour.

Il n'est pas interdit de rêver : la psychanalyse naissante aurait pu se baser sur de nouveaux critères et nous sauver de la résignation à notre destin subalterne. Elle nous y enfonça davantage. Freud et après lui ses disciples allaient achever de verrouiller notre destin en donnant de la femme une définition qui rejoignait dramatiquement celles de Platon, d'Aristote et de Tertullien, qui commençaient à s'user. Sous un habillage moderne enrobant une théorie d'ensemble impressionnante, la même malédiction nous frappait. Nous redevenions des « mâles manqués, des hommes castrés, des êtres déficients de corps et d'âme ». Le modèle idéal d'humanité demeurait le masculin. C'était reparti pour un siècle.

Freud fut le père de la psychanalyse mais on ne dit pas assez qu'elle n'a pas eu de mère. À l'image de la chrétienté régentée par une longue suite de papes, cette science nouvelle a été définie par une longue suite de papes laïques parmi lesquels de rares femmes tinrent l'emploi de filles respectueuses, pour ne pas dire filles soumises – Anna Freud qui devint l'Antigone de son père, Hélène Deutsch, Marie Bonaparte qui se fit opérer le clitoris pour jouir selon le diktat de Freud, etc.

Il est dur de manquer de mères fondatrices, surtout quand on croule sous les pères, à commencer par notre Père éternel, le paterfamilias des Romains, notre Saint-Père le Pape relayé par les Pères de l'Église, sans oublier tous nos pères Fouettard, despotes au petit pied, le Père Noël et les bons pères de nos collèges, et le père confesseur auquel nous révélions le fond de nos âmes enfantines avant de nous prosterner devant Dieu le Père et d'absorber Dieu le Fils sous les Saintes Espèces que seul le père abbé, aumônier de notre collège, pouvait porter à nos lèvres. Même dans les commissariats, l'accueil aux femmes est désormais assuré par un personnel féminin. L'Église n'a pas suivi : aucune religieuse, même mère abbesse, n'a le droit de recevoir une femme, une petite fille en confession, ni même de lui donner l'extrême-onction.

On voit ainsi surgir à point nommé des hommes providentiels qui viennent légitimer la domination masculine. Au XIXe siècle, du moins dans nos sociétés évoluées, quelques femmes commençaient justement à réfléchir, à s'émanciper. Freud s'ingénia à les ramener au bercail. Toute tentative d'évasion des rôles traditionnels fut condamnée d'avance : « L'envie de réussir chez une femme est une névrose, le résultat d'un complexe de castration dont elle ne guérira que par une totale acceptation de son destin passif. » La « résignation perpétuelle » inscrite par Napoléon dans les lois allait trouver avec Freud son relais dans la vie sociale et psychique.

Je n'avais pas lu Freud, heureusement. Sinon j'aurais pu prendre le féminisme pour une névrose ou devenir une névrosée moi-même.

Mais sans être une névrosée (ma nature ne s'y prêtait pas), j'étais contaminée par cet enseignement. Car l'inégalité s'apprend dès l'enfance. Je l'avais ingurgitée sans grimaces en doses quotidiennes pendant vingt ans et je l'avais totalement assimilée. Je ne parlais jamais du « problème qui n'a pas de nom » que décrira plus tard Betty Friedan[1]. J'acceptais les règles du jeu et je me montrais même une bonne perdante. J'avais juste ce goût d'humiliation dans la bouche sans savoir pourquoi.

Il allait me falloir encore vingt ans et trois mariages, pour me rendre compte que je jouais avec des dés pipés et que les garçons entraient dans la vie avec de meilleures cartes, avant même de commencer à jouer. Que j'étais piégée, ligotée dans un implacable réseau de lois, d'interdits, de traditions religieuses, d'injonctions morales, dont il serait difficile, douloureux et peut-être dangereux de me délivrer.

Et qu'il faudrait cent fois recommencer l'ouvrage, et que chaque femme devrait se mettre au monde elle-même, sans prêter l'oreille aux discours lénifiants et démobilisateurs, à la langue de bois des hommes et de tant de femmes qui composent leurs troupes d'appoint, annonçant après chaque soubresaut, après chaque saut de puce sur la voie de la liberté, que le féminisme n'avait plus de raison d'être puisque l'égalité était enfin reconnue !

---

1. Dans *La Femme mystifiée*, traduit en français par Yvette Roudy.

Le seul avantage de l'inconscience et de la docilité, c'est qu'elles permettent de vivre à peu près n'importe quoi sans trop de dégâts. Certains événements de ma vie de jeune femme qui m'apparaissent rétrospectivement comme odieux ou intolérables, je les ai finalement vécus à contrecœur souvent, mais sans drame majeur ni révolte, ni vraie souffrance.

Si curieux que cela paraisse dans cet environnement apparemment moderne, j'étais restée comme tant d'autres une jeune fille du XIXe siècle. Dans bien des domaines, le XXe siècle n'a vraiment commencé qu'après-guerre.

C'est petit à petit, à coups de parties perdues, d'erreurs gaiement assumées, de renoncements de moins en moins bien tolérés, que j'ai émergé de la gangue des conventions pour devenir quelqu'un que je n'imaginais même pas.

Mais qui n'allait plus jamais me quitter.

CHAPITRE II
Les bonheurs

ANDRÉ GROULT   16 novembre 1939
Décorateur

25, faubourg Saint-Honoré
Paris 8^e
Tél. Anjou 26-28

       Ma chère Rosie,

    Je ne pense pas que tu doives surtout porter tes
efforts sur la version. Si calée que tu sois en version, tu
peux la manquer. Dis-moi si tu peux trouver un prof
plein de science pour t'apprendre à faire un thème grec
ou latin. Sinon, je tâcherai de te trouver un zèbre de
cette sorte à Paris.
    Je trouve que tu devrais faire chaque jour un thème
ou une version et ne pas te contenter de traduire les
auteurs du programme, mais travailler sur un programme plus large. Tu prépares ta licence comme le
bachot ! Or tu dois connaître à fond l'histoire de la
Grèce et de Rome, et leur littérature. Ne travaille pas
pour passer ta licence, travaille pour devenir une

Helléniste, une Latiniste, et tu verras que tu passeras comme une fleur.

Si tu me traduis les deux versions incluses, je te les corrigerai, *doctus cum libro*. Le Sénèque est facile, mais il y a des nuances délicates. À vrai dire, ce n'est jamais facile de traduire.

Hier, nous sommes allés au Cinéac à Saint-Lazare, avec les Galanis. Vers dix heures, dîner at home : paloignon gratinée, œufs brouillés, pointes d'asperges, choucroute garnie, desserts variés. Mais ce matin, bouillon de légumes !

Je t'embrasse, ma petite colombe. Travaille avec intensité. Embrasse la Flo pour moi. *Vale et me ama*.

Pater

Tout mon père est là : notre relation complètement décalée, hors du temps, ignorant le quotidien, cantonnée dans le spéculatif et quelques domaines bien délimités mais d'une infinie richesse : les Anciens, le sport, la botanique, la mer. Là où ma mère ne mettait jamais les pieds, en somme.

Flora n'était alors qu'une dépendance maternelle. Elle non plus ne saurait jamais conduire une automobile ni lire une carte, ni distinguer une fougère-aigle (*pteris aquilina*) d'un *scolopendrium officinale*. Mais elle naviguait avec art parmi les garçons, dessinait avec une grâce aérienne, vibrait à la moindre brise comme une jeune fille de Giraudoux et filait joyeusement mes bas de soie achetés avec l'argent de mes premières leçons !

Je ne m'en suis pas rendu compte à l'époque, mais c'est avec mon père que j'ai appris à aimer et à pratiquer toutes les activités qui allaient faire les bonheurs de ma vie.

Il respectait comme moi l'effort, qu'il fût sportif ou intellectuel. Mon tort était d'y trouver souvent plus de plaisir que dans la réussite. « Écrasée par le respect des autorités et le poids de l'érudition », avait écrit Beauvoir… « Étudiante trop consciencieuse »… Mon père avait diagnostiqué le même mal en moi.

« Des lectures en marge des programmes, une promenade, des moments féconds où étude et divertissement se confondent, peuvent être bien plus profitables, même à la traduction d'un thème grec, que la compilation morne d'épaisses syntaxes. »

On aurait dit que Pater avait lu Beauvoir ! Mais moi, je ne savais que « compiler d'épaisses syntaxes », et c'est ainsi que j'ai manqué deux fois mon certificat de grec et que je n'ai réussi du premier coup ni le latin, ni la philologie. Je n'ai passé haut la main que les épreuves de littérature et d'anglais. Mais ces retards représentaient peut-être un équivalent de cet herpès qui assurait mes échecs sentimentaux : mes échecs universitaires m'assuraient la prolongation de mes chères études.

En fait, je ne parvenais pas à me « rassembler ». D'un côté, l'acharnement sans éclat qui me servait d'alibi, de l'autre, les belles échappées.

C'est mon avenir programmé que j'oubliais pendant mes longues randonnées en neige profonde avec mon père, peaux de phoque sanglées sous les

immenses skis scandinaves d'avant-guerre aux
pointes relevées, munis de fixations aussi grossières
que des harnais de chevaux de trait, où il fallait
insérer d'invraisemblables godillots de fantassins
1914-1918. Commencée avec le télémark de papa,
poursuivie avec le disgracieux chasse-neige, aboutissant au christiania et à la godille, ma carrière de
skieuse a dû s'accommoder d'innombrables change-
ments de matériel et de style, qui se sont avérés de
plus en plus douloureux, surtout du côté des pieds.

Oui, je les regrette, mes pantalons norvégiens si
laids, où collait la neige, et mes bandes molletières qui
assuraient l'étanchéité des godillots aux tiges trop
souples.

Oui, je les regrette, ces longues montées glaciales
dans les couloirs ombreux qui menaient au lac de
Tignes et au village aujourd'hui englouti ; Pater
devant avec son passe-montagne d'explorateur
polaire, moi derrière dans ses traces, bourrée de kola
pour pouvoir suivre son rythme.

Oui, je les regrette, mes skis de frêne, si lourds.
Papa avait de l'hickory. J'y accéderais un jour, quand
j'aurais mon bac !

Et je la regrette plus encore, la pause sur le sommet
enfin conquis, nos vestes accrochées sur nos skis
croisés, nos peaux de phoque dans nos sacs à dos
pour nous servir de sièges dans la neige, seuls, dans
toute cette blancheur, sans itinéraires balisés, sans
bosses préformées, sans bars bourrés comme des
autobus de joyeux sportifs vociférants. On croquait
du chocolat Meunier, qui n'a jamais eu ailleurs ce

goût-là, on mangeait une banane, on buvait du jus d'orange tiré d'une gourde qui sentait toujours le fer. Et on s'emplissait du silence ouaté tandis que bourdonnait la fatigue dans nos muscles.

Flora prétend aujourd'hui que des monte-pentes et des télébennes existaient déjà au mont Genèvre et ailleurs en 1936, mais que notre père nous imposait les montées à peaux de phoque pour que nous « méritions » la descente. J'ai si longtemps pensé que l'effort était une vertu en soi que je n'ai pas le souvenir qu'on ait voulu me priver des facilités du progrès.

Rendant compte des mêmes randonnées, Flora décrirait sans nul doute la torture des montées dans le petit matin glacial, la morve qui gèle au bout du nez, l'ampoule avivée à chaque enjambée par le frottement de nos infâmes godasses au cuir raidi par le froid, les peaux de phoque qui s'obstinent à se désolidariser des skis, la moufle perdue dans la profonde, pendant qu'on s'escrime à resserrer les sangles de ses doigts gourds… et enfin, quand on se croit arrivé au bout de ses malheurs, le ski qui se détache et file tout seul dans la descente, goguenard… condamnant son possesseur à renoncer à l'autre pour entamer un chemin de croix dans la fraîche, le ski survivant sur l'épaule comme un Christ. À moins que Pater fût encore dans les parages et se chargeât de la planche restante, ce qui ne l'empêcherait pas de descendre royalement sous le regard accablé de l'accidentée, qui pesait soudain cent kilos !

Tout cela est sûrement vrai. Tout cela a dû m'arriver à moi aussi. Mais on sait que le souvenir est sélectif et mon récit n'est la vérité que pour moi.

Et moi, je me vois triomphante, secouant mes godillots, qui étaient ce qu'ils étaient, pour en faire tomber la neige, replaçant mes fixations en position de descente – c'était là qu'un ski pouvait vous quitter – et repérant les dénivelés les plus propices à la glisse, tremblant d'excitation de griffer bientôt toute cette surface vierge de la trace en zigzag de mes skis.

Et dans ce plaisir, comme dans tout plaisir, l'aiguillon de la mélancolie : la marée va redescendre, mettant fin à la pêche… la fête va finir, et il faudra s'en aller dans la nuit… l'ultime grain de caviar va être mangé… l'amour va devoir prendre le dernier métro… Cette crête sur laquelle on se tient après une laborieuse ascension, cette crête va déboucher sur la trop brève exultation de la descente ; à l'image de la première moitié de la vie où l'on hésitera sur le sommet un moment, tandis que se dévoilera l'autre versant, où l'on pressent que l'on ne sera plus tout à fait maître de sa vitesse ni de sa destinée.

Heureusement, la vitalité du présent va emporter cette fulgurance.

Le retour du skieur dans la vallée, le retour du pêcheur à terre font partie de ces moments où l'on se sent supérieur au vulgum pecus. Le reflet de la solitude, la beauté des ailleurs brillent dans les yeux. Les muscles ont obéi, la technique n'a pas trahi, le corps a exulté. La faim et la soif sont meilleures.

Aux antipodes de cette griserie-là, s'étendaient les bonheurs humbles et innombrables des jardins.

Nous n'en avions jamais eu un à nous. Maman avait trop peur des pique-niques à préparer, des maisons de campagne à ouvrir et à fermer, des souris, des araignées, du moisi sur les murs et des fenêtres qui ferment mal. Elle préférait aller chez les autres ou rester sur son grand lit-coquille en galuchat à dessiner des robes ou à se faire les ongles en chantant des airs d'opérette qui me donnaient le frisson.

À dix-huit ans, elle avait rêvé de devenir chanteuse. Une idée mort-née dans ce milieu ! Faire des robes semblait moins scandaleux, s'apparentant à la broderie ou à la couture, activités admises pour une femme… bien que maman sût à peine coudre un bouton. Elle avait donc opté pour la mode, comme son frère Poiret dix-sept ans plus tôt, mais n'avait pas renoncé à chanter.

Je suis incapable de dire si elle chantait bien ou mal, mais pour moi, elle avait une voix indécente, trop aiguë comme beaucoup de femmes de ce temps-là, épouvantablement féminine. J'aurais voulu, si elle tenait absolument à chanter, qu'elle eût la voix de Zarah Leander ! Quand elle entonnait *C'est Estelle et Véronique, Monsieur, prenez-nous* ou *Poussez, poussez l'escarpolette…*, je rentrais sous terre. Chaque fois qu'elle chantait en public pour ses amis, c'était pire à mes yeux que si elle s'était mise toute nue. Son répertoire de chansons de marins, notamment, me plongeait dans la honte. Au banquet de Saint-Céré, en 1934, invitée par Pierre Benoît à fêter son épée d'académicien, elle s'était levée au dessert pour chanter devant une centaine de célébrités, Dorgelès, Carco, MacOrlan, Bérard, Spinelli et d'autres : *Ah ! quelle triste vie que celle d'un marin / On y dort à la dure, on y crève de faim…* L'horreur absolue.

Mais les auditoires paraissaient ravis ! Mais papa adorait ! Il s'agissait sans doute d'une de ces fixations incompréhensibles sur tel ou tel comportement d'un parent, aussi impossible à raisonner qu'à surmonter, une de ces phobies enfantines dont l'origine ne pourrait être décelée qu'au terme de cinq ans d'analyse. N'ayant jamais été analysée, elle m'a duré toute ma vie. La nostalgie des jardins que nous n'avons pas eus aussi. Pour la combler, j'ai dû par la suite me doter de trois jardins ! Mais comment résister à cette expression attendrissante : un jardin d'agrément ?

Je n'ai acquis le premier, en Bretagne, que passé ma trentaine, quand je me suis considérée comme définitivement liée à Paul Guimard. Un jardin aussi, c'est pour la vie. Aucun d'eux n'est assez grand pour que je puisse y planter un liquidambar, un paulownia ou un magnolia grandiflora dont les catalogues m'affirment qu'ils occuperaient un tiers de mes jardinets ! Mais je n'aurais jamais trouvé le temps d'écrire si j'avais eu un parc, le petit bois de mes rêves, un espace pour l'imagination. Trois ares et quatre-vingts centiares sont déjà un monde.

Par bonheur, mon grand-père Groult possédait un jardin devant la plage des Dames, à Concarneau, qui entourait une vaste maison où grand-mère Groult, qui n'aimait personne, se croyait cependant obligée de recevoir toute la famille, oncles, tantes et cousins pendant toutes les vacances scolaires de l'année. Seul le devoir comptait pour bien des femmes de cette génération. De toute façon, personne ne s'enquérait de ses goûts à elle, mais seulement de la date où elle nous prendrait tous en charge.

Ma mère, qui, comme je l'ai dit, n'avait aucun goût pour la Bretagne, les maisons de campagne, etc., n'y faisait que de brèves et scandaleuses apparitions. À cette saison, elle préparait sa collection d'hiver.

Grand-père était naturaliste et dirigeait la Maison Deyrolle, du nom de son épouse, rue du Bac. « Les Fils d'Émile Deyrolle » régnaient sur quatre étages vétustes et fascinants, peuplés d'écorchés, de fossiles, d'échantillons géologiques, de squelettes d'espèces préhistoriques, d'insectes, de papillons et de milliers d'animaux empaillés. Pater, qui avait une licence de sciences naturelles et travaillait au journal *L'Acclimatation*, une sorte de *Rustica*, aujourd'hui disparu, envisageait de consacrer sa vie aux plantes et aux animaux, jusqu'à ce que maman, profitant du désarroi du lieutenant André Groult, Croix de guerre, Médaille militaire, trois citations, rendu à la vie civile en 1918, ne l'arrache à cet univers bestial pour en faire un antiquaire puis un décorateur qui allait devenir célèbre dans les années 1925-1930.

Jusqu'à vingt ans, date à laquelle la défaite puis l'Occupation interdirent aux Français leurs propres rivages, j'ai passé les plus riches heures de ma jeunesse à Ty Bugalé[1], Concarneau, Finistère.

Là-bas, mes meilleurs amis s'appelaient *Lofius Piscatorius* et *Maïa Verrucosa, Gadus Merlangus et Gadus Morua, Zeus Faber* et *Scomber Scombrus* le maquereau[2]. Chaque fois que j'en tirais un de l'eau, à la ligne ou au tramail, grand-père, qui ressemblait à Victor Hugo grand-père avec ses drus cheveux blancs et sa moustache, levait un index déformé par l'arthrose et jauni par les Gitanes papier maïs, et disait : « *Gadus Merlangus*, un cousin de *Gadus Morua*. » (À moins que ce ne fût un lieu jaune, en ce cas, *Gadus Gadus*.)

À Ty Bugalé, nous jouions avec passion au croquet (fallait-il être simplet, penseront les enfants de l'électronique), aux boules et au tennis, où j'avais appris à servir par en bas, comme toutes mes tantes. À cause des seins, disaient-elles mystérieusement. Mais mon vrai jeu, c'était la pêche en mer. Départ chaque matin à six heures trente sur le cotre de grand-père. Retour vers onze heures, traînant des palanquées de poissons qui paraîtraient miraculeuses aujourd'hui.

Flora avait le mal de mer, ce dont je me réjouissais sournoisement, car cela me conférait à bon compte une réputation de loup de mer. Et elle ne supportait pas l'odeur de la « gleure », cette bouillie de têtes de sardines et de farine qu'on moulinait à mesure des

---

1. Ty Bugalé signifie en breton « la Maison des enfants ».
2. À savoir : la lotte, l'araignée de mer, le merlan, la morue, le saint-pierre et… le maquereau.

besoins dans un vulgaire presse-viande en fonte comme il s'en trouvait dans toutes les cuisines et qu'on répandait à la volée sur la mer pour faire « monter » le poisson.

Je me trouvais donc à bord avec les hommes : grand-père, maître après Dieu, parfois Pater, un ou deux oncles de passage, Flora, quand la mer était d'huile, et mon cousin Roland, qui nous avait complaisamment servi à tout pendant nos adolescences, y compris à nous dévoiler l'anatomie du *Phallus miserabilis*. Il n'avait que dix à douze ans à l'époque, et les commentaires goguenards de ses deux cousines, Rosie et Flora, ramenaient ce qu'il nous avait présenté comme redoutable à des proportions tout à fait rassurantes, sinon dérisoires.

Aux grandes marées, je renonçais au bateau et nous pêchions la crevette, mes tantes, mes cousines et moi. C'étaient les dames qui pêchaient la crevette *(Palaemon serrata)*, toutes les gravures de l'époque l'attestent. Ce n'était pas un sport jugé viril. Et pourtant, soulever des tonnes de laminaires avec un haveneau est autrement plus épuisant que de pêcher à la ligne du haut d'une digue ou assis dans un canot. Ces traques acrobatiques dans les rochers, ces courses à la mare miraculeuse qui ne découvre qu'à partir d'un coefficient de 90, mais permet d'assurer sa pêche en cinq coups de filet ; ces randonnées à travers les bancs de sable qui semblent s'étirer au soleil pour l'éternité alors que deux heures plus tard ils seront... comme s'ils n'avaient jamais été... Cette joie d'entendre au fond du filet le crissement joyeux qui signale qu'une

quantité appréciable de bouquets s'est laissé piéger…
Cette satisfaction de sentir la sangle du panier de
pêche vous scier les épaules, signe que les prises
s'accumulent… Encore aujourd'hui, j'irais jusqu'au
bout du monde pour les retrouver.

D'ailleurs, j'y vais, puisque je pars chaque année
depuis vingt ans pêcher au bout du monde occi-
dental, en Irlande. J'y pars pour retrouver les joies de
ma jeunesse, du temps où les rivages bretons regor-
geaient de trésors vivants, où je pêchais des hippo-
campes dans les mares, des pousse-pieds (*pollicipes
cornucopia*) au flanc des rochers, des dormeurs sous
des cailloux. Du temps où le moindre enfant muni
d'un simple filet à papillons rentrait de la plage avec
un seau plein de bestioles passionnantes. On ne voit
quasiment plus de papillons. Les petits bleus, notamment, grands comme un pétale de campanule, ont
disparu. On n'a plus une chance sur cent de trouver
un tourteau en retournant une pierre. Mais on vend
encore dans les bazars à touristes des filets à crevettes
et à papillons qui sont à peu près aussi utiles qu'une
arquebuse !

Chaque fois que je me poste en haut d'une plage
d'Irlande, l'œil fixé sur le repère qui m'avertira que la
mer a assez déchalé pour commencer ma pêche, je
suis la petite fille, la jeune fille, la femme de toutes les
marées que j'ai vécues. Sans âge sinon l'âge du monde
à ce moment précis, je guette l'instant magique où la
mer mettra à ma disposition ses monts et merveilles.
Contre vents et marées, je suis prémunie : le ciré, le
suroît pour protéger de ce qui tombe du ciel, les

cuissardes, pour isoler de ce qui monte des fonds marins. Le téléphone ne sonnera pas. Aucune mauvaise nouvelle ne peut m'atteindre. Je me fous du monde entier...

L'odeur du goémon, les bruits argentés de l'eau qui se retire en douceur en mille ruisselets, la conscience que le plaisir sera limité aux horaires de l'*Almanach du marin breton* et qu'il ne faut pas perdre un instant (par une délicate attention de la nature, le bas de l'eau dans le Kerry est à la même heure qu'à Concarneau), tous ces ingrédients se mêlent pour composer le bonheur.

Le reste est anecdote. Le retour, l'étalage des kilos de bouquets sur une toile cirée, la pesée, le tri des palourdes, étrilles et oursins – la vodka qui accompagnera les crevettes tièdes tout à l'heure, le récit toujours le même de ces moments toujours inédits pour les passionnés, les considérations sur le temps qu'il a fait, qu'il va faire et qu'il aurait dû faire... Et le lendemain, tout recommence, pour deux, trois, quatre jours selon l'amplitude de la marée. Puis la mer vous laisse tomber, elle ne vous montrera plus rien de ses dessous pendant des semaines.

Pater n'est jamais venu en Irlande. Il est mort en 1967, emmenant avec lui Nicole, trois jours plus tard. La pêche marchait encore un peu dans le Finistère pour les touristes de mon genre, et je pensais que cela durerait toujours autant que moi. En fait, cela s'est dégradé encore plus vite que moi ! Et comme les bêtes qui transhument pour trouver une herbe nouvelle, j'ai dû changer de pâturages marins. Je n'imaginais pas trouver un univers aussi violent. L'ouest de l'Irlande, agressé de plein fouet depuis des millénaires par un océan qui n'a pas rencontré d'obstacles depuis le continent américain, violenté par des « perturbations qui se succèdent les unes aux autres sans discontinuer », dit le *Guide Bleu*, déchiquetant ses rivages, s'affrontant aux falaises qui interdisent l'entrée du pays, témoigne du duel toujours recommencé entre la terre et la mer. Entre deux affrontements, les provinces de l'Ouest, Donegal, Connemara et Kerry, connaissent de brèves et sublimes accalmies. Les criques de sable se mettent à étinceler et apparaissent les centaines d'îles que l'Atlantique n'a pas réussi à engloutir : îlots coiffés d'un peu d'herbe où paissent une douzaine de moutons, ou entassements de rochers féroces où nul humain n'a pu aborder, refuge des huîtriers et des cormorans. Ces îles qui ont toujours fait rêver, ces îles qui font qu'il sera beaucoup pardonné à la mer.

Mais en Irlande, les accalmies ne sont que des cadeaux que le ciel vous fait à regret. Le pays retourne bientôt à ses démons et la brume revient envelopper les rivages de son manteau troué de lumière.

Il est dur d'échanger les rondeurs du granit breton, la douceur de ses criques, le voisinage rassurant de ses ports, contre cette sauvagerie, à laquelle la solitude ajoute une dimension angoissante. Personne ne pêche à pied en Irlande, personne ne ramasse rien dans les rochers, pas même un bigorneau. On est seul sur des hectares de goémon avec son filet, sa foëne, sa pelle à palourdes, son tournevis à oursins et tout ce harnachement qui vous fait ressembler à un chevalier du Moyen Âge.

J'ai longtemps apprécié ces affrontements mais, depuis peu, mes troupes me trahissent. Moi qui n'avais jamais pris garde à ce fidèle serviteur qu'était mon corps, voilà que je dois le rappeler à ses devoirs. Voilà que je ne saute plus sans y penser d'un rocher à l'autre. Mon pilote automatique refuse de fonctionner, et je suis contrainte de réfléchir : voyons… si je mets ma botte sur cette pierre-là, je dois pouvoir atteindre la suivante d'un saut sans glisser dans ce trou de trois mètres… Est-ce si sûr ? Plus rien n'est sûr. Tout le paysage en est modifié. Il faut composer désormais, évaluer ses forces, ne pas pousser à bout tel muscle qui refuse les heures supplémentaires. Tricher. Ralentir. Trébucher. Ramper parfois comme Lucy, mon aïeule. J'étais jusqu'ici la patronne… C'est comme si, soudain, mes employés s'étaient syndiqués et me posaient leurs conditions ! Un jour, qui sait, ils me séquestreront dans mon propre corps et je n'aurai plus mon mot à dire.

Un jour, qui sait, j'aurai un tour de reins en glissant sur des algues, ma botte restera coincée dans une faille ou bien je tomberai dans l'eau, c'est la faute à Rousseau ; j'appellerai en vain au secours et je mourrai dans une mare que viendra recouvrir la marée à l'heure prévue par l'*Almanach du marin breton*. Quelle apothéose pour une pêcheuse !

CHAPITRE III
L'année 43

Nous sommes en 1943. J'ai vingt-trois ans. C'est toujours la guerre au-dehors et l'Occupation au-dedans. Flora, qui avait eu quinze ans en 1939, n'a toujours pas connu de jeunesse libre. Nos vertes années nous filent entre les doigts.

Après Saint-François-Xavier, Chambre-des-Députés et Solférino, « nos » artères nourricières, trente autres stations de métro viennent d'être fermées à leur tour.

Les troupes de l'Axe ont occupé Toulon et la flotte française s'est sabordée. Saint-Nazaire et Lorient sont en ruine et il n'y a plus de zone libre. « Le danger bolchevique est brisé, la menace communiste est définitivement écartée de l'Europe », a déclaré Hitler. Les Allemands viennent d'ailleurs de prendre Kharkov et Bielgorod. Von Paulus a été blessé à Stalingrad, mais la guerre s'éternise et la France s'enfonce.

À Paris, toujours pas de charbon. On a descendu du grenier les affaires de ski ; on se couche tôt et on lit dans son lit avec un bonnet et des gants de laine. Les Français nés entre janvier 1912 et décembre 1921 (j'en serais si j'en étais un) devront se faire recenser pour le STO[1]. Les sursis étudiants vont être supprimés. Enfin, les Allemands ont interdit pour Noël la fabrication des bûches. De toute façon, il n'y a ni crème, ni œufs… ni bûches d'aucune sorte.

Quant à moi, j'enseigne au cours Bossuet, rue de Chabrol, un cours de jeunes filles tenu par des religieuses en civil. Je n'y arriverais pas si je n'étais toujours logée-nourrie-blanchie chez mes parents. Je leur verse une part de mon salaire. Nicole fait survivre sa maison de couture en confectionnant des capes pour les infirmières. Avec ses allocations spéciales de fil et de tissu, elle parvient encore à faire quelques robes pour des privilégiées. Pater ressemble de plus en plus à Bernard Palissy : un bonnet sur la tête, une pèlerine sur le dos, l'air furieux, il n'a plus que du chêne à sculpter et passe ses journées et ses dimanches dans son atelier, parlant de brûler les meubles qu'il n'a pas vendus pour se chauffer, afin d'en fabriquer d'autres qu'il ne vendra pas davantage.

De toute façon, même si on gagne sa vie, il n'y a rien à faire de son argent à part du marché noir. Plus de ski, plus de voyages, et je ne sais toujours pas conduire puisqu'il n'y a ni essence ni voitures. Ty Bugalé est réquisitionné par les Allemands et la côte est interdite aux non-résidents. Seule distraction : faire la queue sur le trottoir des commerçants du 7e que nous n'avions jamais regardés de si près et qui maintenant nous regardent de haut. On ne sort

1. Service du Travail obligatoire.

qu'avec un filet, un pliant et un livre, en cas de distribution inopinée.

Plus de soirées pour cause de couvre-feu et plus de garçons, partant, plus d'amour.

Bien entendu, je ne suis toujours pas mariée et dans moins de deux ans, je coifferai Sainte-Catherine. On en parle beaucoup dans les milieux de la mode. Dans les deux ateliers de chez Nicole Groult, 25, faubourg Saint-Honoré, c'est la fête pour les catherinettes chaque 25 novembre.

« Laisse ta fille tranquille, dit Pater. Si elle ne se marie pas, elle restera à la maison pour nous soigner, ce sera très gentil. »

Le pire, c'est que je viens de louper un parti tout à fait recommandable, fils d'un écrivain célèbre [1].

B. était grand, dist., peu démonstr. ms séduis. Profess. lib. aimant mus., voyages, ciné. Haut niv. soc. et cult.

J'avais cru comprendre qu'il cherchait J.F. exc. fam., tendre, sens., aimant mus. pour relation sentim. Plus si affinités.

Je l'avais rencontré chez mon ami d'enfance Yves Ciampi, étudiant en médecine, comme B. Travaillant à l'hôpital, il bénéficiait d'une dérogation pour terminer ses études à Paris. Médecine ! Le métier de mes rêves, celui que je n'avais pas osé choisir. Trop long, trop dur pour une femme et faisant fuir les prétendants, disait-on. Les langues anciennes, c'était mieux car on n'était pas obligé de montrer dans les salons

---

1. Georges Duhamel.

que l'on savait le grec et le latin. Les prétendants fuyaient tout de même…

B. et moi allions tous les dimanches matin aux concerts du Conservatoire, ou écouter le quatuor Hewitt, et il me raccompagnait à pied à travers un Paris glacial, des grands boulevards à la rue de Belle-chasse, en m'entretenant du sens qu'il comptait donner à sa vie et de la nécessité d'avoir à ses côtés une épouse qui le comprenne et qui partage son idéal. Il ne me posait pas de questions sur mon idéal à moi. Il était peu démonstr., il m'avait prévenue. Mais devant ma porte cochère, il me serrait un instant contre lui et, à travers nos deux épaisses canadiennes, je sentais que le courant passait.

Maman courait les voyantes les plus célèbres et les plus coûteuses de Paris. Pétrissant le gant que j'avais réussi à dérober à B., elles avaient toutes affirmé sur un ton prophétique :

« Madame, je vois pour votre fille aînée une demande en mariage. Très prochaine. »

Elles ne pouvaient pas toutes se tromper ! Mes espoirs grandissaient chaque semaine et on me couvait d'un regard attendri. Je n'avais ramené jusqu'ici à la maison que des numéros jugés impossibles : un fils de paysans qui avait réussi à coups de bourses diverses à accéder à la Sorbonne, mais qui habitait chez sa mère, toujours revêtue d'un tablier, dans un pavillon à Vanves, adresse impardonnable… Puis le jeune étudiant juif dont la mère vendait des shmattes sur les marchés… mais celui-là avait opportunément disparu dans un maquis… Après quelques autres olibrius du même tonneau, j'allais enfin tirer le numéro gagnant !

Transie d'amour, je vécus sur un nuage jusqu'au jour où B. m'écrivit qu'il venait de se fiancer à une autre et qu'il trouvait plus honnête de ne plus me revoir. Une chape de plomb tomba sur la maisonnée.

« Enfin Zazate ! Tu n'as rien vu venir ? Tout un hiver à sécher sur pied, à attendre qu'il se déclare, à lui écrire des lettres d'amour… Je le sais, je voyais la lumière sous ta porte… Tout ça pour apprendre un beau matin qu'il en aime une autre ? Si tu passais moins de temps dans tes livres, peut-être comprendrais-tu mieux les êtres.

— Et quand je pense, ajoutait Pater, que tu lui as fait manger plusieurs pots de *mes* confitures de marrons, faites de *mes* mains, avec du vrai sucre ! (Seuls ceux qui ont connu les restrictions de l'Occupation comprendront la gravité de ma conduite.)

— On n'attrape pas les mouches avec du vinaigre, tente Flora pour excuser mon acte.

— Apparemment, le sucre ne sert à rien non plus, coupe maman. Ah, si tu m'avais laissée écrire tes lettres ! »

Passe l'ombre de Cyrano. Mais je ne suis pas Christian, et ce n'est pas sur le plan de l'écriture que j'ai échoué, j'en suis sûre. Le problème, c'est que je tombais paralysée dès qu'il apparaissait. Quand il me rendait visite rue de Bellechasse et qu'incertaine de mes propres charmes je raflais pour lui un pot de crème de marrons dans la réserve sacrée, quand nous le dégustions dans ma chambre en écoutant les

Variations symphoniques ou les *Dialogues de la Mer et du Vent* et qu'il me disait : « L'amour, c'est de regarder tous les deux dans la même direction… », je n'osais pas lui répondre que pour moi, l'amour, c'était de le regarder lui, dans ses yeux gris-vert et de m'y noyer. Il avait toujours la tête ailleurs.

Faut-il préciser que je n'avais jamais dépassé l'intimité de sa bouche ? Et encore, pas toutes les fois. On vivait l'amour avec pas grand-chose en ces temps naïfs. Je m'enflammais avec une allumette. Et je faisais durer. Il avait bien dû s'apercevoir que j'étais débile sur les bords… Ça l'arrangeait, je pense. Sa fiancée, gardée secrète, était à l'étranger et venait seulement de rentrer. J'avais servi à meubler son ennui et ainsi il n'avait pas perdu la douce habitude d'être aimé.

Cette fois-là, Pater s'est abstenu de dire : « *Margaritas ante porcos.* » J'en avais assez de m'appeler Marguerite ! J'aurais préféré : « *Macte animo, generose puer !* [1]. » Car ce soir-là, j'avais bien besoin de réconfort. Au lieu de cela, sous l'œil attendri de Flora qui adore souffrir, maman m'a prise dans ses bras et il a bien fallu pleurer en famille.

« Tu verras, il ne sera pas heureux avec son imbécile.

— Et elle n'a même pas son bac », ajouta papa gentiment.

B. a d'ailleurs divorcé, mais beaucoup plus tard.

Moi aussi, mais d'un autre.

---

1. « Prends courage, généreux enfant ! »

En attendant, il ne me restait qu'à me rabattre sur quelques gentils dadais, de ceux qui sont toujours disponibles, toujours amoureux transis et qui vous aident à passer les caps difficiles et à reprendre des forces pour un autre amour dont ils ne seront jamais les bénéficiaires. Toutes les jeunes filles ont des garçons de ce genre dans leurs stocks.

Mon vrai problème, c'est que je ne décollais pas professionnellement. Je n'avais toujours pas écrit de tragédie, ni de recueil de poèmes, pas même une petite nouvelle. C'était bien la peine d'avoir rencontré dans le salon familial Paul Morand, Pierre Benoit, André Salmon, Marcel Jouhandeau... Flora avait vu Boussingault, Segonzac, Zadkine, Van Dongen... Eh bien, Flora dessinait, c'était une artiste. Et j'étais précisément ce que Maman avait le plus redouté pour moi : une petite institutrice !

J'osais à peine dire que j'aimais l'enseignement, que je n'étais pas malheureuse, que c'était la guerre et qu'on verrait après, que je tenais un journal et que des amis l'appréciaient. Que j'en distribuais des extraits à Hélène, mon amie de cœur, à des militaires aussi. L'un avait emporté mes carnets à Narvik. Un autre, un spahi, venait de me retourner mes feuillets pleins de sable du désert. Il me comparait à Katherine Mansfield ! J'écrirais un jour, c'était sûr. J'en étais sûre... « N'attends pas que je sois morte », disait Maman.

Terriblement vivante, elle reprit mon éducation en main chaque soir sur le canapé du salon. Comment échapper à l'endoctrinement familial quand il n'y a ni sorties ni télévision ? Toute une génération, bientôt deux, n'imagine même pas que nous ayons pu vivre sans la télévision avant la guerre ou pendant la guerre et même dans l'immédiate après-guerre. Sans même une radio portable à écouter dans notre chambre ! Pour mon « lectorat » né après 1945 et dont l'avant-garde doit atteindre cinquante ans aujourd'hui, c'est proprement impensable. Autant parler du temps de Clovis !

Sans télé, il fallait se faire son spectacle soi-même. Mon feuilleton, c'était « la troïka », le grand divan du salon où nous nous installions toutes les trois, Maman, Flora et moi, presque chaque soir, sous la couverture de fourrure, quand Pater était couché. L'animateur de la soirée, c'était ma mère. Il n'y avait qu'un programme : le sien. Les sociologues ont-ils mesuré la perte d'audience pour les parents que représentent aujourd'hui les trois heures en moyenne de programmes télévisés regardés par les enfants ? Nous, nous étions exposés en permanence au discours maternel et ne pouvions lui échapper qu'en vacances.

Cet été-là, ne pouvant aller plus loin, je l'ai passé avec Flora chez tante Jeanne, une sœur de ma mère, de dix-huit ans son aînée, qui avait une propriété à Poissy, aux environs de Paris.

Le doux ennui des étés en banlieue me conduisit dans un de ces greniers fabuleux où reposait la mémoire des familles, du temps où l'on gardait long-temps les maisons et où s'accumulaient en strates successives ce qui restait de chacune des générations qui

nous avaient précédés. À côté des poupées à cheveux
naturels et à tête de porcelaine, accompagnées de
leurs trousseaux raffinés, mieux brodés et cousus que
la plupart de nos vêtements du temps de guerre, à
côté du berceau d'osier à grandes roues où avaient
reposé Paul Poiret, ma tante Jeanne et ses sœurs cinquante ans plus tôt, à côté des malles porte-manteaux
et des cartons à chapeaux que les dames des Années
Folles emportaient sur des paquebots de rêve,
quelques coffres et une vieille armoire contenaient la
collection complète de *L'Illustration* et des centaines
de livres poussiéreux. C'étaient des romans pour
jeunes filles et je retrouvais sur la page de garde, écrits
d'un crayon pâli, les noms des sœurs Poiret, Jeanne,
Germaine et Marie, future Nicole, auxquelles était
destinée cette pathétique littérature.

La plupart de ces romans étaient écrits par des
femmes et avaient souvent connu des succès retentis-
sants, surtout quand ils présentaient des jeunes personnes scandaleuses qui s'écartaient du modèle
recommandé. Les bonnes héroïnes, après quelques
détours, trouvaient leur épanouissement auprès d'un
saint-cyrien ou de préférence un polytechnicien, et
surtout dans une maternité à répétition. Les mauvaises héroïnes, bien plus attachantes au début, devenaient, sans exception, passé trente-cinq ans, trente
ans dans les cas sévères, de pitoyables « vieilles
filles », soit souffreteuses, soit chevalines, dévotes,
tyranniques ou hystériques, vêtues de robes informes,
affligées de ménopause précoce et finissant leur existence dans la solitude et la misère.

Je parcourus ainsi *Les Sévriennes*, de Gabrielle Réval, *L'Institutrice de province*, de Léon Frapié, *L'Initiatrice aux mains vides*, de Jeanne Galzy, *Ces dames aux chapeaux verts*, de Germaine Acrement, qui connut un succès retentissant en 1922 et mettait en scène quatre vieilles filles aussi laides que méchantes, dont la plus jeune n'avait que trente-cinq ans mais déjà plus aucun espoir de trouver un mari. Et puis, je découvris *Les Enseignantes*, de Marcel Prévost, *Les Émancipées*, d'Albert Cim, *La Rançon* et *La Rebelle*, de Marcelle Tinayre et enfin *Les Cervelines*, de Colette Yver, qui reçut en 1907 le prix Femina. Un jury de femmes, et de femmes de lettres, couronnait précisément le roman qui condamnait les émancipées et la société décadente qui autorisait de tels manquements à la nature ! Preuve que, même passées professionnelles, les dames du Femina restaient assez masochistes et respectueuses des traditions pour se condamner elles-mêmes, dans le vain espoir de se faire « pardonner » leur réussite.

Grâce à ce succès public, le mot « cerveline » allait désigner toutes ces femmes à barbe, ces intrigantes qui manifestaient la prétention d'être hommes de lettres, médecins ou savants, malgré leurs carences intellectuelles démontrées par la science.

J'avais bien sûr lu les classiques : *La Cousine Bette* et *La Vieille Fille*, où Balzac laisse transparaître toute l'horreur que lui inspirent les femmes célibataires.

Était-il inévitable que l'absence d'homme vous condamnât à de si odieuses caricatures et à faire partie des figures les plus désolées et les plus antipathiques de la littérature ?

J'avais lu aussi Henry James, un des juges les plus impitoyables pour le célibat des femmes. On ne m'avait épargné ni *Le Tour d'écrou* ni cette *Troisième Personne* qui devint folle de malheur et finit par assassiner sa mère avant de se suicider. Le sort se montrait toujours impitoyable pour ces malheureuses.

Je découvrais pour la première fois les poisons distillés par tous ces romans qui avaient bercé l'adolescence de tant de jeunes personnes candides. Et soudain, dans ce grenier, je m'expliquais la répulsion de ma mère pour l'état d'institutrice. Car la majorité des héroïnes de ces romans étaient des institutrices !

Pauvre maman ! À ses yeux, le statut d'enseignante ne pouvait être qu'un gage de célibat, condamnant au sacrifice de sa féminité, à moins qu'il n'entraînât une vie de débauche s'achevant sur le même fiasco. Et qu'étais-je donc à ses yeux sinon une cerveline, moi aussi, dont Colette Yver disait « qu'elles avaient laissé leur vie refluer au cerveau » ?

Les statistiques, d'ailleurs, lui donnaient raison : soixante-dix pour cent des institutrices et des professeures dans les années 30 ne trouvaient effectivement pas de mari, alors que la grande majorité des maîtres d'école menaient une vie de couple normale[1]. En 1938 encore, on appelait « Mademoiselle » soixante-quatre pour cent des professeures de lycée et

---

1. *La République des instituteurs*, de Jacques et Mona Ozouf, Le Seuil, 1992.

l'enseignement restait assimilé pour les femmes à une sorte de vocation religieuse impliquant la chasteté. Au cours de mes études secondaires, je n'avais d'ailleurs connu que deux professeures mariées. La première, Mme Ansermet, était veuve, donc retournée à la correction. L'autre, Mme Espagne, prof d'histoire et de géographie (un trop beau nom pour être inventé), non seulement était en puissance de mari, mais eut l'audace de poursuivre son enseignement alors qu'elle était gravement enceinte. Notre classe de Seconde en était à la fois émoustillée et scandalisée. Alors Mme Espagne faisait l'amour ? Nous n'avions encore jamais eu à penser une chose pareille de nos autres éducatrices.

Je rentrai de Poissy le trouble au cœur. J'avais presque compris quelque chose. Mais je n'avais jamais encore évalué ma situation du dehors et je ne savais pas que je faisais partie d'une catégorie sexuelle plus contraignante encore qu'une classe sociale. Restait une réalité immédiate : j'avais choisi une profession sans avenir faute d'une qualification véritable. Sans agrégation, pas de promotion, et sans promotion, pas de salaire convenable. « Après tout, tu es peut-être faite pour les seconds rôles », disait ma mère. Pourquoi m'obstiner ?

Pourtant, je voyais poindre en moi ma première lueur de conscience. Mais il fallait changer d'aiguillage. Le jour où un ami de la famille, grand Résistant, me proposa d'entrer à la Radio française, au secrétariat de Jean Marin, qui arrivait de Londres auréolé de gloire, je quittai sans regret le cours Bossuet. En novembre 1944, je devins secrétaire. Je gagnerais le double de mon salaire de professeur et j'avais l'impression d'avoir décroché mon bâton de maréchale.

Nicole m'avait en vain conseillé de briguer un poste de journaliste. Mais de même que je m'étais montrée incapable d'affronter une caméra cinq ans plus tôt, je ne me sentais pas la force de faire face à un micro ni d'improviser ou même de lire un texte à haute voix. Et puis mon inertie politique pendant toute la guerre commençait à me faire honte face à ces hommes, à ces femmes aussi, qui rentraient de Londres ou d'Afrique où tous avaient combattu pour des valeurs que je partageais mais que je ne m'étais pas sentie tenue de défendre. Et là encore, je ne peux pas rendre responsable ma famille. Gaulliste de la première heure, par haine des « Boches » et amour de la patrie, mon père s'était brouillé peu à peu avec tous ses amis pétainistes. Nous écoutions religieusement les informations de Londres derrière nos fenêtres occultées et chantions comme un exorcisme l'indicatif de la France libre : « Radio-Paris ment, Radio-Paris ment, Radio-Paris est allemand ! »

« Hitler est un malade mental, comme beaucoup d'Allemands d'ailleurs, et c'est pour ça qu'ils finiront par perdre la guerre », répétait Pater, même aux jours les plus sombres.

Mais la défaite allemande tardait, on se battait encore en Alsace. Nous avions vu arriver à Paris la division Leclerc et les troupes américaines, et surgir ces combattants de l'ombre grâce auxquels nous

pouvions sans trop de honte participer à la victoire.
Nous nous félicitions d'avoir toujours été du bon côté
malgré tout, et si je n'avais pas de quoi me vanter, je
croyais n'avoir rien à me reprocher. Sauf exception,
les femmes n'étaient pas nées pour faire l'Histoire
mais pour la subir. Pourtant, avec le retour des
déportés et les premiers témoignages sur les camps,
une honte diffuse commençait à m'envahir, ramenant
au jour un souvenir que j'avais voulu oublier : mes
parents habitaient toujours au 44, rue de Bellechasse,
mais en face de chez nous, au 35, la Judische Ge-
schäft du bijoutier Markovitch n'avait pas rouvert ses
portes.

« Ils ne reviendront jamais », disaient les gens
avertis.

Et soudain m'est apparu le visage d'une petite fille
de treize ou quatorze ans. Je me souviens qu'elle avait
des cheveux châtains et de grosses joues pâles, et
qu'elle avait sonné à notre porte un soir. On venait
d'arrêter ses parents pour les emmener vers une
« destination inconnue ». On avait mis les scellés sur
l'appartement et elle ne savait où aller. Comme nos
parents avaient deux filles à peine plus âgées qu'elle,
elle pensait sans doute qu'ils auraient pitié et qu'ils la
recueilleraient au moins pour quelques jours. Mais
justement : ils avaient deux filles, et mon père se refusait à les mettre en danger pour une inconnue, juive
de surcroît. Nous avons tenu conciliabule.

« Si on nous dénonce, si on la trouve chez nous,
nous serons tous arrêtés, dit Pater. J'ai des devoirs vis-
à-vis de ma famille. Si j'étais seul, ce serait différent. »

Et c'était vrai, sans doute, que seul il eût agi différemment. Vrai aussi, puisqu'on nous l'avait tant
répété, que les juifs avaient une immense part de responsabilité dans notre défaite, Léon Blum surtout,
qui ne nous avait pas préparés à la guerre. Mais en
même temps, papa avait été dreyfusard, il aimait à
s'en vanter. Mais en même temps, il avait envoyé ses
rations de tabac à son ami Max Jacob pendant des
mois, avant qu'il ne soit interné à Drancy où il devait
mourir. On pouvait plaindre chaque ami juif indivi-
duellement, mais quelque part on acceptait leur châtiment collectif. Ainsi allait l'antisémitisme à la française.

Ainsi allait le mien aussi, moi qui me targuais
d'humanisme pourtant.

J'avais vu apparaître l'étoile jaune sur la poitrine de
mes amis étudiants, Hélène Heller, Maurice Wer-
ther, Annette Birman, qui les désignait, eux aussi, à
une « destination inconnue ». La formule ménageait
notre sensibilité et justifiait notre absence de révolte.
Je les avais vus dans le métro, assignés au dernier
wagon, et je croyais faire beaucoup en montant avec
eux en queue de train. Mais je n'allais pas plus loin :
les juifs avaient un destin qui n'était pas mon affaire.

Je ne me souviens plus si j'ai assisté ou non au
renvoi dans les ténèbres extérieures de la petite Markovitch. Si j'ai eu honte, je l'ai oublié. Je sais qu'elle
n'est même pas arrivée jusqu'au salon. C'est comme
un animal égaré : si on le laisse entrer, on est perdu. Il
faut être ferme tout de suite. Les parents le savent et
évitent ce genre d'expérience. Nous avons évité nous

aussi de regarder trop longtemps la petite Markovitch.

Après tout, nous n'étions pas coupables, nous, et il
fallait bien un bouc émissaire à notre écrasante
défaite. Pater s'était conduit héroïquement en 1914. Il
était à la bataille de la Marne, il y avait été blessé, et on
ne pouvait le suspecter de lâcheté aujourd'hui.

Mais moi, qu'avais-je accompli pour me dispenser
d'héroïsme ? Ou même de courage ? Ou même de
réflexion ? Quel philtre avais-je bu pour être restée le
quart de ma vie en léthargie tandis que le monde civi-
lisé s'effondrait autour de moi, sans m'impliquer,
sinon dans l'Histoire, du moins dans ma propre histoire, sans ressentir l'urgence de briser ma chrysalide
pour devenir autre chose qu'une larve : un être
humain ?

C'est une question qui commençait à se faire jour à
travers des épaisseurs obscures, à travers cette matière
opaque, inerte, dont j'étais faite et avec moi tant de
jeunes filles de ma génération. Je n'en étais encore
qu'à entrevoir la question, mais je sentais que la
réponse serait essentielle. Je crois qu'il n'est pas de
question plus importante ; et pas de réponse plus
vitale pour des millions d'êtres humains du sexe
féminin.

« Comment cela s'appelle-t-il quand le jour se lève
comme aujourd'hui et que tout est gâché, que tout est
saccagé, et que l'air pourtant se respire… ? »
Comment cela s'appelle-t-il quand la jeunesse est
passée sans qu'on ait vraiment compris grand-chose
et qu'on se tient au seuil de la vie, dans un pays

déchiré, dévasté, sans trop savoir ce que l'on va faire de son avenir ?

À la célèbre question de la femme Narsès, alors que tout est consommé de la tragédie d'Électre, Giraudoux donne une réponse non moins célèbre : « Cela a un très beau nom, femme Narsès, cela s'appelle l'aurore. »

CHAPITRE IV

« Une mère magnifique »

Ma mère s'était construite toute seule, se fondant sur sa propre morale qui n'était pas celle de son milieu. Et comme elle avait beaucoup de talent, de courage et d'esprit, Nicole Groult était devenue un personnage du milieu artistique à Paris. Ce qui devait lui valoir ce succès, c'était surtout ce goût forcené de la vie, qu'elle m'a transmis finalement, je m'en suis rendu compte, longtemps après. Et elle a su établir une relation rare avec son mari, qui l'a constamment aimée, protégée, même s'il était complètement dépassé par le type de femme qu'elle représentait. Il l'a toujours épaulée dans sa carrière, s'occupant même de la comptabilité de sa maison de couture, de tous ces chiffres que ma mère affectait de mépriser. Quant aux libertés qu'elle a prises dans sa vie, elle a su nous les cacher. D'ailleurs qui peut se vanter de connaître l'intimité de ses parents ?

Née en 1889, elle avait pourtant été élevée en vue du mariage, comme toutes les jeunes filles de son temps. Seul Paul Poiret, le fils aîné, avait eu droit à un métier. Déjà qu'elle ait voulu devenir chanteuse d'opérette avait été considéré comme un signe très inquiétant ! Et puis est arrivée cette guerre de 1914 ; et les guerres, comme les révolutions, ont toujours libéré les femmes… au début. Ma mère a été de celles, rares, qui ont su conserver leurs acquis. Entre 1914 et 1918, elle est restée seule à Paris, sans enfant, avec sa grande amie Marie Laurencin, qui peignait déjà et fréquentait le Bateau-Lavoir, Apollinaire, et d'autres artistes. Je suppose qu'avec Marie, elle a découvert la complicité, le plaisir entre femmes, pour lequel la société avait beaucoup d'indulgence à cette époque. On ne prenait pas cette forme d'amour au sérieux. Et puis Marie a fait l'énorme bêtise d'épouser un Allemand au début de la guerre, un peintre très riche, un play-boy, et elle a été contrainte de quitter la France et de vivre en exil en Espagne. Pour se distraire, ma mère s'est mise à faire des robes pour ses amies, puis elle a ouvert une boutique. Et sa réussite a commencé. Mais si elle s'était laissé faire par son jeune mari le soir de ses noces, en 1907, elle aurait déjà eu quatre enfants en 1914, comme sa sœur Jeanne, ou trois comme son frère Paul Poiret, ou deux comme sa petite sœur Germaine, et elle n'aurait pu s'offrir ni métier ni amants ! André, retour de guerre, lui aurait fait dans l'enthousiasme deux enfants de plus, et c'était foutu : Madame André Groult ne serait jamais devenue Nicole Groult.

Quant à moi, j'admirais ma mère en bloc mais tout ce qu'elle faisait en détail me hérissait : j'avais horreur de la mode, des chapeaux, des robes, de la clientèle, horreur des réceptions, des grands dîners. De plus, je n'étais pas une artiste : je distinguais mal un Sacré-Cœur saint-Sulpicien du *Saint Sébastien* de Mantegna.

« Rosie a un goût de nurse anglaise », se lamentait Maman. Il faut dire que j'avais été élevée par une nannie irlandaise jusqu'à l'âge de dix ans. Je me réfugiais donc dans l'écriture, écrivant de petits textes assez nuls que je cachais sous mon lit ou que je croyais cacher. Ma mère, qui fouinait partout, décida qu'il fallait exploiter ce talent naissant et qu'à quinze ans, j'écrirais une pièce de théâtre pour mes débuts. Elle commanda un décor et des costumes, et me mit au travail après m'avoir acheté un dictionnaire de rimes. Car j'écrirais en vers bien entendu. J'avais trouvé un thème qui était du niveau de Bécassine : un bûcheron, une fée, de petits enfants. Paul Poiret s'offrit à jouer le bûcheron. Flora faisait l'elfe et moi la fée, bien sûr. Je tenais ma baguette magique comme un parapluie. Mon oncle Paul n'avait pas pris la peine d'apprendre son texte, le traître ! Il improvisait, ce qui désarçonnait les malheureux acteurs, et c'est Maman qui en fait avait écrit la majorité des dialogues. À la fin elle annonça à ses invités qu'ils venaient d'assister à la Première d'une pièce écrite par Rosie Groult. Je m'avançai pour saluer, la mort dans l'âme car, en fait de gloire, je me sentais une usurpatrice, mise en face d'une nouvelle preuve de ma nullité. « Il y a de bonnes choses dans la pièce, me dit l'oncle Paul avec un clin d'œil appuyé à ma mère, mais toi, tu joues comme un pied, ma pauvre Rosie ! – Eh bien elle va continuer à donner des leçons particulières aux élèves retardés du 7ᵉ arrondissement, dit Maman. Si c'est ça son destin, que veux-tu... »

Mon éducation théâtrale n'ayant pas donné les résultats escomptés, Nicole s'attaqua bientôt à mon éducation sexuelle, puisque le mariage allait être sans doute ma seule planche de salut. Elle venait justement de repérer mes premiers émois. J'étais revenue un jour de la Sorbonne avec un bouton défait à mon corsage, ce qui ne lui échappa pas.

« Tu as donné à téter aujourd'hui ? » me demandat-elle à table devant toute la famille, avec un sourire ironique.

Flora m'a regardée d'un air courroucé et mon père a piqué du nez dans son assiette et n'a pas osé dire : « Fiche-lui la paix à ta fille ! »

Ce premier garçon était un étudiant égyptien qui faisait latin-grec avec moi à la Sorbonne. Ma mère m'a aussitôt mise en garde : « Attention aux Égyptiens, je les connais (elle avait plusieurs fois présenté sa collection au Caire). Ils ont toujours leur truc à la main. Ce sont des obsédés qui ne pensent qu'à *ça.* » Elle n'avait d'ailleurs pas tort... Les étudiants arabes qui arrivaient en France et qui découvraient des jeunes filles libres se disaient que c'étaient des putes, évidemment. On sentait toujours chez eux à la fois leur désir et leur mépris. De toutes façons, c'était très difficile de tomber amoureuse quand on était exposée au discours maternel : ses conseils pour manœuvrer les hommes m'épouvantaient.

« Ne crois pas à ce qui est écrit dans les romans, disait-elle, les rapports sexuels c'est généralement un mauvais moment à passer, c'est très surfait ! »

Était-ce pour éviter ces mauvais moments que ma mère a toujours fait chambre à part ? Elle prétendait qu'elle travaillait la nuit à dessiner sa collection et je voyais en effet le filet de lumière sous sa porte, tard dans la nuit. Nous, nous avions chacune notre chambre, Flora et moi.

« C'est très important pour vos études, estimait Pater, moi j'ai mon atelier. »

Alors il dormait dans la salle à manger et je n'ai jamais de toute ma vie songé à l'en remercier.

Être homme, chez nous, ça n'avait pas de valeur en soi ! Ça se réduisait à quelques corvées : monter le charbon de la cave, réparer les prises, conduire la voiture et soulever le capot quand elle tombait en panne... Et puis, de temps en temps, il se servait le premier à table pour pouvoir dire : « *Ego primam tollo, quia nominor leo*[1]. » Mais, comme chez les lions, c'était la lionne le personnage important. Même artistiquement il ne savait pas se faire valoir, se vendre. Ma mère gagnait plus d'argent que lui. Sans elle, qui montait ses projets et lui trouvait des clients, il aurait sans doute renoncé. Mais sur le plan de la création, Nicole lui trouvait du génie et, jusqu'à la guerre, il gagna beaucoup d'argent. Malheureusement, le style décoratif des années 30 est passé de mode après la guerre, et mon père s'est découragé.

---

1. « Je prends la première part parce que je m'appelle le lion ».

Peu avant sa mort, vers 1965, il a vendu ses derniers meubles à Drouot. Nous n'avions pas d'argent, Paul et moi, mais j'avais très envie de racheter un meuble en galuchat que j'avais toujours vu, enfant, dans notre salon. Mais mon père m'a empêchée de me lever pour les enchères. « Ne bouge pas. Je veux voir à quel point plus personne ne s'intéresse à ce que je fais. » Et ses meubles sont tous partis pour des prix dérisoires. Et il était là, muet, à déguster sa défaite. C'était un homme de défaite. D'ailleurs, moi non plus je ne me rendais pas compte de son talent. On sous-estime presque toujours ses proches. Je n'ai apprécié vraiment ses créations que dix ans après sa mort. Et il est mort très malheureux. D'autant que sa femme n'était plus là pour le soutenir : elle souffrait d'anémie cérébrale. On dirait aujourd'hui d'Alzheimer, je pense.

Quand je vois, trente ans après, les prix déments qu'atteignent les meubles de 1925-1930, ceux de Pater en particulier, j'ai envie de pleurer à l'idée qu'il est mort pauvre et se croyant oublié. J'espère qu'il existe un Paradis pour les créateurs quelque part et qu'il peut se réjouir.

« Ne soyez pas défaitistes comme votre père, nous répétait Nicole. Je suis sûre qu'il a du génie. Ça se saura un jour, vous verrez. »

Peut-être parce qu'il avait une attitude de vaincu, comme moi, je lui vouais une très grande affection filiale. J'étais d'ailleurs sa fille préférée et je faisais bloc avec lui contre le clan Nicole et Flora. Et pourtant, je me suis imaginé pendant des années que je n'étais pas de lui. J'avais repéré quelques indices troublants : pourquoi ne suis-je née qu'en 1920 alors qu'ils s'étaient mariés en 1907 ? Pourquoi ne couchaient-ils pas dans le même lit alors qu'ils se manifestaient beaucoup de tendresse au quotidien ? Pourquoi ne surprenions-nous jamais un geste intime, un clin d'œil suspect entre eux ? Je finis par interroger Nicole sur sa première rencontre avec l'amour.

À la veille de ses noces, me raconta-t-elle, en préparant le lit nuptial, sa mère avait disposé une alèse sous le drap.

« C'est pour le sang, ma petite fille.

— Quel sang ? demanda la future mariée qui s'appelait encore Marie Poiret.

— Tu le sauras bien assez tôt, mon petit », lui répondit sa mère.

La perspective d'être sacrifiée sur l'autel du mariage avait horrifié mademoiselle Marie Poiret. Et plus encore, l'apparition, la nuit venue, d'organes sexuels menaçants et complètement inconnus et biscornus. Ne voulant pas être saignée, elle a refusé d'accomplir son devoir conjugal. Mon pauvre père, qui n'était pas un violeur, a dû insister maladroitement, supplier, mais il ne savait pas non plus comment était faite une femme, bien qu'il fût licencié en sciences naturelles ! Ils se mariaient souvent puceaux, les jeunes gens, avant la Grande Guerre. Bref, il n'a rien obtenu, et il s'est engagé, en 1914, laissant une jeune femme vierge, d'après ce que j'ai compris.

Ma mère avait promis de se faire examiner par un gynécologue, persuadée qu'elle était mal constituée.

Elle y est allée avec Marie Laurencin et le médecin lui a dit : « Madame, vous êtes tout à fait normale, et ça doit rentrer… là où je vous montre. » La connaissant, je ne peux pas croire qu'elle n'ait pas tenté quelques exercices pratiques pour être vraiment prête au retour de son mari. Elle, qui s'était mariée trop jeune, est beaucoup sortie pendant la guerre et s'est fait beaucoup d'amis. J'ai même eu des soupçons rétrospectifs sur son ami Léon, qui est devenu plus tard mon parrain. Il est mort quand j'avais neuf ans et, de toute façon, ça n'avait rien d'une recherche en paternité. André n'était peut-être pas mon père, mais c'était mon papa ! Beaucoup d'enfants s'imaginent qu'ils ont été volés par des romanichels… Moi, je m'imaginais un père mystérieux, c'était du domaine du romanesque. J'avais un indice, tout de même. Je savais que mon père avait fait remarquer une ou deux fois : « Rosie a exactement les pieds de Léon, avec le gros orteil séparé du deuxième, d'où tient-elle ce pied grec ? » Il y a donc eu des doutes au début. Tant de femmes ont dû tromper leur mari pendant les guerres et tant d'enfants venus d'ailleurs ont dû être attribués au père légal ! En tout cas, Nicole a réussi cela aussi : convaincre son mari que ses soupçons n'étaient pas fondés. Elle était « fortiche », comme on disait à l'époque ! Et puis, je lui ressemblais énormément, à part les doigts de pied… Là, elle a encore eu de la chance…

Quant au plaisir physique, j'espère qu'elle l'a connu, ma petite maman, avec les femmes qui ne lui avaient jamais fait peur, qu'elle n'avait pas eu besoin de dominer. Les femmes, c'était le plaisir sans la peine... Je me suis aperçue, beaucoup plus tard, qu'elle avait vécu entourée de nombreuses amies évidemment homosexuelles, de couples de femmes, le plus souvent belles, spirituelles, excentriques. Deux d'entre elles, Gaby et Tonia, étaient antiquaires quai Voltaire, assez connues, d'une liberté de ton et d'allure qui me fascinait. Je les trouvais sublimes, tellement plus drôles que les épouses ! Elles venaient souvent en vacances avec nous. Pater les aimait beaucoup. Dans les milieux artistiques, pendant les Années Folles et jusqu'à la guerre, il a régné une étonnante liberté de mœurs. Mais l'homme restait la grande affaire, comme pour Colette.

Je me souviens que ma mère, le jour de ses soixante ans (elle était du signe du bélier évidemment), est rentrée à la maison l'air triomphant, nous disant à ma sœur et à moi, pétrifiées :

« J'espère que vous ferez comme moi, mes petites toupies ; l'amour le jour de vos soixante ans ! Prenez-en de la graine. »

Ses amoureux, qui étaient généralement des écrivains ou des peintres, entretenaient des correspondances avec elle, lui dédiant des poèmes, lui envoyant des fleurs, des cadeaux, des dessins... Je suppose qu'elle savait leur jouer la comédie de l'amour. Beaucoup de femmes étaient frigides en ces temps-là, faute d'éducation sexuelle, faute d'expérience. Mais les hommes ne détestaient pas cela, finalement. C'était moins inquiétant pour eux que celles qu'ils appelaient les « nymphomanes ». L'appétit, la sensualité des femmes, et surtout des moitiés, ont souvent effrayé les hommes de ce temps-là. Ils privilégiaient pour leurs épouses le « devoir conjugal ». Pour l'érotisme et le plaisir, il existait des maisons du même nom.

J'en veux à mon père rétrospectivement pour un seul motif : ne m'avoir jamais défendue face à ma mère, m'avoir laissée croire qu'il n'existait qu'un modèle de jeune fille, celui que prônait sa femme et que je serais une ratée si je ne m'y conformais pas. Il ne m'a jamais dit que je pouvais plaire aux hommes telle que j'étais et qu'il aurait pu aimer une jeune fille comme moi. C'est une chose que les filles ont besoin d'entendre de leur père, pour oser affronter les garçons avec confiance. Pour Flora, le problème ne se posait pas. Elle savait plaire, c'était inné, et elle entrait sans effort dans le cadre souhaité par sa famille. Elle était artistiquement douée, étudiante en dessin à la Grande Chaumière, et dessinait des assiettes pour Christofle. Et puis, à la fin de la guerre, elle a rencontré un officier anglais, qui s'est trouvé être un banquier très riche, qu'elle a épousé. Elle est partie vivre à Londres et n'a pas pu travailler jusqu'à ce que nous décidions de publier notre *Journal à quatre mains*, quinze ans plus tard.

C'est avec mon père que j'ai connu les plus belles heures de ma jeunesse mais je savais que c'étaient des entractes, des plaisirs volés à la vraie vie. De retour à Paris, je retombais sous le joug des « vraies valeurs », qui étaient celles de la réussite à Paris, pas à Concarneau ! Je sentais alors que le reste n'était qu'une merveilleuse parenthèse, liée à l'esprit de vacance, si l'on peut dire. Je sais que cela paraît difficile à imaginer avec le recul et les positions que j'ai prises par la suite, mais ma personnalité n'arrivait pas à se dégager. Je m'étonne que même la guerre ne m'ait pas servi d'électrochoc. Il y avait sans doute, là aussi, un manque de courage. Je suis endurante, mais pas audacieuse. On me dit aujourd'hui : mais comment n'êtes-vous pas entrée dans la Résistance ? Facile à dire quand on ne craint plus rien. On n'entrait pas dans la Résistance en poussant une porte. Il fallait du caractère, l'acceptation de risques mortels, une vraie démarche politique que je n'ai pas entreprise. J'ai découvert plus tard que Simone de Beauvoir ne l'avait pas entreprise non plus, ni Sartre. J'ai eu moins honte. Et les études me servaient d'alibi honorable. Et puis, on oublie aujourd'hui à quel point nous étions tous débordés par les tâches de survie : le ravitaillement, le couvre-feu, les stations de métro fermées, les coupures de courant, les « marmites norvégiennes » à confectionner pour cuire les aliments, les heures passées à tenter de capter la radio anglaise. Et puis il y avait un million et demi de prisonniers. On confectionnait des colis, on tricotait, on envoyait des livres… Les jeunes filles n'étaient pas faites pour entrer dans l'Histoire mais pour soigner les guerriers.

Flora étant mariée, et son aînée lui restant sur les bras à vingt-quatre ans, ma mère commençait à s'inquiéter : je ne tirerais pas le gros lot comme Flora, il fallait donc se résigner à mes fiançailles avec l'unique prétendant sur les rangs, Pierre Heuyer, un étudiant en médecine qui préparait l'internat, était poète et avait déjà écrit deux pièces, un peu dans la manière de Jean Anouilh. Il était le fils d'une baronne magnifiquement russe et dramatiquement alcoolique, et d'un professeur de médecine, neuropsychiatre éminent mais que ses sympathies communistes avaient freiné dans sa carrière. Pour mon malheur, mon futur beau-père était très petit, habillé n'importe comment et très peu fortuné.

« Rosie va épouser le fils d'une poivrote et d'un nain », disait Nicole à ses amis. Elle l'avait surnommé le Professeur Nimbus, personnage d'une célèbre bande dessinée de l'époque, un tout petit savant ahuri avec une houppe de cheveux sur son crâne chauve.

Je n'avais pas osé lui avouer que nous étions tombés amoureux sur un quiproquo à la Marivaux ! Ce n'était pas lui que j'attendais cette nuit-là sous ma tente de camping à Ingrandes, au bord de la Loire que nous descendions en canoë, Flora et moi, avec un groupe d'amis. Je comptais retrouver Jean Deniker, un autre étudiant en médecine dont j'étais très amoureuse. Mais lui venait de s'enticher d'une autre dame, beaucoup plus affriolante que moi et il avait envoyé à sa place me retrouver à minuit, dans mon camping, son copain Pierre Heuyer. J'ai su par la suite que cette bande « d'Incroyables », ainsi qu'ils se surnommaient, pratiquait systématiquement l'échangisme pour bien manifester la solidarité mâle face au troupeau des femelles dont il importait de rabattre le caquet et les velléités amoureuses.

Deniker était un grand brun séducteur, Heuyer un petit blond goguenard ; mais il faisait noir sous ma tente, j'étais très émue de me trouver seule avec un homme dans un espace aussi restreint et il s'est passé quelque chose d'imprévu au programme : parce que ce n'était pas lui… parce que ce n'était pas moi…

Nous sommes tombés amoureux, Pierre et moi, dans mon sac de couchage !

Trois mois plus tard, il n'osait pas avouer aux autres Incroyables qu'il songeait à m'épouser. Je n'osais pas avouer à mes parents que j'aimais un garçon qui n'avait pas fini ses études, qui avait un an de moins que moi et à peine quelques centimètres de plus, aucune fortune et une mère tonitruante qui parlait quatre langues mais peu présentable dans nos milieux huppés.

Pour comble de malheur, trois mois plus tard, à la veille du jour où Pierre devait partir avec les Incroyables rejoindre la division Leclerc en Afrique par une filière clandestine en Espagne, il fut victime d'une hémoptysie. Le temps de fêter nos fiançailles, le temps de recevoir une bague que je porte encore fidèlement soixante ans plus tard, et Pierre, la mort dans l'âme et dans son jeune corps de vingt-trois ans, était expédié au sanatorium de Sancellemoz sur le plateau d'Assy.

Il y passa huit mois en cure intensive au terme desquels on le déclara « négatif », c'est-à-dire libéré du bacille de Koch, ce qui lui permit de revenir à Paris pour s'y marier en juin 1944. En fait, ce n'était qu'une rémission. La tuberculose lâchait rarement ses victimes avant la découverte du Rimifon. Et on était très mal soigné dans les sanas pendant la guerre, on y manquait de tout, même de charbon. Je lui envoyais chaque semaine de la farine Nestlé achetée au marché noir, des œufs, un ou deux à la fois, prélevés sur les rations familiales. Les trains ne circulant plus, impossible d'aller le voir. Nous nous écrivions tous les jours, attendant, dans la terreur et l'espoir, le débarquement des Alliés.

Nous nous sommes mariés le 1er juin 44 et avons dû nous contenter en guise de voyage de noces, d'un séjour en banlieue à Villiers-Adam, chez une amie. Une très brève vie commune, puisqu'un mois plus tard, les radios de contrôle montraient que le foutu poumon gauche de Pierre était de nouveau infiltré par l'ennemi et qu'il lui fallait retourner au plateau d'Assy. Au bout de quelques semaines, malgré l'air pur des cimes et le repos intégral, le bacille accélérant sa progression, le Dr Tobé, médecin-chef, décidait de tenter une opération de la dernière chance : un pneumothorax extrapleural, variante affreuse du classique pneumo et aussi douloureuse qu'une thoracoplastie.

L'opération fut réussie, nous dit-on, mais à la suite d'une fausse manœuvre, la longue cicatrice qui barrait le dos de Pierre se rouvrit sur douze centimètres, comme une bouche immonde qui se mit à respirer avec un bruit flasque.

Mon jeune mari allait mettre quarante jours à mourir, d'infection de la plèvre puis de septicémie, alors que les Américains venaient d'arriver avec la miraculeuse pénicilline. Une semaine trop tard.

J'étais près de lui à Sancellemoz les derniers temps. Et il est mort à la russe, me dictant des poèmes déchirants que son père ferait paraître plus tard sous le titre *La Leçon des Ténèbres* et ricanant sur Dieu à la face de l'aumônier du sana qui, sentant la mort prochaine, passait la tête chaque jour à la porte de sa chambre, le pensant suffisamment affaibli pour accepter le secours de l'Église.

Dans la mort, il retrouvait ses origines, son faciès de moujik, avec ses pommettes larges, ses cheveux de soie blonde et cet air à la fois enfantin et très vieux qu'ont parfois les jeunes morts. Son visage était enfin pacifié depuis qu'il ne souffrait plus. Mais j'y cherchais en vain cet air tendre et sarcastique à la fois, qui m'avait séduite dès le premier soir.

Devant le spectacle intolérable d'un jeune mort bien-aimé, les idées les plus folles peuvent surgir. J'ai raconté cette histoire sous d'autres noms dans le *Journal à quatre mains*. Je n'arrivais pas à me dire, après une vie commune si brève : Tout est fini. Et finie aussi la relation d'affection et d'estime nouée avec le cher Professeur Nimbus dont j'admirais tant la générosité et les idées, gauchistes avant la lettre. Pour perpétuer cette histoire et rester liée à cette famille, je ne voyais qu'un moyen : avoir un enfant posthume de Pierre. La mère de Pierre était de Saint-Pétersbourg, cette ville qui, pendant deux ans de siège, avait suscité tant d'angoisse et d'admiration. Romantiquement, j'avais toujours rêvé d'avoir un enfant qui ait du sang russe, et son frère, Philippe, ressemblait étrangement à Pierre. Leur père, contre toute attente, avait

tout de suite accepté mon projet. Il avait soixante-dix
ans pourtant mais c'était d'abord un homme de
cœur ; et c'était le cœur, et lui seul, qui nous dictait
cet acte fou. Dans notre chagrin, cette idée faisait
naître une sorte d'espoir. Il faut se souvenir de l'atmosphère de cette fin de guerre, la découverte de l'horreur des camps, Oradour, le bombardement de
Dresde et ses cent mille morts, les villes françaises de
l'Ouest rasées... On n'était plus dans la vie normale... On pouvait faire n'importe quoi, et mon petit
geste individuel ne pesait pas bien lourd dans ce
contexte. Ce n'était qu'un geste de vie face à la mort
omniprésente.

Mais il fallait faire très vite pour que cet enfant pût
passer pour celui de Pierre. Philippe, mobilisé en
Alsace, n'avait que trois jours de permission pour
enterrer son frère et tenter d'infléchir mon destin.

Il est venu chez moi le lendemain et nous avons fait
l'amour sans prononcer un mot, comme une sorte de
devoir sacré. Il m'a seulement dit en partant : « Reste
couchée une heure, ça donne une meilleure chance
aux spermatozoïdes. » Il faisait sa médecine, lui aussi.

J'avais l'impression de donner une nouvelle chance
à mon amour pour Pierre. Et je me savais féconde
puisque cet enfant, je l'avais déjà conçu un an plus
tôt, pendant mes fiançailles. Il s'était annoncé comme
faisaient les embryons en ces temps sauvages, sans
préavis et sans notre accord. Pierre revenait alors de
six mois d'exil en sana et il n'était pas exclu, hélas,
qu'il y retournât pour de longs mois encore afin de
consolider sa guérison. Comment aurais-je pu

l'accompagner dans cette épreuve si je me trouvais enceinte ? Il fallait choisir entre le jeune vivant de vingt-trois ans que j'aimais et ces quelques cellules embryonnaires qui étaient entrées par effraction dans notre vie et comptaient s'implanter en moi contre mon gré ; je n'ai pas hésité une seconde. Pierre préparait son concours d'internat chez un professeur réputé qui accepta de mauvaise grâce, sous l'insistance de mon futur beau-père, de faire place nette, à condition que je subisse le curetage en silence, sans faire de chichis, lors de la consultation hebdomadaire de gynécologie qu'il assurait à son domicile, boulevard Saint-Germain. C'était trop risqué pour lui d'opérer à l'hôpital : l'avortement restait un crime en 44, qui pouvait briser sa carrière. Mais comme je n'étais enceinte que de quatre ou cinq semaines, l'intervention ne prendrait qu'une vingtaine de minutes, sans anesthésie bien sûr, il n'était pas équipé pour ça. Vingt minutes pour redevenir une vraie jeune fille qui pourrait se marier en blanc, trois semaines plus tard, à l'église Sainte-Clotilde !

Craintifs mais déterminés, nous sommes donc partis à bicyclette tous les deux pour le cabinet médical. Pierre m'attendrait en face à la terrasse d'un café. C'était en mai, il faisait beau ce jour-là à Paris, je m'en souviens. Il était plus ému que moi et ne quittait pas des yeux la fenêtre derrière laquelle allait officier le professeur V. Je puisais mon courage dans la fierté de donner à Pierre cette preuve de préférence. Je la puisais aussi dans les récits de tant de Résistants sous la torture, endurée dans la solitude et la panique, face à la haine de leurs bourreaux. Que pesait en face de leur courage, mon petit curetage dans un cabinet douillet ? Vingt minutes à serrer les dents, un petit verre de cognac offert par le professeur V. à l'issue de sa manœuvre et l'assurance que tout irait bien après deux jours de repos dans ma famille qui, bien sûr, ignorait tout de cette affaire. Deux jours plus tard je serais comme neuve.

Dans l'*Encyclopédie Quillet* de mon père, à *avortement* j'avais pu lire : « Se dit généralement pour les femelles animales. Ne concerne les femmes que s'il s'agit de manœuvres criminelles. »

On ne parle pas de ses crimes en famille. Seul le père de Pierre était au courant. J'ai donc simulé une crise de foie et mon fiancé est venu travailler chaque jour près de moi, rue de Bellechasse. Il espérait encore présenter son concours d'internat, ignorant qu'une nouvelle hémoptysie, trois mois après notre mariage, le contraindrait à retourner à Sancellemoz, cette fois pour n'en plus revenir.

Hélas, Philippe et moi n'avons pas réussi à forcer le destin. Moi qui ai été enceinte si souvent contre mon gré, cette fois-là, j'ai échoué dans ma tentative. Et pour comble d'horreur, Philippe, le petit frère, qui venait d'avoir vingt ans, se faisait tuer quelques jours plus tard. C'était comme si Pierre mourait une deuxième fois. Et je n'oublierai jamais l'émotion de mon beau-père, me serrant dans ses bras le jour de l'enterrement de son deuxième fils et me murmurant à l'oreille : « Tu portes peut-être tout ce qui restera de mes deux enfants. »

La vie est une salope, elle m'a refusé ce cadeau. Elle n'apprécie pas qu'on prenne trop de libertés avec elle. Elle me signifiait que mon histoire d'amour était close. Définitivement, cette fois… Que j'étais deux fois veuve en quelque sorte.

Ma mère voulut me reprendre à la maison mais ce retour en arrière était exactement ce que je redoutais. La France était en train de retrouver sa liberté, je voulais retrouver la mienne. J'habitais enfin loin de chez mes parents, dans le 16e et je travaillais à la radio. Le général de Gaulle était à la tête du gouvernement, Paris ressuscitait et j'avais moi aussi envie de ressusciter. Je venais de passer un mois en tête à tête avec la mort, celle de tous ces jeunes gens qui peuplaient alors les sanatoriums, celle de Pierre surtout, cette mort qui avait mis quarante jours à venir à bout de ce jeune corps, fibre à fibre… Je ne pouvais plus rien faire pour lui désormais, ni pour sa famille, sinon vivre.

C'est la Libération qui est venue à mon secours : la présence américaine à Paris, le droit de sourire dans la rue à des militaires, l'explosion de joie après cinq ans sous la botte. J'ai alors vécu six mois de folle vie. Ce que j'aurais dû apprendre à dix-huit ans, je l'ai dévoré en accéléré à vingt-cinq ! On apprend très vite à cet âge, quand on n'est plus encombré par les parents, la morale et les illusions. Pendant cette période, je suis devenue vraiment une autre, ce qui m'a permis de découvrir qu'on n'était pas tout d'une pièce, comme je le pensais, qu'on portait en soi des personnages tout à fait imprévus, surprenants et…

délicieux à fréquenter parfois ! Mes apprentissages
américains ont constitué une cure de jouvence. Il fallait bien cela pour effacer Mlle Rosie Groult et
Mme veuve Heuyer. Et pour vivre une vraie vie de
jeune fille, qu'après tout, je n'avais jamais connue.

CHAPITRE V
Mes apprentissages américains

Cette période de ma vie, qui marque la fin de la
Seconde Guerre mondiale, est restée pour moi une
parenthèse lumineuse, une sorte d'école buissonnière
et d'initiation à la vie, après une jeunesse difficile et
un mariage sous le signe de la maladie. La mort de
Pierre avait créé un grand vide dans mon existence, et
la Libération de la France, après cinq années de
guerre, faisait appel d'air, ouvrant les portes sur
l'avenir. On avait vécu depuis 1939 entre paren-
thèses, et la vraie vie recommençait. Je venais d'entrer
à la radio, j'étais indépendante financièrement et
sentimentalement, j'avais un appartement, l'envie
d'oublier et peut-être l'envie de vivre enfin cette jeunesse qui m'avait été complètement escamotée. Ces
cinq ou six mois ont constitué mon éducation... je
n'ose pas dire sentimentale... je ne dirais pas non plus
érotique car, après une guerre, on ne pense pas spécialement en termes d'érotisme. On a envie de rat-
traper sa vie, on retrouve le droit de rire, de s'offrir
tous les plaisirs à la fois, ne serait-ce que manger à sa

faim des nourritures oubliées. Les Américains restent pour moi liés au lait concentré, au chocolat, au spam, au whisky, au jazz... à l'amour aussi, bien sûr, on était boulimique !

J'avais, comme ma sœur Flora, la chance de parler couramment anglais, ce qui nous a permis de devenir interprètes et hôtesses d'accueil. Le Centre Franco-Allié et l'Américain Red Cross cherchaient des jeunes filles ou jeunes femmes parlant bien anglais pour servir de guides bénévoles aux Américains en permission, leur faire visiter Paris et rencontrer des familles françaises. Nous nous sommes inscrites, comme beaucoup de nos amies, avec cet alibi culturel. J'ai tout de même fait visiter l'Arc de Triomphe plusieurs fois... Les victoires napoléoniennes étaient parmi les rares événements de l'histoire de France qui leur rappelaient quelque chose ! Et je suis montée au dernier étage de la tour Eiffel pour la première fois de ma vie... Je n'ai jamais mieux découvert Paris qu'en le faisant visiter à des étrangers !

Mais avouons que la culture servait surtout de prétexte. En réalité, nous allions dans les clubs, non pour l'amour, comme on pourrait le croire, mais pour manger !

Notre principale activité consistait à fréquenter chaque samedi les « matinées dansantes » de l'Independence, un club d'officiers basé à l'hôtel Crillon, du Rainbow Corner, réservé aux GI, ou du club des Canadiens, de beaux types avec des carrures de bûcherons – c'était avenue Montaigne, dans un grand hôtel réquisitionné. On arrivait vers cinq heures, on jetait un coup d'œil de maquignon sur tous ces jeunes hommes éclatants, bien nourris, vêtus d'uniformes impeccables, rien à voir avec nos pauvres pioupious de la débâcle…

Puis *Shall we dance ?*, et c'était parti. Mais il s'agissait d'arriver ! À sept heures il fallait avoir gagné son ticket d'accès au restaurant, c'est-à-dire y être invitée par un Américain. Ils avaient droit à une fille chacun. Dans les salles à manger de l'Independence Club, au premier étage du Crillon, nous savions qu'un festin nous attendait. Lait concentré à volonté, Coca-Cola – une boisson exotique pour nous –, vin blanc, bien sûr, steaks dont chacun représentait vingt tickets d'alimentation, gâteaux surchargés de crème, vrai café… tout ce dont nous avions rêvé pendant des mois, en mâchant du rutabaga, collées contre nos poêles à sciure.

C'était un spectacle tout à fait insolite de voir ces demoiselles de bonne famille rivaliser de racolages et s'échanger des remarques presque putassières (leurs cavaliers ne parlant pratiquement jamais le français) : « Tu en as trouvé un, toi ? Tu montes ce soir ? », tout en regardant béatement des mecs auxquels elles n'auraient pas adressé la parole dans une soirée parisienne. Mais nous étions prêtes à tout pour ne pas être rejetées dans les ténèbres extérieures. C'est-à-dire dans nos appartements glacés à grignoter les cent grammes de la ration de pain de maïs en mangeant une omelette à la poudre d'œufs.

Alors, on s'initiait en accéléré aux techniques de la drague. Je suis sûre que ça aura servi plus tard…

À mesure que l'heure s'avançait, nous rabattions un peu plus nos prétentions. À sept heures moins dix, n'importe quel butor en uniforme pouvait passer Prince Charmant ! Mais comme dans les contes, nous redevenions des cendrillons bien avant minuit, les trucks remplaçant les citrouilles ! Il faut se souvenir que la Vertu, la Virginité étaient encore très bien portées en ce temps-là. Et la plupart de ces militaires n'avaient pas la permission de nuit, ou bien étaient cantonnés dans des casernes de banlieue et rembarquaient dans leurs trucks à dix heures. Et beaucoup de ces hôtesses habitaient encore chez Papa-Maman. En somme, elles s'offraient le flirt sans avoir à passer à l'acte. Un vrai rêve de jeune fille !

Moi j'habitais un appartement minuscule, rue Raynouard, donnant sur les toits de Paris, très Mimi Pinson et conforme à l'imagerie américaine. Ça a contribué à ma perte ! Chaque fois que je vais au Crillon maintenant, où se réunit le jury Femina, j'ai une pensée nostalgique pour la jeune veuve qui attachait sa bicyclette bleue à la grille de l'hôtel, devant cette splendide place de la Concorde, où l'on ne voyait presque pas de voitures en 1945, et qui se rendait aux thés dansants comme on va au marché aux mecs.

La grande qualité de ces hommes c'est qu'ils ne restaient jamais longtemps. On n'avait pas le temps de nouer de ces idylles ravageuses, de tomber dans le piège de l'amour fou où s'engloutissent tant d'innocentes qui croient justifier après coup leurs écarts de conduite. Il fallait bien s'avouer la vérité : on faisait

(plus ou moins) l'amour avec de parfaits inconnus…
Quelque chose que la plupart d'entre nous n'ose-
raient jamais refaire de leur vie !

J'ai vécu tous ces mois dans une sorte d'allégresse
égoïste, la mort de Pierre était tombée dans un
gouffre avec la défaite, la disparition de tant d'amis,
avec ma jeunesse sans doute. Et puis je cultive volontiers l'oubli. C'est une vertu de survie. D'ailleurs
les Américains n'étaient pas des hommes : c'étaient
nos libérateurs ! On faisait l'amour avec la liberté
retrouvée… enfin les instruments de cette liberté.
Dans les bras de ces hommes, on célébrait la fin du
nazisme, le territoire récupéré, l'espoir de la paix universelle. Ça donnait une dimension historique à nos…
débordements.

Enfin, il faut avouer que l'impunité sexuelle nous
apportait une légèreté inimaginable jusque-là. Car les
Américains utilisaient systématiquement des préservatifs. On n'en parlait même pas, ils les sortaient de
leur poche le moment venu. Au début, je l'ai ressenti
comme une humiliation. Je n'avais même jamais vu de
près une « capote anglaise », comme on disait alors.
Leur avait-on dit que toutes les Françaises étaient
atteintes de maladies vénériennes ? Et puis, très vite,
j'ai apprécié de ne plus trembler à chaque fin de mois.
Cette sécurité compensait largement le petit claque-
ment de la capote quand on l'ajuste, à un moment où
l'on aimerait penser à autre chose… En tout cas, moi,
ça m'a donné accès au plaisir insouciant et à la légèreté et au goût de séduire, que je n'ai plus jamais aussi
bien ressentis par la suite. De même que je n'ai jamais

retrouvé chez les Français cette admiration touchante de tant d'Américains, impressionnés de se trouver à Paris, frappés par l'allure et la désinvolture des Parisiennes. La France jouissait encore d'un vrai prestige à cette époque, les Françaises surtout. Ils nous considéraient comme des surdouées de l'amour, au fait des techniques de pointe... comme si nous avions toutes fait nos études à Pigalle ! C'était à la fois valorisant et humiliant. Mais en définitive, tout cela n'avait aucune importance puisqu'ils ne restaient jamais. C'était de l'homme à l'état pur, sous des visages différents, dans une relation élémentaire, débarrassée des contraintes sociales et du qu'en-dira-t-on.

Leur ignorance de l'Europe me stupéfiait : ils n'avaient pas la moindre idée de ce qu'avait pu être l'Occupation pour les Français. Ils nous croyaient à peine quand nous racontions que nous avions manqué de charbon, de bois, d'électricité, de savon, de beurre, d'eau chaude... La guerre, d'accord, mais comment pouvait-on manquer de savon ? Quand Tex, ou Red ou Bill venaient déjeuner chez mes parents, ils apportaient tout ce qu'ils pouvaient de leurs magasins réservés, les PX : cartons d'œufs pondus aux États-Unis quinze jours plus tôt, boîtes de pâté, chocolat, miel, cigarettes... Nicole ne savait trop que penser de ma conduite. On se demandait si je ne tournais pas à la grue, ou au « demi-castor », comme disait Pater.

« C'est le chagrin, expliquait Flora. Rosie ne se plaint jamais, mais je suis sûre qu'elle souffre, au fond. Alors elle a besoin de s'étourdir, la pauvre... »

Je laissais dire et je m'étourdissais, ça oui !

Quelques-unes de mes amies se sont assez étourdies pour épouser des Américains et elles sont parties vivre à Winnipeg (Manitoba), ou à Austin (Texas). On s'était promis de s'écrire, de se revoir souvent. En fait, elles furent aussi perdues pour moi que ces petites Africaines mariées de force et contraintes de quitter à jamais leur village natal pour être transplantées dans une tribu inconnue où il leur faudrait appeler une étrangère « maman ».

L'idée d'être regroupée sur un bateau de *war brides*, comme les captives des guerres antiques ramenées dans les bagages des soldats victorieux... et de traverser l'Atlantique pour affronter les terribles « Mom » américaines qui se seraient demandé par quels sortilèges ces Françaises avaient bien pu détourner leur fiston des impeccables jeunes filles prévues pour eux... Cette perspective me glaçait le sang.

J'ai pourtant été amoureuse d'un de mes libérateurs, un pilote de B52. Sûrement très capable, puisqu'il est devenu l'un des pilotes personnels d'Eisenhower. Il voulait m'épouser et m'emmener vivre à Blue Bell, une bourgade de Pennsylvanie. C'était un juif, fils d'un boucher de village, dont la famille, qui avait eu plus de flair que les autres, avait fui l'Allemagne dès 1928, alors qu'il n'avait que douze ans. Il n'avait pu acquérir aucune culture dans aucune de ses patries successives. Dans son village allemand, il était relégué au fond de la classe en tant que juif, et l'instituteur ne l'interrogeait jamais. À Philadelphie, il avait dû travailler tout de suite comme apprenti pâtissier. Il ne lisait jamais un livre, ne connaissait des pays où il avait voyagé que les aéroports et ne s'intéressait qu'aux forteresses volantes. Que serais-je devenue à Blue Bell, pauvre Paimpolaise n'habitant même plus Paimpol, attendant son beau pilote qui lui raconterait ses incidents de vol ?

Il n'a jamais compris que je refuse d'habiter l'Amérique, moi, pauvre ressortissante d'une France vaincue et ruinée : j'ai continué à le voir, d'ailleurs, tout au long de ma vie. Nous n'avons jamais réussi à ne plus nous aimer. C'est lui qui m'a inspirée pour le héros des *Vaisseaux du cœur*, dont j'ai fait un marinpêcheur dans le roman.

En 1945, enfin, le traité de paix a été signé, les troupes américaines ont quitté Paris et je me suis retrouvée comme la France avec ma vie à reconstruire. Mais j'étais persuadée, après cet épisode, que j'étais devenue une femme expérimentée, qui saurait « y faire » avec les hommes. Bien sûr, avec des Français, ce serait plus dur mais j'étais pleine de confiance. J'avais près de vingt-six ans, il était temps de découvrir un vrai compagnon et d'avoir un vrai enfant. Mais là aussi, nous nous sommes trouvés victimes de l'accélération de l'Histoire après cinq ans de stagnation : on était tenté de tout faire trop vite : fonder un foyer, faire des enfants, réussir dans son travail, être follement heureux, l'habituel syndrome des après-guerres.

Je travaillais à la Radiodiffusion avec un nommé Georges de Caunes, un grand reporter séduisant, brillant, qui était le boute-en-train de la Rédaction. J'ai cru que je m'amuserais beaucoup avec lui. J'avais besoin de légèreté et de stabilité à la fois : nous nous sommes mariés très vite.

Pour les enfants, j'ai également été très vite : deux en deux ans ! Pour le mariage ça a été assez vite aussi, hélas…

Chapitre VI
La pauvre Zazate

C'est souvent dans les premiers jours d'un mariage que les rôles se distribuent et que celui qui aime le plus va baisser sa garde, parfois pour la vie.

Dès le jour de mon mariage, en mars 1946, ma mère se fit une opinion sur le type de relation qui allait s'établir dans notre couple.

Le déjeuner, dans un restaurant du marché noir que fréquentaient les vedettes de la radio et de la presse, fut pour mon tout jeune mari, Georges de Caunes, l'occasion de montrer qu'il n'était pas « marié-marié », comme on dit à Tahiti, et que la grande affaire pour lui restait les copains et son boulot. Mes manières de midinette énamourée et la certitude que l'amour allait m'ouvrir toutes ses portes secrètes le hérissaient. J'essayais de prendre sa main, j'attendais de lui quelques gestes de propriétaire, je guettais au moins dans ses yeux un signe de complicité conjugale, alors que, justement, il mettait son point d'honneur à les éviter.

« Calme tes ardeurs, finit-il par me lancer en jouant les effarouchés pour faire rire la compagnie ; on dirait que c'est la première fois que tu te maries !

— Ce n'est peut-être pas la dernière, méfie-toi ! » aurais-je dû lui répondre gaiement.

L'idée ne m'a même pas effleurée et je me suis crue obligée de rire la première. Georges était vraiment impayable, c'était l'avis général. Maman, qui nous observe, lit déjà mon avenir dans mes yeux soumis. C'est foutu, pense-t-elle. Ma pauvre Zazate est partie du mauvais pied.

Il semble en effet que je n'aie rien retenu de mes apprentissages américains, de toutes ces leçons particulières où j'avais appris avec délices à me conduire en femme libre sûre de mon charme. Paris libéré, les Américains envolés, « la pauvre Zazate » était revenue. En plus, je me soupçonnais d'être déjà enceinte, et cet enfant clandestin me privait de ma dernière bribe de liberté, celle qui aide à franchir le pas... Celle qui permet la folle pensée que jusqu'au porche de l'église on pourra encore changer d'avis et s'enfuir, laissant ses invités sidérés. Cette fois, les jeux étaient faits.

Georges était grand et mince, avec des yeux couleur de mousse, comme on les décrit dans les romans d'amour pour midinettes, justement... Il caracolait déjà dans le peloton de tête des jeunes journalistes qui allaient bientôt se faire un nom. Sa démarche onduleuse, sa désinvolture, les poils frisés qui dépassaient des poignets de sa chemise, ses sourires ironiques,

une certaine gaucherie avec les femmes, me semblaient le comble de la séduction.

« Oui, il est plutôt joli garçon, avait concédé
maman ; mais il fait province, tu ne trouves pas,
André ? »

André fit remarquer qu'effectivement Georges
était natif de Toulouse ! On ne pouvait demander à
tout le monde d'être né dans le 7e ! Faire province
était un handicap aux yeux de la famille et le fait que
Georges fût en voie de devenir un brillant journaliste, réputé pour ses jeux de mots et sa causticité, ne
compensait nullement ses origines. La radio, tout
comme la télévision, lorsqu'elle apparaîtra quelques
années plus tard, n'épatait pas du tout les artistes ni la
grande bourgeoisie. Georges, finalement, n'était pas
plus à leurs yeux qu'un bateleur, à peine mieux qu'un
camelot qui vend des cravates sur les marchés grâce à
son baratin. Mais j'avais vingt-six ans tout de même,
et Nicole commençait à baisser les bras. Un « poitrinaire » – on évitait le mot tuberculeux à l'époque –,
un poitrinaire mort de surcroît… et maintenant un
camelot qui n'avait pas encore perdu son accent du
Sud-Ouest, je n'avais décidément aucune considération pour ma famille.

Mais, depuis mon précédent mariage, je puisais
mes raisons d'agir dans l'opposition aux principes
familiaux : Georges était d'autant plus digne d'être
aimé que mes parents le dénigraient. Une histoire
d'appartement qu'on me proposait, l'insistance
auprès de mon futur époux d'une maîtresse dont je
craignais qu'elle ne me supplante, mon envie d'avoir

un enfant, ces éléments tinrent lieu d'examen sérieux de nos chances d'être heureux ensemble. Nous fîmes la bêtise de nous marier très vite au lieu de vivre en concubinage, le temps de nous apercevoir de notre erreur sur nos deux personnes, si flagrante que nous l'aurions très vite découverte à l'usage.

Je n'ai jamais su si Georges s'était lui aussi senti piégé dès le début. Ce n'était pas un homme de confidences. Mais le souvenir désolé que je garde de notre voyage de noces laisse à penser qu'il n'y fut pas plus heureux que moi.

Nous étions partis faire du ski grâce à Tourisme et Travail, qui organisait des séjours bon marché correspondant à nos maigres salaires. Je n'avais pas été à l'étranger pendant toutes ces années de guerre ni fait de ski depuis sept ans, ni eu un homme aimé pour moi seule, de santé florissante et présumé amoureux. Cette fois, rien ne m'empêcherait d'être heureuse et cette certitude m'illuminait d'une manière qui dut lui paraître obscène. Nicole m'avait toujours recommandé de ne pas trop montrer mon enthousiasme, de me faire désirer avant d'étaler mes ardeurs amoureuses et j'avais, il est vrai, vu réussir ce type de tactique chez Flora, chez mes amies et dans tous les romans, mais je n'en voulais pas pour moi. Foin de tactique quand on aime. Le don de tout mon être, pieds et poings liés, me semblait plus honnête. C'était compter sans le caractère de l'inconnu qui était devenu mon mari.

La première leçon me fut donnée dans le train. Les formalités aux frontières, surtout vers l'Autriche ou l'Allemagne, étaient encore extrêmement lourdes. C'est mon nouveau « chef de famille » qui détenait comme de juste nos passeports, nos titres de séjour à Kitzbühl et nos billets de troisième classe. Au poste-frontière, il descendit sur le quai acheter des sandwiches et faire viser nos autorisations. Le train redémarra sans que Georges fût revenu dans le compartiment. Je pensais qu'il avait sauté dans un autre wagon par erreur et qu'il allait reparaître, fringant, séduisant et tout heureux de m'avoir fait peur… Il n'apparut qu'une heure plus tard ou, du moins, cela me parut une heure. À la peur de me trouver dans un pays ennemi sans billet et sans passeport, s'était ajoutée la crainte qu'il eût été arrêté sur le quai. Depuis cinq ans, on pensait en termes d'arrestation chaque fois que quelqu'un était en retard. J'envisageai toutes les hypothèses sauf la bonne : à savoir qu'il avait flâné sur le quai puis dans tout le train, à la recherche d'un copain qui devait être du voyage, et ce n'est pas parce que nous étions mariés qu'il lui fallait désormais rendre compte de tous ses déplacements.

Je me rassurai à la pensée qu'il n'avait jamais été marié, lui, et n'avait pas dans son enfance appris à être aimé. J'étais partante pour lui faire découvrir les délices d'une vraie intimité. Je ne doutais pas d'y parvenir. Il allait adorer.

Durant la semaine passée à Kitzbühl, j'ai eu sans cesse mal au cœur et toute nourriture me donnait la nausée. J'étais effectivement enceinte d'un mois, mais c'est à l'autre cœur que j'avais mal sans le savoir : celui qui bat.

Georges paraissait affolé de se trouver en tête à tête avec moi. J'allais pouvoir le cuisiner, l'interroger sur son passé, ses sentiments... tout ce qu'il redoutait. Et pas un copain à l'horizon ! Je le soupçonnais d'avoir cherché à en recruter un avant de partir, celui qu'il n'avait pas retrouvé dans le train justement. Durant tout le voyage, il m'en voulut d'être sa femme et accumula les remarques désobligeantes. Il cherchait à me blesser, juste assez pour que je comprenne. Mais j'étais de celles qui se relèvent en souriant, sans rancune, avec une désespérante obstination au bonheur. Plus tard, il y aurait entre nous l'habitude, les enfants, les reportages – il ira d'ailleurs au bout du monde –, mais là, pour ce voyage de noces, impossible d'échapper. L'extase était au menu et les yeux dans les yeux. L'horreur !

Il s'en tira à son habitude en se plongeant dans ses journaux. Cinquante ans après, je ne me revois pas une seule fois dans ses bras. J'ai dû y être, bien sûr... Mais ce sont ses journaux que je revois sur son lit jumeau dans notre petite chambre tyrolienne et lui, abrité derrière. *But, Club, Sport-Dimanche, l'Équipe, Cheval-Pronostic, Paris Turf...* il les lisait tous de la première à la dernière ligne. Des journaux de sport en plus, sur lesquels je n'avais aucun commentaire à faire.

« Laisse-moi lire, Chouquette, tu vois bien que ça m'intéresse ! »

Sa nièce de Toulouse s'appelait déjà Chouquette ! Mais ce n'était sans doute qu'une étape vers le difficile « mon chéri » et l'imprononçable « mon amour ».

Le souvenir des poèmes et des lettres de Pierre me mettait les larmes aux yeux. Il m'appelait « mon I ». I, pour idolâtrée...

Je retrouvais au moins le bonheur du ski. Georges n'aimait pas tellement. J'en faisais mieux que lui. C'était le monde à l'envers.

Très vite, j'entrevis le fiasco : « Abandonnée le soir de ses noces... Le vil séducteur, à peine marié, dévoile son vrai visage... » Finalement, je ne valais pas mieux que les minables héroïnes des romans que j'avais lus dans le grenier de tante Jeanne, une de ces sottes qui ont cru épouser l'amour même et qui se réveillent au côté d'un mari auquel elles ne comprennent rien. Je ne me résignais pas à avoir commis une aussi lourde erreur. Il ne me restait qu'une issue : la transformer en réussite, et pour atteindre ce but, un seul moyen, devenir en tous points l'épouse idéale, celle qu'il ne pourrait qu'adorer.

« Il faut, je crois, que l'un des deux en se mariant renonce entièrement à soi-même et fasse abnégation non seulement de sa volonté, mais même de son opinion ; qu'il prenne le parti de voir par les yeux de l'autre, d'aimer ce qu'il aime. Mais aussi quelle source inépuisable de bonheur quand on obéit ainsi à ce que l'on aime ! L'on fait à la fois son devoir et son bonheur. »

C'est ce que je crus au début, comme tant d'autres, et c'est également ce qu'avait cru Aurore, née Dupin, qui écrivait cette lettre à sa chère amie de pensionnat, Émilie de Wismes, en 1823, lors de son mariage avec Casimir Dudevant. Quatre ou cinq ans et deux enfants plus tard, Aurore allait divorcer pour devenir George Sand, vivre une vie libre, se passionner pour la politique comme pour l'amour et écrire plus de trente romans. Je ne savais pas encore que quatre ans et deux enfants plus tard, moi aussi je divorcerais, reprendrais mon nom de jeune fille et réfléchirais à l'éventualité de commencer à écrire…

Jusqu'à quel oubli de soi-même peut-on s'astreindre par amour ? Quel pourcentage de ses opinions peut-on trahir sans se détruire ? Jusqu'à quel degré de similitude peut-on aller ? Je n'en savais rien encore et je ramais aveuglément vers l'accord parfait.

Au bout d'un an de mariage, Aurore, elle aussi, se grisait de son sacrifice et écrivait à son Casimir une lettre à laquelle je n'aurais eu que quelques mots à changer… si j'avais osé en écrire une semblable à Georges.

« Je vis que tu n'aimais pas la musique et je cessai de m'en occuper parce que le son du piano te faisait fuir. Tu lisais par complaisance et, au bout de quelques lignes, le livre te tombait des mains d'ennui et de sommeil. Quand nous causions surtout, littérature, poésie ou morale, ou tu ne connaissais pas les auteurs dont je te parlais, ou tu traitais mes idées de folies, de sentiments exaltés ou romanesques… Je cessai d'en parler. Je résolus de prendre tes goûts. »

Je formai la même résolution. L'ennui, c'était que prendre les goûts de mon mari consistait d'abord à oublier les miens. Il n'y avait pas place pour deux systèmes de valeurs. À mon programme figuraient désormais des sports que j'avais complètement ignorés jusque-là : le rugby, la boxe, la corrida, les courses de chevaux et les résultats sportifs du dimanche. Heureusement, le secret que Georges tenait à préserver sur le montant de ses pertes au jeu m'épargna la fréquentation de Vincennes ou de Longchamp. Mais j'assistai, l'air emballé, à des matchs de rugby sans jamais comprendre à quoi rimaient ces mêlées sinon à me laisser admirer des derrières et de puissants mollets ; je suivis Georges à des combats de boxe, fermant les yeux d'horreur à chaque coup dur ; je feignis d'apprécier la beauté des corridas et d'oublier l'écœurement du sang versé ; je me mis à commenter laborieusement les résultats sportifs, programmes sacrés de nos dimanches, le matin, pour les pronostics, le soir, pour les résultats. Enfin, je tentai de m'intéresser à ses amis, ce qui impliqua très vite l'espacement puis la disparition des miens, qui rappelaient désagréablement à mon conjoint que j'avais eu une vie avant lui. Très vite aussi, il préféra voir ses amis sans moi puisque aussi bien eux-mêmes venaient le plus souvent sans leurs épouses. Dans ces années d'après-guerre, les hommes et les femmes ne savaient pas encore vivre ensemble. Les mâles formaient un vaste club où claquaient les oriflammes de la virilité et où ils se sentaient à l'aise, surtout ceux du Sud-Ouest, où persistait une solide tradition : parties de chasse, pétanque, pelote basque, apéro, PMU, autant d'activités qui excluaient les femmes. Comme au Rotary, c'est aux anniversaires seulement qu'on invitait les dames.

Plus sérieusement, je m'efforçai à l'autocritique sur les points soulevés par Georges et, notamment, mon bas-bleuisme, dont il restait persuadé que les nécessités du mariage et de la maternité me délivreraient bien vite, car les bas-bleus, à ses yeux, n'exprimaient nullement la vraie femme mais une tentative, toujours vouée à l'échec, de singer l'homme.

Le doux abrutissement et le plaisir animal où vous plonge la grossesse, surtout la première, encourageaient en moi cet abandon de personnalité. Et qu'avais-je à y perdre puisque je n'étais après tout qu'une petite institutrice devenue récemment une petite secrétaire ?

Georges aussi, sans doute, s'apercevait de l'erreur qu'il avait faite en m'épousant, le pauvre ! Mais pour un homme, le mariage est compatible avec ses ambitions et facilite sa vie quotidienne. Pour une femme, c'est l'inverse et je me sentais coincée : devenue veuve au bout de six mois de mariage, je ne pouvais pas devenir une divorcée au bout des six mois suivants ! Il ne me restait qu'une solution : intégrer le rôle de l'épouse-modèle et partager tous les goûts de mon époux.

À ce délire d'identification, j'avais des excuses. Cette quête éperdue pour ne faire qu'un a été longtemps considérée comme la forme suprême de l'amour et un comportement hautement souhaitable pour une épouse. Au point que cent vingt ans après Sand et près de cinquante ans après moi, une de mes filles s'est comme nous engagée à renoncer à ses goûts et à faire vœu d'obéissance en se mariant, comme le prescrivait d'ailleurs la loi [1]... Il s'agissait pour elle, qui avait vingt ans, de se lier à un jeune homme beau et fortuné mais infiniment sérieux, et qui jugeait la poésie et les tendances bohèmes de sa fiancée incompatibles avec l'état d'une jeune épouse qui allait désormais vivre dans les environs de Zurich. À juste titre, sans doute, puisqu'ils allaient se séparer après deux ans de mariage.

« Moi, soussignée, certifie qu'une fois mariée et installée, je ferai mon ménage tous les matins : aspirer, épousseter, brosser. La vaisselle sera faite régulièrement, les poubelles descendues, le frigidaire plein.

Je serai une perle une fois installée.

Lison de Caunes, le 29 mai 1970. »

Au verso de ce feuillet d'engagement manuscrit, dont elle m'a autorisé à faire usage (et dont j'ignorais l'existence jusqu'à ce jour), son futur mari a inscrit en lettres majuscules : À GARDER JUSQU'À LA MORT. Et, un peu plus bas, dans un éclair de lucidité, Lison a ajouté : « ou jusqu'à épuisement ».

Les femmes ont toujours eu le triste don de traduire en termes de travail domestique l'amour le plus fervent. Épousseter, faire la vaisselle, aspirer, c'est prouver son amour. Sans doute parce que cela reste très prisé chez les maris... tout autre engagement du genre « je jure de poursuivre mes études jusqu'au bout » ou « je promets de ne pas renoncer en me mariant à mes ambitions littéraires (ou artistiques ou

---

1. La promesse « d'obéissance à son mari » ne figure plus dans le rituel du mariage civil depuis 1988 seulement.

politiques) », serait considéré avec la plus extrême méfiance.

J'ai estimé moi aussi que ma plus grande preuve d'amour envers Georges serait de devenir une perle. Et aussi longtemps que je suis restée amoureuse, j'ai réussi à vivre heureuse. Même si ce fut parfois dur de consacrer une si grande partie de mes loisirs à ces « arts du néant » comme les appelait Proust, surtout en un temps où le terme « partage des tâches » n'avait même pas été inventé. Je m'en tirais en hissant chaque corvée au rang de preuve d'amour. Apparemment, c'est la future George Sand qui, la première de nous deux, soupçonna que les femmes étaient perdantes à ce jeu-là.

« Il faut se demander, écrivait-elle, toujours à Émilie, si c'est à l'homme ou à la femme de se refaire ainsi sur le modèle de l'autre. Mais "comme du côté de la barbe est la toute-puissance" et que d'ailleurs les hommes ne sont pas capables d'un tel acharnement, c'est à nous qu'il appartient de fléchir à l'obéissance... Il faut aimer et aimer beaucoup son mari pour en venir là », concluait-elle avec lucidité.

Pendant plus de deux ans, j'aimai beaucoup.

Ma mère sut bien avant moi que mon amour ne suffirait pas à la tâche. Je repérais souvent l'effort désespéré qu'elle s'imposait pour se taire quand elle me surprenait en flagrant délit de soumission ou qu'elle surprenait Georges dans l'évidence de son indifférence. Non qu'il fût vraiment indifférent, j'en restais convaincue. Mais il jugeait incompatible avec sa dignité d'homme de manifester ses sentiments en public et il avait décidé une fois pour toutes que son métier, qu'il adorait, prendrait le pas sur sa vie privée.

Nicole n'avait pas bronché quand ma première fille était née juste avant Noël et que Georges avait accepté de passer la nuit du réveillon dans la rue pour interviewer les Parisiens en fête. Mais je lus dans son silence pesant que le motif lui paraissait dérisoire pour justifier qu'il laissât sa femme seule à leur premier Noël ensemble et au premier jour de leur premier enfant. De ma chambre à la clinique du Belvédère, j'entendais chez les jeunes accouchées voisines sauter les bouchons de champagne et rire les maris.

« C'est une émission importante pour moi mais veux-tu que je refuse de travailler cette nuit-là ? » m'avait demandé Georges.

Je voulais qu'il refuse sans que j'aie à le lui demander. Je voulais qu'il n'ait même pas envisagé d'accepter.

Pour la naissance de mon second enfant, moins d'un an et demi plus tard, Georges était au Groenland avec les Expéditions polaires françaises. C'était plus simple.

« Bien sûr que ce sera un garçon cette fois-ci. Tu me vois avec deux filles ? » m'avait-il dit en riant avant de partir, en ne me laissant qu'un prénom masculin pour l'enfant à naître. Sa mère à lui n'avait produit que des fils, merci Seigneur ! Le beau nom des de Caunes était assuré de survivre grâce à la compétence de ma belle-mère. À mon tour de m'en montrer digne. Le pauvre nom de Groult, lui, avait sombré dans les tourmentes conjugales. Aucun de mes enfants ne le porterait et je n'y pensais plus.

De toute façon, ce fut une deuxième fille. « On recommencera, mon chéri », m'avait dit Georges, tendrement mais fermement, à la naissance de Blandine. Je le décevais une nouvelle fois, et il faudrait m'appliquer deux fois plus et devenir une perle deux fois plus grosse pour le faire oublier.

D'ailleurs, ce désir de garçon, il faut reconnaître que nous en étions collectivement responsables. Je ne connais personne, ni homme ni femme, qui voulût d'abord une fille en ce temps-là. Une fois légitimées par la mise au monde d'un petit mâle, d'un minipénis enfin sorti de nos entrailles, nous pouvions alors insinuer d'un ton léger : « Ça me plairait assez, une petite fille… » Mais pas avant. Les mères à garçons paraissaient plus méritantes, plus courageuses, ayant mieux rempli leur fonction sur la terre.

On commence à oublier aujourd'hui cette implacable préférence pour le fils qui, tout près de nous, sur l'autre bord de la Méditerranée, fait rouer de coups une femme parce qu'elle vient d'accoucher d'une femelle de plus [1]. Et ces coups donnés là-bas se répercutent dans le ventre de toutes les mères de filles. Gisèle Halimi [2], Françoise Giroud [3], tant d'autres ont raconté dans leurs livres le deuil du fils espéré que représenta leur naissance pour leur père.

---

1. *La Voyeuse interdite* de Nina Bouraoui, Gallimard, 1991.
2. *Le Lait de l'oranger*, Gallimard, 1988.
3. *Leçons particulières*, Fayard, 1990.

Je me sentais coupable et infirme, comme Soraya ou Fabiola.

Restait à envoyer un télégramme au père humilié. Au lieu du « Bravo, bien joué, Georges » qu'il espérait tant, les copains de l'Expédition lui taperaient gentiment sur l'épaule : « T'en fais pas, vieux, c'est mignon les filles… »

À la déception sur ma performance s'ajoutait l'anxiété d'avoir à inventer un prénom pour cet enfant qui ne pouvait tout de même pas s'appeler Fabrice ! Et pourquoi pas George, sans s ? Je n'y ai pas pensé et Georges n'aurait sans doute pas apprécié. En l'espace de vingt-quatre heures, la pauvrette s'appela de tous les noms. Violaine, pour Claudel, mais c'était un trop triste destin ; Félicité, à cause de la rose Félicité Perpétue, celle que préférait mon grand-père ; Delphine, pour Germaine de Staël ; Daphné pour la nymphe aimée d'Apollon ; Marie, parce que Marie… C'était le prénom de la mère de Georges, de la mienne aussi au départ. On hésitait pourtant. « On choisit Marie comme on opte pour le blanc en décoration, dit Nicole. C'est un non-choix ! » Et tout à coup, Inès surgit au firmament. À notre cercle épuisé, le prénom parut audacieux, intéressant. Pater à peine parti pour la mairie de Boulogne-Billancourt, nous nous demandions quelle mouche espagnole avait bien pu nous piquer. André fut avisé par l'employé de l'état civil qu'il était rappelé pour consultation par la famille. Le bébé n'était pas content. Il vomissait après chaque tétée.

Le délai de déclaration de nouveau-né arrivant à expiration, nous nous ralliâmes à Marion, le nom de ma petite sœur disparue. « Impossible », trancha l'employé de l'état civil, qui avait déjà à son tableau de chasse le refus des prénoms bretons de la famille Le Goarnic – celle-ci allait finir par s'adresser à la Cour internationale de La Haye, afin de légitimer ses douze enfants – « Impossible. Je prends Marie ou Marinette, pas Marion. »

Traqué par les délais, Pater déclara Marie, puis Laurence, Lison et Delphine, conformément à nos instructions. Marie ne fonctionnant pas, nous appelâmes le bébé Lorenzo en attendant Georges qui, à son retour, opta pour Marie-Laurence. Mais elle vomissait toujours, un peu après chaque tétée, pour exprimer sa désapprobation. Alors on passa au troisième prénom, c'était le bon. Lison était doux à dire et à entendre sans doute, car l'enfant cessa très vite ses régurgitations.

J'apprenais qu'à peine sortis de vous, les enfants ont un instinct très sûr pour prendre leur mère en otage. Les pères, durant les premières années et parfois leur vie entière, échappent totalement à ce chantage affectif qui va installer les mères en position de coupables. Ce n'est pas à Georges que Blandine allait reprocher la mise au monde d'une sœur peu désirée. C'est moi qui l'avais trahie ! Lison, j'en étais sûre, me punissait par le seul moyen à sa disposition de ne pas l'avoir souhaitée et d'avoir renoncé à l'allaiter. C'était pourtant à cause de Georges : je tenais à ne pas abîmer les seins que je présenterais à mon mari à son retour.

Depuis notre mariage, en effet, Georges ne m'avait vue qu'en femelle débordée par ses fonctions animales, ce qui m'humiliait. Enceinte dès le premier mois de notre vie commune, allaitant Blandine, mon aînée, puis reliée deux fois par jour à une trayeuse électrique quand j'eus repris mon travail, puis sans cesse enceinte des embryons qui tentaient de s'implanter dans notre vie contre notre gré. Au quatrième, il fallut se résigner. D'autant que nous ne savions plus où nous adresser : la sage-femme amie de ma mère qui nous avait aidés pour le premier, était partie en retraite à l'autre bout de la France. Ce premier avortement n'était d'ailleurs que le premier sous Georges. Le précédent, subi sous Pierre, j'avais réussi à l'effacer de ma mémoire, bien consciente de la nécessité d'oublier si l'on voulait continuer à faire l'amour sans penser aux expédients qu'il faudrait ensuite pour le défaire.

Nous savions toutes que quatre mille condamnations avaient été prononcées en quatre ans par Vichy pour manœuvres abortives et qu'une blanchisseuse venait d'être guillotinée « pour l'exemple » en 1943. Mais nous ne pouvions envisager d'avoir un enfant tous les ans.

Il restait bien notre amie Mme Rollières, mais en tant que sage-femme, elle n'était pas autorisée à pratiquer un curetage. Elle accepta seulement de me poser une sonde. Il faudrait ensuite « attendre les événements ». « Fais attention sur la route, m'avait-elle dit quand j'enfourchai ma bicyclette à Villiers-Adam pour regagner Paris. Pas d'accident surtout ! Si on te trouvait avec la sonde, dis que tu l'as mise toi-même… »

Avec le recul, je mesure à quel point nos parcours, nos épreuves, les risques que nous prenions, nous « les femmes d'avant », d'avant la loi Veil, peuvent paraître fous, révoltants, rocambolesques parfois. C'était pourtant notre quotidien, et il fallait l'assumer. Ou bien entrer dans les ordres. Si quotidien que trois mois plus tard, je tombais de nouveau enceinte. Tomber est le mot juste. Si près de mon premier appel au secours, je n'osai pas retourner chez Rollières, dont l'affection et la sollicitude m'avaient pourtant été précieuses.

Il fallut entrer dans les circuits clandestins, entreprendre des démarches humiliantes, ponctuées de coups de téléphone plus ou moins anonymes où les vrais mots n'étaient jamais prononcés, se heurter à des refus indignés ou à des dérobades hypocrites, jusqu'au jour où l'amie d'un ami proposait une filière plus ou moins douteuse. On m'indiqua cette fois une concierge qui faisait « ça » dans son arrière-loge, sur une toile cirée, et dans une odeur de pot-au-feu, très bien, paraît-il, mais pour une somme si importante que je n'osai pas en dire le montant à Georges. Il me reprochait déjà de ne pas savoir me « débrouiller », alors que les bocks, les injections à l'eau vinaigrée mêlée à des quantités croissantes d'eau de Cologne censée tuer les bestioles, les levers hâtifs encore dans la douceur de l'étreinte, faisaient partie des tristes et inutiles procédures de l'après-amour.

La concierge empocha la somme d'abord et plaça la sonde ensuite. Elle se montra honnête : on avait droit à un deuxième essai en cas d'échec. Je n'en eus pas besoin, mais à peine le temps de m'en réjouir, trois ou quatre mois plus tard, tout était à recommencer. Or, la faiseuse d'anges avait entre-temps été dénoncée et arrêtée, je l'appris en découvrant sur la porte de sa loge, dans le 19e, un avis de la police, et je dus faire mine de monter l'escalier au cas où une souricière aurait été mise en place. Terrorisée rétrospectivement et accablée à l'idée de consacrer encore une fois près d'un mois de mon salaire à cette sinistre besogne, je décidai de me débrouiller seule. La vente de sondes étant interdite en pharmacie, on recommandait dans les milieux informés le tuyau d'aquarium ; mais la ligne à lieu, vendue au mètre dans les magasins de pêche, me parut tout à fait apte à la remplacer. Les délinquants ont toujours une longueur d'avance sur leurs poursuivants. Quant aux aiguilles à tricoter, instruments féminins par excellence, elles restaient en vente libre.

Après avoir pris connaissance de l'anatomie féminine et consulté les schémas des organes reproducteurs dans un manuel laissé par Pierre, je me lançai dans ce voyage vers l'inconnu. Il s'agissait d'enfiler trente centimètres de tuyau de caoutchouc sur une aiguille métallique, préalablement émoussée, du « 3 » si je me souviens bien. Mon système fonctionnait à merveille à l'air libre : la ligne vaselinée coulissait en douceur le long de l'aiguille. Mais dans le tunnel vaginal, travaillant à l'aveuglette, je ne parvenais pas à lui faire franchir le col de l'utérus, dont je ne savais pas bien s'il se situait au fond ou sur la paroi du conduit. Au bout de deux heures, courbaturée par ma position acrobatique, enragée que l'amour dût aboutir à cette odieuse gymnastique, évitant de penser aux drames que l'on se racontait sous le manteau entre femmes qui allaient subir ou qui venaient de subir un avortement – perforations, hémorragies, septicémies, morts subites par syncope –, je parvins enfin à mettre en place mon dispositif. Le tuyau alla se lover à l'intérieur de l'utérus et je pus retirer doucement l'aiguille. Il n'y avait plus qu'à « attendre les événements ».

Georges ne pouvait cacher son écœurement devant ces « histoires de bonnes femmes », toutes ces grossesses, ces fausses-couches, ces avortements qui semblaient être le lot quotidien de toutes mes congénères. Aussi attendais-je qu'il soit parti quelques jours en reportage pour me livrer à mes coupables manœuvres. J'en étais aussi écœurée que lui, mais je me sentais responsable de surcroît, et indignée de mon impuissance. Je haïssais ce corps qui cherchait à me dicter sa volonté, qui n'était pas la mienne. C'était accablant aussi de devoir agir en dehors de toute information, de tout secours médical, réduite aux recettes de sorcières, aux remèdes de bonne femme dont certains dataient de l'Antiquité, l'avortement étant l'acte le plus secret mais le plus répandu de l'histoire des femmes. Les progrès de la science, en effet, l'avènement de la Démocratie et des Droits de l'homme (les bien-nommés !), l'accès à l'instruction pour tous n'avaient rien changé à l'obscurantisme où se perpétuait cette pratique et à la cruauté de la société qui feignait de l'ignorer.

Cette fois encore, tout se passa bien et je redevins une femme libre, qui ne représentait plus pour son mari la sanction de chaque acte d'amour. Mais ayant sans doute trop attendu cette fois pour intervenir, j'eus de la fièvre les jours suivants et dus recourir à un curetage, que pratiqua mon accoucheur, le Dr Lamaze. « Si jamais tu dois y passer, m'avait dit Rollières lors de son intervention, tu n'auras pas besoin d'expliquer les choses au médecin. Ils savent très bien quand il ne s'agit pas d'une fausse-couche naturelle. Il y a plus de cinq cent mille avortements clandestins en France, chaque année, alors tu penses... Ton Lamaze est un homme bien. Il ne te demandera rien. »

« C'était mal parti, hein, cette grossesse, me dit-il seulement pour me montrer qu'il n'était pas dupe. Il était temps que j'intervienne. Tout de même, essayez d'éviter d'être enceinte pendant quelque temps... »

Phrase qu'un gynécologue se devait de prononcer, conseil qu'une jeune femme se devait d'écouter, sans que ni l'un ni l'autre n'eût le moindre moyen de le mettre en pratique.

Les mêmes causes produisant les mêmes effets, quatre mois plus tard, j'étais de nouveau à la case Grossesse de ce Jeu de l'oie où l'on joue sa vie chaque mois à coups de dés. J'avais repris mon travail à la radio, Blandine ne marchait pas encore, la baignoire était pleine de couches en permanence, la palette à décrotter posée sur le rebord et notre deux-pièces nous paraissait déjà trop exigu. Mais on ne trouvait pas plus d'appartements dans ces années d'après-guerre que de moyens anticonceptionnels, de couches jetables, de petits pots pour bébés ou de lave-linge. Il ne me restait qu'à retrousser mes manches et à me faire faire une nouvelle carte de grossesse à la mairie pour bénéficier de rations alimentaires en supplément.

Lison naquit sans problème autre que son sexe, l'absence de Georges et mon angoisse à l'idée de devenir un prix Cognacq. Cinq fois enceinte en deux ans… j'étais sur la bonne voie.

Après l'accouchement, Lamaze était partisan d'un long séjour en clinique, avec repos en position horizontale, afin que les organes, brusquement décompressés, reprennent plus vite leur place. J'appréciais cette halte forcée d'une semaine qui me donnait, outre le droit de me reposer enfin, le temps d'écrire à Georges. Nos seules relations se bornant à de brefs messages radio avec le Groenland une fois par semaine, je tenais à son intention un journal quotidien, pour qu'il ne rentre pas dans sa vie comme un étranger.

Blandine, dix-sept mois, était venue voir « la nouvelle », cachée sous l'ample cape de Nicole qui se riait des règlements interdisant l'entrée des jeunes enfants en maternité. « Chien ! », avait-elle décrété après un coup d'œil dégoûté sur la chose qui dormait dans son berceau, avant de s'en détourner complètement. Ce mépris ne suffisant pas à faire disparaître l'intruse, quand il s'avéra que celle-ci allait s'installer dans sa propre chambre, Blandine tomba dans une dépression « postnatale. » Elle ne voulut plus quitter son lit où elle dormait la tête tournée vers le mur, ni manger, ni regarder l'intruse. Elle l'avait crue seulement de passage, et voilà qu'elle s'incrustait. Dans un jeu radiophonique, quelques années plus tard, elle devait déclarer à l'animatrice qui s'attendait à une réponse attendrissante : « Ma sœur ? Elle est morte, ma sœur ! »

Le pédiatre conseilla de la séparer quelque temps du milieu familial et de l'objet de sa souffrance. Il fallut l'envoyer plusieurs semaines chez sa marraine de Toulouse, l'autre Chouquette. Jusqu'à l'adolescence, elle ne devait pas se consoler de cette naissance.

« *Post coïtum, animal triste* »… peut-être. Mais *post parturium*, la femelle de l'animal est plus triste encore. Pendant ma semaine de repos forcé, je reçus heureusement la visite quotidienne d'un certain Paul, qui était en congé de longue maladie, ou en long congé de maladie, comme il aimait s'en ménager, et qui habitait non loin de la clinique du Belvédère où je gisais avec ma fille. Il venait passer tous les après-midi à mon chevet.

C'était en mai, il faisait doux, ma fenêtre s'ouvrait sur des arbres au feuillage tout neuf ; Paul était journaliste de radio comme son ami Georges ; j'aimais bien la femme de Paul qui avait un petit garçon de

l'âge de Blandine ; Paul avait été le témoin de
Georges à notre mariage, puis le parrain de notre première fille ; nous avions loué l'été précédent la même
villa à Port-Manech ; enfin, nous habitions la même
rue à Paris… Nous formions en somme deux couples
à haut risque. C'était la première fois que nous nous
trouvions seuls, Paul et moi, et nous nous aperçûmes
que nous aimions les mêmes poètes, un détail qui eût
dû nous alerter. Les poètes ont d'étranges pouvoirs.

Mais le temps n'était pas venu. Je restais très amoureuse de Georges et je n'avais pas encore découvert
que « c'est l'esprit et non le corps qui fait durer les
mariages », si l'on en croit Publius Syrius [1].

Et puis, ce Paul ne m'attirait pas spécialement :
trop maigre, trop pâle, trop peu sportif, trop amateur
de whisky et trop d'humour pour moi. Enfin, sa réputation de grand séducteur me rebutait. J'ai toujours
détesté les grands séducteurs. Je ne sais pas comment
j'ai fait pour vivre plus de cinquante ans avec l'un
d'eux ! Grand, il l'était par la taille, séducteur par le
nombre de filles que je voyais graviter autour de lui, à
la radio et ailleurs. Il était si maigre et si blanc que ma
mère me dirait, quand je l'épouserais trois ans plus
tard : « Dire que tu t'es débrouillée pour te trouver
un autre poitrinaire ! »

Pour l'heure, nous étions à mille lieues de penser
qu'il aurait un jour envie de reprendre sa liberté et le
courage de mettre fin à un mariage qui semblait le
gêner si peu pour vivre à sa guise ; ou que, de mon

---

1. Auteur latin, cinquante ans av. J.-C.

côté, j'aurais assez de clairvoyance pour constater l'inanité de mes efforts et l'insuffisance de ceux de Georges en vue d'établir une relation harmonieuse entre nous. Les maris ne se battent pour leur couple que lorsqu'il est perdu. Georges pensait avoir assez fait en m'autorisant à porter son nom, ses enfants, et en me confiant la garde de son foyer. C'est lui qui gagnerait notre vie. C'était le contrat habituel. L'amour était compris et n'avait pas à être remis en question chaque jour.

« Tu vois bien que je t'aime, puisque je reviens ! Les femmes ont lu trop de romans, et elles misent trop sur l'amour, disait-il. C'est dans leur nature de se plaindre et de récriminer. »

Pour l'heure, je comptais impatiemment les jours qui me séparaient de son retour. Une trentaine seulement, m'avait-il fait savoir. Moi, je disais : trente jours encore ! Il fallait que le *Force*, le bateau des Expéditions polaires, regagne d'abord Godthaab, au sud-est du Groenland, dans une mer infestée de banquises, puis, de là, Georges attendrait un bateau pour le Danemark. De Copenhague, il irait visiter Elseneur, bien sûr, on ne peut manquer ce haut lieu, et ferait ensuite un saut à Malmö, en Suède, pour un reportage. De là, il prendrait le train pour Paris. On oublie qu'il n'existait pas de liaisons aériennes en ce temps-là. Ce serait l'affaire de quelques jours et c'était important pour lui ; je devais comprendre que nous n'en étions plus à trois jours près.

Certes. Je le comprenais d'autant mieux que cette longue séparation avait eu des effets bénéfiques : ne me déchirant plus aux aspérités du caractère de Georges, j'avais oublié mes désenchantements et redessiné peu à peu le compagnon de mes rêves. Rien ne venait démentir cette version revue et corrigée puisque, de sa banquise, Georges ne pouvait ni écrire, ni téléphoner ! Réduit aux messages télégraphiques, ne restait que l'amour pur. Ses premières missives, confiées à des amis de Paul-Émile Victor qui rentraient en Europe, jetèrent une ombre sur mon tableau idyllique...

« Je travaille beaucoup. J'accumule des expériences pour écrire un livre plus tard. Tu seras fière de ton Parzouf. »

Certes, je voulais bien être fière de mon Parzouf. Mais comment parviendrais-je à le rendre fier de moi ? Cette question n'était jamais abordée.

« J'ai fait une extraordinaire expérience humaine. Je te raconterai tout, et j'espère que tu m'aideras à réaliser tout ce que je veux et peux réaliser. »

Certes, j'étais désireuse de l'aider, mais se rendait-il compte qu'avec deux enfants et mon travail à plein temps à la radio, c'était moi qui avais besoin d'aide, et de préférence ménagère, tout simplement. Mon « expérience humaine » à moi me semblait dérisoire, puisque partagée avec des millions de femmes faisant à chaque seconde les mêmes gestes que moi dans des millions de foyers semblables au mien.

« Tu sais, Namour chéri, que c'est mon métier de partir et que je dois gagner notre vie. Mais le jour où nous serons riches, nous nous retirerons, et j'écrirai des romans qui feront de ton mari un des grands hommes de ce temps…

— Et de moi, Namour chéri, une ménagère toujours, mais riche et retirée ?

— Si tu veux bien m'aider, je crois que j'écrirai des choses très bien, sur la pêche à la baleine et la vie des Eskimos. »

Je voulais bien ce qu'il voulait, mais n'ayant jamais vu de baleine ou d'Eskimo, il était clair que mon aide se réduirait à classer ses documents et à taper ses manuscrits. Activité louable, certes, et image type de productivité conjugale. Nombre de couples avaient fonctionné ainsi dans le passé. Pourquoi n'étais-je jamais satisfaite ? Je me morigénais de ne pas m'épanouir devant cet avenir radieux.

Ne pouvant répondre à ses lettres, puisqu'il était en mer, je ne savais comment lui faire sentir que ce qu'il ne me disait pas me faisait encore plus de mal que ses protestations amoureuses ne me faisaient de bien. Elle n'est jamais venue, la lettre qui m'eût donné des ailes : « Merci, Benoîte (et non Miquette ou Chouquette), merci de t'occuper de nos deux enfants et, malgré ton travail, d'assurer auprès d'eux cette présence précieuse qui me permet de partir, l'âme tranquille, vers ce que je crois être mon destin. Un jour ce sera ton tour, et ce jour-là, je t'aiderai, tu verras… »

Je rempilais pour dix ans, s'il m'avait parlé ainsi.

De son côté, saturé de paysages grandioses, de solitude et d'aventure, ayant fait le plein de camaraderies viriles, Georges pouvait enfin s'attendrir sur les trois femelles qui constituaient désormais son cocon familial. Il ne m'aimait jamais autant que quand il m'avait quittée. « Je m'ennuie de toi », m'écrivait-il chaque fois, et c'était vrai. Il oubliait qu'il s'ennuyait encore plus avec moi. La vie de famille n'offrait d'attrait pour lui qu'à l'état de regret ou d'espoir. Il était inapte au présent.

« Tu verras, nous allons être heureux...

« À mon retour, je te ferai sortir autant que tu le voudras...

« Je promets de ne plus partir tout le temps. Ça te rend trop malheureuse... »

Je voulais croire à ses promesses, autant qu'il y croyait lui-même, car, lui aussi, grâce à l'absence, s'était redessiné une femme idéale qu'il pourrait enfin rendre heureuse.

« À mon retour, je voudrais t'apprendre à aimer la corrida, à partager mes goûts. »

Mais on ne peut partager que ce que l'on a. Pourquoi n'avait-il pas choisi une dame qui aimait déjà la corrida ? On demande vraiment l'impossible à un mariage.

À mesure que l'absence s'amenuisait, à chaque lettre reçue, le Georges de mon rêve se diluait comme un brouillard, laissant apparaître les contours rugueux de mon vrai mari... Sa dernière lettre dissipa l'ultime voile de brume : « J'ai hâte d'être chez nous, Namour. J'espère trouver la maison belle et les enfants torchés. Et toi aussi, sois belle, mince, élégante pour recevoir ton homme légitime. Le pauvre Georges est bien fatigué, il dort mal, et il faudra bien le gâter. De ton côté, tu dois avoir plein de choses à me raconter, et je te promets d'écouter sagement tes babillages… » (Et même si tu n'as pas eu le temps de tout briquer, même si Lison crie la nuit, même si tu n'as pas encore retrouvé ta minceur d'avant, je ne pense qu'au moment où je te serrerai dans mes bras.) Non, ces lignes-là, je ne les ai pas reçues. C'est le Georges du brouillard qui me les écrivait. L'autre, le vrai, allait me ramener sur terre.

« Mon retour, vu l'envie que j'ai de toi, chérie, est porteur de dangers que nous ne connaissons que trop. Et tu ferais bien de prendre des précautions pour éviter qu'une tuile ne nous arrive. »

Il avait raison, mais quelles précautions sinon les mêmes vieilles recettes qui avaient fait faillite ? C'est aujourd'hui seulement que m'apparaît l'étendue de son égoïsme et de mon fatalisme. Comment n'avons-nous pensé ni l'un ni l'autre aux préservatifs ? Pire, comment expliquer qu'aucun obstétricien ou généraliste ne nous les ait jamais conseillés pour éviter « les tuiles » justement ? J'étais d'autant plus inexcusable que j'avais connu les capotes anglaises in situ… Alors, plutôt l'avortement ? Oui. Plutôt. Avorter, c'était une des fatalités de la condition féminine, la norme en quelque sorte. Alors que les capotes, c'était réservé aux prostituées, aux maladies vénériennes… le Mal ou le Péché en somme. Un couple honnête n'avait pas à « se préserver ». On ne parlait pas de sexe non plus dans un couple honnête en 1950. Il existait des mots que nous n'avions jamais prononcés, Georges et moi, des zones que nous n'avions jamais touchées sur nos corps ou dans nos âmes. On vivait dans le noir, comme on faisait l'amour.

Je me demande aujourd'hui comment nous avons pu « préférer » avorter à répétition plutôt que de recourir au préservatif. Mais je sais que cette question n'a pas de sens. Elle ne se posait pas de cette façon et même ne se posait pas du tout. C'est comme si on interrogeait un chauffard : « Alors, vous préférez mourir plutôt que de ralentir ? » Il vous répondra qu'il préfère ne pas ralentir ET ne pas avoir d'accident. Je préférais continuer à faire l'amour ET ne pas tomber enceinte. Ce n'est d'ailleurs pas de cela que nous sommes morts, Georges et moi.

À cette inconséquence stupéfiante, qui était celle de toutes les femmes de ma génération et de tant de celles qui l'ont suivie, il n'y a pas d'explication, sinon que la sexualité a toujours fonctionné en dehors des logiques, des prévisions et des morales. La sexualité, c'est la folle du logis.

De notre échec, Georges ne se sentait pas responsable. Ne pas rendre sa femme heureuse n'a jamais constitué une faute pour un mari. Tout juste un peu de négligence, mais c'est la vie qui veut ça. Les femmes, la plupart d'entre elles, n'ont-elles pas tout pour être heureuses ? L'eau courante, que n'avaient pas toujours leurs mères, une cuisine moderne, des appareils ménagers toujours plus fonctionnels, renouvelés à chaque anniversaire, et puis ce grand bébé-homme à dorloter, pas toujours commode c'est vrai, mais elles adorent ça au fond.

Le problème c'est qu'elles en demandent trop. Et puis qu'elles se laissent déborder par le travail à la maison, ajouté au travail professionnel, qu'elles ont choisi de faire, le plus souvent. Mais elles ne savent pas s'organiser. Un homme saurait mieux gérer son temps.

« Je ne sais pas comment tu fais pour n'avoir jamais une minute à toi ! »

Toute réponse logique aurait paru insultante. « Et si tu m'aidais ? » n'arrivait même pas à émerger au seuil de la conscience. La division des tâches restait implacable dans les années 45… et suivantes. Rien n'avait encore troublé l'eau tranquille des foyers. Les hommes venaient de faire la guerre, non ? Cela leur assurait un répit dans la remise en question des rôles. « Tu ne pourrais pas faire la soupe, ce soir, chéri ? Je voudrais écrire un poème qui passe… »

La terre aurait tremblé. D'ailleurs Georges ne savait pas faire cuire une pomme de terre, encore moins l'éplucher. Cela lui jouerait des tours des années plus tard, quand il choisirait de passer six mois dans une île déserte du Pacifique. Je ne connaissais qu'un homme à cette époque qui faisait la cuisine : mon père. Mais lui la faisait en artiste, c'était différent. Il nous servait des poissons en croûte avec des nageoires dessinées sur la pâte et des billes de verre pour les yeux. Un homme est grand chef ou rien du tout.

Chouquette ne songeait même pas à réclamer un peu d'aide à son mari. Mais souvent, sa vie lui

paraissait pesante. Elle ne comprenait pas pourquoi… puisqu'elle avait l'eau courante !

Parzouf avait bien essayé de lui apprendre la vie,
vue du côté femme. Le mariage n'était pas cette
fusion, ce partage sublime qu'elle imaginait naïvement. Le mariage, c'était la juste répartition de
l'espace conjugal. Georges ne lui demandait pas de
présenter le « Journal parlé » avec lui. Elle devait
apprendre à se passer de lui à la maison, surtout à la
cuisine et dans l'armoire à balais. Sa première leçon,
il la lui avait donnée, dès le départ, dans le train qui
les emmenait en Autriche. Il fallait réagir vite, sous
peine de s'engluer dans cette bouillie sentimentale
que les jeunes femmes savent si bien sécréter.

L'ennui, c'est qu'elle remettait sans cesse tout en
question. Elle ne discutait pas, elle pinaillait, elle le
contredisait, même en public. Elle avait oublié cette
première leçon qu'il lui avait donnée, lors de leur
voyage de noces. La seconde leçon, elle partit toute
seule. Il ne l'avait pas voulue, elle lui échappa, cette
gifle.

Il ne s'agissait même pas d'un affrontement personnel mais, comme d'habitude, d'une divergence
d'opinions, exprimée devant des amis. La gifle n'était
qu'une réaction imprévisible qui ne ressortissait pas à
la colère, ni au désir de faire mal, mais au besoin légitime, n'est-ce pas, de montrer qui restait le chef dans
le ménage. La scène se passait à Port-Manech, chez
« les Paul » justement, au cours d'un dîner réunissant
une dizaine d'amis. Georges était rentré du Groenland depuis un mois et avait oublié à quel point sa

femme pouvait être... emmerdante quand elle croyait avoir raison. Il s'agissait du cheval de Caligula, ou de quelque autre détail concernant un empereur romain, et elle la ramenait un peu trop avec ses compétences historiques.

« Ah, pas de bas-bleuisme en vacances, je t'en prie ! » lui avait conseillé Georges, agacé.

Au lieu de s'écraser, elle prit feu. Georges aussi. Il s'était alors levé de table, et lui avait asséné une vraie gifle, devant les invités sidérés. Sur le moment, elle ne réagit pas, hésitant entre l'éclat de rire nerveux, les larmes ou l'insulte. Avant qu'elle ne se fût décidée, il avait quitté la table sans un mot, sous l'empire d'une colère que la honte submergeait peu à peu et qui lui déformait le visage.

Il ne rentra qu'au petit matin, à l'heure où les gestes tiennent lieu de paroles. Et le lendemain, tu n'osas pas évoquer l'incident. Tu craignais trop sans doute, en tirant un fil, de voir se détricoter tout ton mariage.

Je me demande aujourd'hui, ma pauvre Zazate, comment cette gifle qui, sur le moment, te ferma la bouche, ne t'ouvrit pas les yeux ? Te restait, chevillée au cœur, ta volonté d'être heureuse, qu'un geste malheureux ne suffisait pas à désarçonner. Et puis les corps ne renoncent pas en un jour à leurs douces habitudes, les odeurs restent familières, les mots continuent à se dire, portés par le courant. Il faut du temps pour que les gestes et les paroles qui composent l'ordinaire d'un couple tombent en déshérence. Du temps passa. Je ne suis pas du tout rancunière.

> « Mais la légère meurtrissure
> Mordant le cristal chaque jour
> D'une marche invisible et sûre… »

Ces vers de Sully Prudhomme, dans *Le Vase brisé*, que toutes les petites filles avaient appris par cœur avant-guerre, me revenaient soudain en mémoire. C'est une des vertus secrètes de la poésie, même la plus anodine, de vous remonter aux lèvres du fond de l'oubli quand elle entre soudain en résonance avec un événement de votre vie.

Et qu'aurais-tu pensé, ma Zazate, si tu avais su que ta chère George Sand, dont la vie semblait faire signe à la tienne, avait elle aussi reçu une gifle de son jeune mari, et pour le même motif : désobéissance ! Un motif grave, d'ailleurs : « La désobéissance est le pire fléau, dit Créon à Antigone. Nous ne devons tolérer en aucune manière qu'une femme nous donne des leçons. Elles doivent rester des femmes et non pas faire leurs quatre volontés. » George ne s'appelait encore qu'Aurore et n'avait que vingt ans, quand se passa la scène qu'elle racontera dans *Histoire de ma vie* et qui allait mettre un terme à son mariage. Elle « faisait la folle », ce sont ses propres mots, dans son jardin de Nohant, avec les enfants d'amis venus passer l'été. Au cours de leurs jeux, un peu de sable vint à tomber dans la tasse d'un ami de Casimir, qui ordonna à sa femme de cesser ses enfantillages. Elle n'en fit rien et gambada de plus belle. Alors il se leva de son fauteuil, marcha sur elle et la gifla devant son fils et tous leurs amis. « Depuis ce jour je ne l'aimai plus guère et tout alla de mal en pis », écrit Aurore.

Bien sûr, Georges était autrement séduisant que le grossier Casimir, mais toi, ma Zazate, autrement moins délurée que l'ardente George Sand. Cependant, la « légère meurtrissure » continuait son œuvre, s'apprêtant à fêler définitivement votre couple.

Je n'osais plus écrire, même mon Journal, considéré comme une activité malsaine pour une femme mariée. J'avais fini par décrocher du mur les photos de Pierre car Georges était d'un naturel jaloux et possessif. Mais il me donnait beaucoup plus de preuves de jalousie que d'amour. Je ne pouvais recevoir une boîte de chocolats sans qu'il parle d'aller « casser la gueule » au donateur. « Descends, si t'es un homme ! », ça se disait, ce genre de connerie. Il l'a d'ailleurs dit à mon ami Noguera, un technicien de radio avec lequel je travaillais. C'était un vrai homme, quoi ! J'ai longtemps cru qu'il ne m'aimait pas assez et qu'en m'acharnant, il finirait par me faire confiance. Nos amis restaient persuadés que nous étions heureux, Georges était si brillant et charmeur en public ! Le problème c'est que je n'ai plus fait partie de son public dès que nous avons été mariés. On ne gaspille pas son talent à la maison. Et quand on emmène sa femme en soirée, ce n'est pas pour s'occuper d'elle, on ne sort pas pour la retrouver, on sort justement pour découvrir d'autres têtes. J'étais en somme malheureuse sans lui et malheureuse avec lui. Quelle pauvre petite chèvre tout de même !

Mais c'est finalement le loup qui a été mangé au matin.

Pourtant Georges était si sûr que je ne pouvais me passer de lui, que le jour où je lui ai proposé que nous nous séparions l'un de l'autre à l'essai pendant quelques mois, il a accepté d'aller vivre chez un ami à Montmartre pour un certain temps. « Dans trois mois, tu auras réfléchi, on pourra repartir ensemble. On peut encore être heureux, tu verras. »

Il ne comprenait pas qu'heureuse, je ne l'avais jamais été ! Dès la seconde où il a quitté la maison, j'ai su que je ne pourrais jamais revivre avec lui. Alors que lui au contraire retrouvait l'envie de me séduire : Nous n'avons jamais si bien fait l'amour que pendant les brèves soirées qu'il revenait passer à la maison pour voir nos deux petites filles. Les phrases amoureuses que j'aurais tant voulu entendre depuis quatre ans, voilà qu'il me les disait alors que je n'écoutais plus. Et voilà qu'il m'écrivait quand il partait en reportage des lettres qu'il croyait d'amour. Étais-je déjà contaminée par le désir d'écrire et le goût du style ? « Ton mari qui pense à toi », « Je t'embrasse comme je t'aime » et autres « Ta pensée est sans cesse près de moi », ne valaient pas à mes yeux le petit « je t'I » de Pierre. Il me semblait à moi qu'on aime plus quand on le dit mieux.

« Ce n'est pas de l'encre qui coule dans mes veines mais du sang, me dit-il un jour où je lui expliquais ma frustration.

— L'encre aussi peut être rouge, lui répondis-je. »

Nous en étions aux dialogues qui tuent et tout s'est très vite dégradé entre nous, dès que j'ai osé redevenir moi-même et ne plus user de ménagements puisque je n'avais plus peur de le perdre. Il a bien fallu se résigner à entamer l'ignoble procédure que constituait à cette époque « le divorce aux torts réciproques », bâti sur de faux témoignages et des lettres d'injures inventées qui allaient très vite mener aux vraies insultes et aux inévitables chantages, débouchant sur la mise en pièces d'un passé.

Ma mère n'était pas mécontente que je quitte l'homme qui paralysait mon essor, selon elle, et qui allait m'accabler d'enfants, inévitablement. Elle prit mon aînée, Blandine, pour quelque temps chez elle, afin de faciliter ma reconversion, ce qui me donna l'occasion de découvrir à quel point la présence d'un époux se traduit en charges supplémentaires au quotidien. Soudain, le temps m'était rendu, les journées étaient plus longues, la vie plus légère. J'écoutais la musique que j'aimais et je me moquais du résultat des courses et de la défaite du PSG. Je renouais avec des amis, perdus parce qu'ils déplaisaient à Georges.

Restait à déterminer ce qui subsistait de la pauvre Zazate. Allais-je redevenir Mme Groult ? Ou Mme veuve Heuyer, selon l'usage ? Ou bien Mme ex-de Caunes ? Professionnellement on pouvait se demander sous quel nom j'allais poursuivre ma modeste carrière. Trop de noms, c'est pas de nom.

Tu commençais à découvrir, ma chère Rosie, que l'identité est une notion bien fluctuante pour une femme.

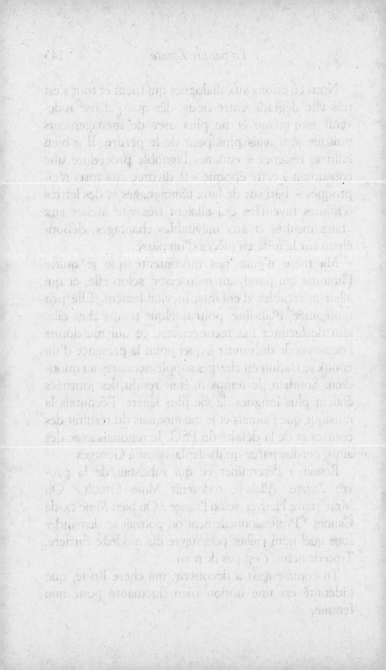

Chapitre VII
Cher Paul

> « Il est totalement inutile que les
> femmes écrivent leurs inepties. Cela ne fait
> qu'embrouiller les choses les plus claires. »
>
> STRINDBERG.

J'ai trente ans et je n'écris toujours pas d'inepties, mon vieux Strindberg. Je n'y songe même pas. Mais j'ai repris mes mauvaises habitudes et recommencé à tenir mon Journal. Je note tout, en me disant qu'un jour peut-être... Mais pour l'instant, je savoure ma liberté. Enfin... une liberté ornée de deux petites filles qui ont un an et deux ans et demi. Une blonde et une brune. Et limitée par mon travail à la radio : je rédige six heures par jour les bulletins d'information diffusés toutes les heures sur Paris-Inter. Un travail pépère... je devrais dire mémère...

Mais j'habite à nouveau seule mon petit appartement de la rue Raynouard. J'ai pu raccrocher les portraits de Pierre dans mon alcôve et je garde une photo de Georges sur la bibliothèque, à cause de mes filles, me dis-je, mais c'est surtout parce que je suis encore sensible à sa séduction. Chaque fois que nous nous sommes revus au cours des années, j'ai été tentée pendant les premières minutes de retomber amoureuse. Comment avons-nous réussi à ne jamais être heureux ensemble ? De qui est-ce la faute ? J'espère, mon Georget, que tu auras trouvé le bonheur dans ton mariage suivant, ou le troisième, mais je n'en ai rien su : tu ne m'as jamais livré la moindre clé pour ta précieuse personne... ou bien je n'ai jamais su m'en servir.

Pourtant je n'ai rien à te reprocher que d'avoir été un homme comme les autres. Mon mariage ne m'avait pas paru une prison, il ressemblait à la plupart des mariages de cette époque. Le divorce était rare et mal vu dans les années 50 et presque toutes mes contemporaines, déçues ou non, se faisaient une raison et trouvaient leur bonheur dans leur rôle de mère. Sous l'influence de ma précieuse Nicole, sans aucun doute, je n'ai pas su me résigner au sort commun.

En plus de celles de mes deux maris, j'ai accroché une autre photo dans mon alcôve : celle de Kurt, ce lieutenant américain dans son uniforme de l'armée de l'air, ridiculement beau avec son sourire Colgate, qui m'avait ensorcelée un soir et pour la vie en m'invitant à danser « Only You-ou-ou ». Mais je savais que « pour la vie », ne veut pas dire « pour tous les jours » et j'avais refusé de suivre à Philadelphie mon beau pilote. Nous avions beaucoup pleuré en nous séparant, mais je me sentais incapable de m'enraciner ailleurs qu'en France. Me sachant remariée, il s'était marié lui aussi et avait deux enfants. Mais nous avons continué à nous écrire, ne parvenant pas à oublier l'élan sauvage qui nous avait jetés l'un vers l'autre et obscurément convaincus que nous nous retrouverions un jour. Ce qui est arrivé. Mais c'est une autre histoire[1].

Pour mes premières vacances de liberté, une destination s'imposait : la Bretagne et plus particulièrement la côte qui nous avait été interdite pendant les cinq années de l'Occupation allemande. J'ai donc accepté l'invitation de nos meilleurs amis, « les Paul » qui venaient de louer une maison de pêcheur et une barque à moteur à Port-Manech.

Georges Heuyer, que j'aimais toujours comme un père, m'avait proposé d'héberger pendant deux semaines dans sa villa de Saint-Cast, mes deux filles qui avaient l'âge des enfants qu'il avait eus de sa deuxième femme et j'avais passé une semaine près de lui dans ce qu'on appelait encore les Côtes du Nord, avant de débarquer, jeune femme sans entraves, ayant un grand besoin d'amitié après ces années si lourdes à vivre, chez Paul, le meilleur ami de Georges de Caunes, sa femme et son petit garçon.

Il faut se méfier du « meilleur ami » dans les couples : c'est un poste à haut risque pour tout le monde et pour l'amitié. Pourtant je n'avais jamais ressenti d'attrait particulier pour ce Guimard dont j'appréciais bien sûr, comme tous ses amis, l'humour,

---

1. Cf. *Les Vaisseaux du cœur*.

l'intelligence, la culture et l'art de vivre. Mais au physique je ne lui trouvais que des défauts : trop maigre, la peau trop blanche, la bouche trop fine, pas de muscles ni de système pileux, la voix trop douce, trop enveloppant avec trop de dames, la démarche trop nonchalante, presque languissante. Au cours des cinquante-quatre années que nous allions néanmoins passer ensemble, je ne l'ai jamais vu courir, ni même presser le pas ! Il ne courait pas non plus après la réussite ou l'argent, tout semblait descendre à sa portée sans effort et il affectait même de mépriser l'effort, le labeur, l'application.

Au cours des cinquante-quatre années que nous allions néanmoins, etc. j'ai l'impression de ne jamais l'avoir vu « bosser ». Jamais vraiment. Et je lui tenais rigueur de ce dilettantisme d'une certaine façon, moi, l'étudiante laborieuse qui ne jurais que par l'effort, la peine, voire le sacrifice.

Comme je me trouvais sur place (Paul ne « courait » pas non plus après les femmes, elles lui tombaient toutes seules dans les bras) et que sa femme en titre était carencée par quelques années d'usage, nous nous découvrions avec un plaisir imprévu. Port Manech n'est pas Saint-Tropez et je n'étais pas inquiétée par la concurrence. Et puis je rencontrais enfin un homme qui appréciait mon « bas-bleuisme » et je pouvais parler politique avec quelqu'un du même bord que moi et de poésie en citant les mêmes poètes.

Je ne me méfiais pas de l'autre addiction que nous avions en partage : le goût de la mer, de la pêche et du

vent. Naviguer ensemble chaque matin, poser un tramail, gréer des casiers, découvrir les petits ports du
Finistère-Sud, Merrien, Brigneau, Doëlan, Trévi-
gnon, Pouldohan, nous a unis plus sûrement qu'une
passade amoureuse. Lui allait devenir un excellent
navigateur et un bel écrivain de la mer, mais il manquait du courage physique et du goût de souffrir qui
sont indispensables au vrai coureur d'océans. Moi, en
revanche, je ne rechignais pas au matelotage, j'aimais
les corvées, débrouiller les filets, les ramender, éplucher le poisson, hisser la lourde voile à corne, écoper,
faire une épissure. Paul n'appréciait que de rester à la
barre, de consulter les cartes en rêvant, de faire route
vers les îles en veillant les fonds dont il connaissait
chaque écueil. À nous deux, nous formions donc un
excellent marin, chacun à sa tâche, à son bonheur de
naviguer, au délicat plaisir de former un équipage qui
saurait résister au mauvais temps. Ce que nous avons
réussi à faire malgré nos divergences, au cours des
cinquante-quatre années que nous allions dorénavant
affronter ensemble…

Le premier baiser, qui a entraîné tous les autres,
c'est en mer que nous l'avons échangé, sans l'avoir
prémédité : en fait, c'est la mer que nous embras-
sions sur la bouche de l'autre. Il faisait magnifiquement mauvais ce jour-là et la pluie glissait sur nos
visages, mêlée de cette écume salée qui lui donnait sa
belle amertume et il n'y avait vraiment rien d'autre à
faire que de la boire sur nos lèvres, tout en gardant un
œil sur l'océan, qui n'attend jamais qu'une distraction
pour vous engloutir.

En rentrant à terre ce soir-là, je croyais bêtement avoir franchi une étape vers son intimité, mais Paul ne semblait tirer aucune conséquence de ce baiser et j'ai très vite compris qu'avec lui les codes habituels de conduite n'avaient pas cours.

Notre baiser ? Quel baiser ?

Il n'y en eut pas d'autre cet été-là. Mais à notre retour à Paris, comme je vivais seule et que nous habitions encore la même rue Chanez, Paul prit l'habitude de passer un moment à la maison pour m'emprunter un livre, m'emmener au cinéma, me lire un poème. Les semaines s'écoulaient et il continuait à louvoyer nonchalamment de ma compagnie à celle de sa femme sans le moindre signe de regret ou d'impatience, sans que jamais je sache où était ma place et où commençait la sienne à elle.

D'une manière aussi imprévue que notre baiser en mer, un soir, un soir comme les autres, nous sommes rentrés à pied de l'ORTF où il animait chaque jour la Tribune de Paris, une émission politique, et il est monté prendre un verre chez moi. Au moment où j'allais le raccompagner à la porte je me suis figée sur place : Paul était resté au milieu du salon et retirait nonchalamment sa chemise et son pantalon, avant d'entrer dans mon lit au fond de l'alcôve comme si c'était le sien, sans un mot d'avertissement ni d'excuse ! Je restai à la porte, les bras ballants, aussi effarouchée qu'une pucelle.

Bien sûr, j'étais un peu amoureuse, mais modérément. Qui ne l'est à trente ans d'un jeune homme qui vient vous lire des poèmes ? Bien sûr j'étais curieuse de savoir comment ce drôle de type se comportait dans un corps à corps, mais de là à…

Il n'y avait pas eu de pourparlers ni de préliminaires, jamais un geste déplacé… cette situation n'était pas prévue dans mon manuel et comme Paul ne me racontait jamais sa vie, j'ignorais s'il me trouvait sexy ou juste propre à remplir quelques interstices de son existence qui se trouvaient vacants.

Il me regardait ironiquement du fond de MON lit et il ne me restait plus qu'à me déshabiller aussi, par correction. On ne garde pas sa jupe et son chandail devant un monsieur tout nu. Trop tard pour dire « je ne suis pas celle que vous croyez », j'étais évidemment celle qu'il croyait. Même si je ne savais pas encore à quel point il allait devenir celui que je voulais. Mais pas sur le coup. Il était en effet encore plus blanc, plus lisse, plus doux que je ne craignais et dépourvu de ce chouïa de simiesque qui m'a toujours semblé indispensable à la virilité.

Je ne parviens même pas à me souvenir du déroulement de cette première nuit. Moi qui aime les préliminaires, les travaux d'approche, les hésitations, on me les avait escamotés et je me retrouvais nue, complètement dépaysée face à un monsieur qui ne s'était pas fait désirer et que je n'aurais jamais choisi sur catalogue ! Je ne sais plus si c'est avec des mots ou des caresses qu'il m'a embarquée, je ne me souviens que d'un climat émotionnel et du moment où Paul m'a dit : « Mais tu pleures ? » en me serrant très fort contre lui. Je n'aurais su dire d'où venaient ces larmes, sûrement de très loin, comme si j'accédais enfin à une patrie commune avec un homme et à une réconciliation fondamentale avec moi-même. Réconciliation si laborieuse parfois. Car on a oublié aujourd'hui les relations tourmentées qu'entretenaient les jeunes filles et même les jeunes femmes jusqu'aux années 70 avec leur sexualité. On a oublié comme il était difficile pour nous d'accepter nos organes génitaux, ces inconnus dans la maison. On a oublié que nous avions toutes eu honte de notre corps, « *down there* » surtout, comme disait ma Nannie irlandaise.

« *Don't forget to wash yourself down there*, Rosie », me rappelait-elle chaque jour avec une imperceptible moue de dégoût, me semblait-il.

Comment faire confiance en effet à ce corps qui nous avait déjà trahies une première fois au sortir de l'enfance, en nous imposant le rituel sanglant de nos règles, subies dans la stupeur et sans explication, revenant sans cesse, et nous laissant dans la terreur que « ça » se voie, que les garçons découvrent ce que nous cachions tous les mois dans des serviettes inavouables, alors qu'eux passaient si superbement de l'enfance à l'âge d'homme sans subir cette ordalie humiliante.

Comment aborder dans ces conditions les premières relations avec l'autre sexe ? Comment impliquer nos organes si décriés dans un échange confiant et détendu ? Comment se faire pardonner d'être une femme, en somme ?

J'avais essayé plusieurs méthodes. Devant les élans passionnés de mon premier amour, je m'étais efforcée d'être conforme à ses attentes. Il n'avait que vingt-deux ans mais il faisait médecine ce qui m'impressionnait, alors que j'en étais toujours au degré zéro de la connaissance de mon propre corps. Personne ne m'avait jamais parlé de clitoris, bien que sa fréquentation m'eût valu vers mes dix ans d'être enfermée chaque nuit dans une chemise de finette coulissée et nouée aux pieds qu'on achetait, je m'en souviens, au rayon Fillettes du Bon Marché, qui était, dans les années 30, un magasin très fréquenté par les communautés religieuses du quartier. Quant au mot cunnilingus dont je devinais le sens, j'étais professeur de latin après tout, ses consonances barbares rendaient la chose impensable. Je m'y prêtais parfois, dans la honte, comme on monte à l'échafaud.

Pierre bientôt malade, il n'était plus question de faire la difficile et son ardeur, exacerbée par l'approche de sa fin, qu'il pressentait sûrement, créait entre nous un climat si intense qu'il nous transportait hors de nous-mêmes. Il ne s'agissait plus de plaisir mais d'un défi à la mort.

Ces temps héroïques étaient révolus.

Avec Georges, je retombais sur Terre, prête à rire de tout, de notre beauté, de notre santé, de notre avenir que plus rien n'allait menacer.

L'atterrissage avait été rude. Georges estimait sans doute qu'on ne fait pas certaines choses avec sa femme légitime. En dehors du ticket aller-retour, nous n'avons tenté aucune excursion. Était-ce du respect ? De la timidité ? La crainte d'une rebuffade ? Tout cela sans doute. Là aussi, il aurait fallu trouver, lire quelque part, inventer les mots pour se le dire. Or un profond silence couvrait ces questions-là, nous faisions l'amour dans le noir, au propre et au figuré et Georges n'a commencé à me révéler son plaisir que lorsque nous avons été en instance de divorce. Il aurait jugé très indiscret sans doute de m'interroger sur le mien, et moi, très déplacé d'expliquer ce que je n'osais même pas m'avouer à moi-même.

Quelqu'un m'a dit un jour que Georges m'avait beaucoup aimée. Je ne m'en suis pas aperçue. Lui non plus, à mon avis. Pauvres de nous !

Quelqu'un m'a dit beaucoup plus tard qu'il était un merveilleux amant. Je suis restée bouche bée. Nous ne parlions évidemment pas du même homme.

J'ai mis des années à découvrir que chacun porte en soi des personnages multiples, dont beaucoup ne verront jamais le jour, chez les femmes surtout que la tradition et la morale cantonnent dans des espaces si restreints, si peu ouverts à la diversité du monde.

Quel gâchis que toutes ces vies non vécues, quel appauvrissement pour celles qui se seront privées d'expériences, d'occasions de résilience !

Je n'avais que trente ans et j'étais déjà à l'orée de ma troisième vie. Sans parler de quelques échappées buissonnières qui vous en apprennent parfois davantage sur vos goûts et vos capacités qu'un long parcours. Si je pleurais de si douces larmes dans les bras de Paul, c'était de la rencontre non seulement de cet homme-là, mais de la femme qu'il était en train de faire naître en moi et qui me ressemblait enfin.

Paul m'avoua plus tard qu'il avait été très ému par mes larmes. Mais il n'était pas homme à dire « je t'aime » pour si peu. Il louvoyait en douceur entre sa femme et les femmes, son métier de journaliste et l'écriture, son rêve de faire le tour du monde et sa négligence congénitale et enfin son besoin de fuir et en même temps son goût d'être pris en charge. Le mariage lui servait d'alibi confortable pour ne s'engager nulle part ailleurs.

Hélas pour lui qui répugnait tant à se mettre la corde au cou, fût-ce une chaîne en or, j'étais plus obstinée et plus conformiste à la fois. Le concubinage était encore très mal considéré en ce temps-là et eût risqué de me faire perdre la garde de mes enfants. Or j'éprouvais pour la première fois non seulement une attirance grandissante pour la façon dont cet homme me prenait dans ses bras et dans le filet de ses mots, mais le désir d'expérimenter une relation homme/femme qui ne serait grevée d'aucun présupposé lié au sexe, ni d'aucun principe qui irait à l'encontre de notre exigence de liberté – et la sienne, je le découvrais, était redoutable. Mais j'étais finalement assez orgueilleuse, ou assez naïve, pour relever ce genre de défi.

J'avais toujours pensé que pour survivre à la vie commune, il faut s'accorder non sur les vertus de la fidélité, si aléatoire et qui se transforme si facilement en prison, mais plutôt sur les fondamentaux : l'éthique, la morale (ou l'absence de morale), les convictions religieuses (ou l'absence de religion), les opinions politiques, sans oublier les goûts culinaires, on mange deux fois par jour après tout. Et puis il importe de rire aux mêmes choses et d'aimer les mêmes gens et les mêmes sports. Paul n'en pratiquant aucun, en dehors de s'asseoir à la barre et d'appuyer sur le bouton de démarrage d'un diesel, ce serait facile.

Cependant, les mois passant, avec leur lot de soirées délicieuses, de week-ends volés et de conversations qui ne menaient nulle part à la satisfaction de l'un au moins des intéressés, on pouvait craindre que la situation ne s'éternisât. Mais Moïra, la providentielle, vint à mon secours par un tour à sa façon.

Nous étions, Paul et moi, dans mon lit une aprèsmidi, à faire ce qu'on est censé faire au lit à cette heure-là, quand mon collier de perles vint à casser. Je garde souvent mon collier quand je me déshabille : sur une peau nue et hâlée, les perles prennent un éclat émouvant. C'était un collier de petites perles fines sans nœud entre chaque perle, que m'avait donné mon parrain pour mes dix ans, peu avant sa mort, ce monsieur nommé Léon, qui m'aurait peut-être légué aussi ce pied grec qui avait tourmenté mon père, fut un temps. J'y tenais beaucoup pour toutes ces raisons et nous nous sommes précipités à quatre pattes pour récupérer sur la moquette et sous le lit chacune des perles qui le composaient.

Pour finir la soirée, nous sommes descendus déguster des huîtres dans la brasserie voisine et Paul est rentré chez lui vers dix heures. Sa femme était déjà couchée et tandis qu'il se déshabillait devant son lit, il lui expliquait posément pourquoi il avait été retenu si tard au studio, quand soudain elle tendit un index vengeur en direction de la région pubienne de son époux :

« Paul ! Peux-tu me dire ce que je vois là ? »

Paul abaissa son regard : une perle fine était nichée entre les poils de son pubis, indubitablement, et malgré son imagination et son art de l'esquive, il ne put que répondre après un coup d'œil sur les lieux :

« Eh bien… Ça m'a tout l'air d'être une perle…

— Et peux-tu m'expliquer comment elle est arrivée là ? »

Paul a hélas refusé de me rendre compte de la conversation qui s'est ensuivie. Je brûlais pourtant de savoir quelle ligne de défense avait bien pu adopter cet homme qui ne se laissait jamais désarçonner : il m'a seulement rendu la petite nacre et j'ai fait réenfiler mon collier à l'identique.

Mais cette petite perle, cher parrain, c'est sans doute à elle que je dois d'avoir réussi à épouser Paul en fin de compte, quitte à me conduire très mal. Mais que signifie « très mal » face à la certitude d'avoir rencontré un homme qui comblait tous mes sens y compris le sixième, y compris le sens de ma vie et, sans qu'il le sache, face à l'engagement de devenir quoi qu'il arrive son ancre de miséricorde, dont il aurait besoin un jour, lui qui ne se souciait même pas de jeter un grappin en cas de mauvais temps et se contentait de flotter élégamment au gré des vents.

Il me restait seulement l'Himalaya à franchir : séduire Paul au point de le décider à divorcer, puis, une fois divorcé, l'amener au remariage. Il ne voyait pas le rapport.

Ensuite, Paul épousé, j'ai eu envie d'avoir un enfant de lui. Là non plus il ne voyait pas le rapport. Pourtant il avait perdu un an plus tôt son petit garçon de deux ans et je trouvais indécent de lui apporter dans ma corbeille de noces deux enfants tout petits qui n'étaient pas de lui et qu'il lui faudrait aimer et élever. Il n'évoquait jamais la mort de Gilles. Paul ne parlait pas volontiers de ses sentiments. Mais j'imaginais qu'un nouveau petit garçon adoucirait un peu sa peine.

La plupart des femmes de ma génération avaient quatre ou cinq enfants : c'était le temps du baby-boom. Deux me semblaient suffisants encore que je rêvais d'un fils avant que ne résonne ce que Sylvie Caster a appelé si justement « le tocsin des ovaires ». Du fait que j'avais changé d'homme aussi, je trouvais normal de faire un nouvel enfant qui porterait le nom de Guimard. Non pas pour pérenniser le patronyme mais pour rendre sa présence visible dans la génération suivante. Ne pas avoir que des de Caunes, alors que je ne m'appelais même plus de Caunes ! Et puisque je savais les fabriquer sans trop de problèmes…

Je n'avais jamais entendu parler en effet de règles douloureuses ou de migraines périodiques dans ma famille. Encore moins de ménopause. Ma mère paraissait invulnérable et affirmait nous avoir forgé des corps inoxydables qui nous obéiraient sans broncher.

« Ne le fais que si tu en as vraiment envie, toi », me répétait Paul avec sollicitude ne voulant peser en rien sur un geste aussi lourd de conséquences. « Moi, les enfants, ça ne me passionne pas, tu le sais. » J'en avais vraiment envie car en plus du désir d'avoir un petit Breton, roux et bouclé comme son grand-père, entrait pour une bonne part dans ma résolution l'envie de recréer cette relation si forte que nous avions tissée, ma sœur Flora et moi avec Nicole. Je voulais que mes filles retrouvent ce sentiment irremplaçable qu'est la complicité sororale, plus précieuse encore que la fraternité, quoi qu'on dise. Car les garçons bénéficient déjà de lieux et de liens en tout genre pour les accueillir et les rapprocher ! Du scoutisme aux Anciens Combattants, des Clubs de foot à l'Automobile-Club (où n'étaient pas admises les femmes) et des Joyeux Boulistes aux partis politiques dans leur ensemble et aux dîners d'affaires. Alors que les femmes ne disposent plus d'aucun lieu d'accueil depuis la disparition des lavoirs communaux et des patronages où, tout en continuant à travailler pour la maison bien sûr comme les Tricoteuses de la Révolution, elles pouvaient chaque semaine pleurer et rire ensemble, se raconter des histoires et se plaindre de leurs hommes.

Enfin je bénéficiais d'une circonstance favorable : pour la première fois, mon « prétendant » ne déplaisait pas à ma mère bien que nantais et « monté » lui aussi de sa province à vingt ans. Mais sans accent, lui, Nantes étant situé dans le pays Gallo où l'on ne parlait pas breton. Paul lui plaisait parce qu'il aimait les femmes. Pas LA femme, mais des femmes diverses. (Ô combien !)

« C'est un Casanova, décréta Nicole. Il les aime trop toutes pour se contenter d'une seule. Tu ne seras pas de taille à le garder, je le crains, car tu es trop humble. Mais j'espère qu'il réussira à te convaincre d'écrire… là aussi tu es trop humble. Tu as besoin qu'on te pousse à l'eau, ma Zazate. Moi je n'ai pas réussi… »

Paul allait effectivement me pousser à l'eau quelques années plus tard mais j'avais autre chose à faire avant : d'abord, en 1953, je l'ai eu, ce troisième enfant, roux et frisé, mais il s'appelait Constance ! Ensuite j'ai travaillé avec Marina Grey, Manette Sauzay et Maurice Blézot à une émission quotidienne très écoutée qui s'intitulait « Rendez-vous à cinq heures » et s'adressait aux « femmes à la maison ». J'y faisais des comptes-rendus critiques de films, avec des extraits enregistrés et des interviews de comédiens. J'ai eu l'occasion d'écouter plus tard une cassette et j'ai été atterrée : c'était moi, cette présentatrice empruntée qui s'exprimait comme une écolière timide ? J'avais trente-trois ans et je n'étais toujours pas parvenue à trouver le fameux ton alerte et pétillant qu'il fallait pour « parler dans le poste » !

Je m'apercevais que durant toute ma scolarité, secondaire et supérieure, j'avais appris à écrire, à compter, à conjuguer mais jamais à parler. C'est le cas de beaucoup de femmes, même celles qui paraissaient les plus sûres d'elles-mêmes. Dans une interview du *Figaro Magazine* d'octobre 1996, Ségolène

Royal déclarait : « Jusqu'en 1984, j'ai été incapable de prendre la parole en public. Même dans un dîner, je demeurais silencieuse. » Cet aveu m'a rassurée : aujourd'hui c'est dur mais je sais qu'on peut guérir de cette maladie-là. Il ne m'aura fallu que vingt ans d'efforts et que je me trouve dans des assemblées uniquement féminines pour commencer à me sentir à l'aise, après 68 et plus encore, après 1975, et *Ainsi soit-elle*. J'avais déjà cinquante-cinq ans… Et j'en sais qui n'y sont toujours pas arrivées.

Car là encore on oublie toujours un détail quand il s'agit des femmes : quelles que soient leur profession ou leur origine sociale, elles sont tenues de vivre simultanément, à côté, et nuit et jour, leur métier normal de femme au foyer, mère de famille !

Je rappelle quelque chose d'à peine crédible aux yeux des péronnelles d'aujourd'hui : il n'existait dans les années 50 ni couches jetables, ni petits pots pour bébés, ni lave-linge, ni lave-vaisselle ! Moulinex n'avait pas encore libéré les femmes ! Je me souviendrai toute ma vie de la vieille lessiveuse en zinc sur le coin du fourneau, où des couches étaient perpétuellement en train de bouillir… Et il n'existait pas non plus, mesdemoiselles, de « serviettes hygiéniques » jetables, encore moins de « tampons » qui auraient exigé, ô horreur, de se toucher *down there*, au point que le Tampax américain fournira des bâtonnets pour éviter tout contact.

Trois petites filles de moins de sept ans dans un appartement exigu, cela faisait beaucoup de bruit, joint à la présence d'un homme né en 1921, c'est-à-dire qui n'avait jamais été effleuré par l'idée qu'il pourrait « changer un bébé » ou même passer une éponge sur la toile cirée d'une cuisine. Je n'y pensais pas non plus : c'était tout simplement inimaginable et même d'une indécence...

J'ai pourtant eu l'inconscience de me mettre une deuxième maison sur le dos ! Je rêvais depuis mon enfance concarnoise de m'enraciner tout à fait en Bretagne, où Paul aussi avait passé son enfance. Ses parents habitaient toujours à Saint-Mars-la-Jaille, en Loire « inférieure » comme on disait alors. Avec un emprunt, nous avons réussi à acheter deux chaumières en ruine dans un minuscule village près de Raguenès. Je me rappelle encore le prix : cinq mille francs avec trois ares et quatre-vingts centiares d'un petit jardin de curé. Pas d'eau courante, pas d'électricité. À part le chaume neuf, de la vraie paille de seigle, pas du roseau comme aujourd'hui, j'ai presque tout fait moi-même. Les poutres passées à l'huile de lin, le plafond au vernis à bateau, du V33 rouge sur le sol en ciment pour imiter les tomettes que nous ne pouvions pas nous offrir ; les volets et les portes à peindre en bleu, la terrasse en pierres plates ramassées une à une au pied des murets des environs et rapportées en brouette, la nuit...

Chaque amélioration, chaque étape vers le confort – la première année où nous n'avons plus eu besoin de tirer l'eau du puits ; la première douche déclenchée par un robinet au lieu du seau d'eau, très ingénieux, qu'on hissait au plafond avec une poulie et dont on actionnait la bonde en forme de pomme d'arrosoir avec une ficelle… Le premier chauffage à catalyse pour remplacer le butane qui faisait ruisseler l'eau sur les murs… –, chaque avancée représentait un tour de force financier et une victoire personnelle. Aucune maison n'a été plus humide, plus malcommode, plus souvent inondée (nous étions en contrebas d'un chemin boueux), plus obstinée à retourner à sa vocation d'étable à vaches, plus enfumée (la magnifique cheminée de granit refusa toujours de tirer), plus meurtrière enfin, pour le crâne des visiteurs dépassant un mètre soixante (les Bretons sont petits et les linteaux de pierre des portes placés très bas). Aucune ne m'a donné plus de joie et de fierté.

Ne restait pour combler nos rêves qu'à acheter un bateau, le premier d'une très longue série : ce fut une vieille pinasse, le *Fleur d'Ajonc*, immédiatement rebaptisé *Potemkine* et peint en noir avec un liséré rouge. Il n'est resté avec nous que trois mois ! Nous ne savions pas encore qu'il ne faut jamais plaisanter avec les noms de baptême des embarcations, quelles qu'elles soient. Notre barque du Morbihan qui mesurait 5,10 mètres n'a pas apprécié de porter le nom d'un cuirassé de la flotte russe et elle a pris feu trois mois plus tard, apparemment suite à l'imprudence d'un mécanicien venu remplir son réservoir d'essence.

Au suivant, acheté à un pêcheur à Lorient, nous avons laissé son nom de *Kenavo* et il s'est acquitté pendant dix ans de sa tâche, comme un bon cheval fidèle.

Notre chaumière, nous l'avons inaugurée pour l'anniversaire de Paul, le 3 mars, et pour fêter les deux ans de notre mariage.

« Je tiens aussi à fêter mes deux ans de fidélité conjugale, m'annonça Paul en débouchant une bouteille de Gros Plant de son pays – Je ne m'en serais jamais cru capable… et je lève mon verre à ce miracle, dont tu es responsable, mon amour !

— On se surestime toujours, tu vois… on se fait passer pour Don Juan et puis…

— Tu avoueras que c'est tout de même idiot de ne pouvoir se séparer une heure de sa femme sans qu'elle vous manque ! Je ne sais pas ce qui m'est arrivé avec toi, ajouta-t-il avec un regard attendri mais où je crus lire un sérieux pourcentage de nostalgie.

— Ne t'inquiète pas, mon grand méchant loup, s'il y a une chose sûre au monde, c'est que tu guériras de cette maladie-là ! »

De l'autre côté de nos murs de granit, un printemps timide se faufilait entre les arbres, notre premier camélia imbricata étalait ses fleurs roses et blanches bien à plat, conformément à ses promesses et nous dégustions nos langoustines suivies d'une queue de lotte au coulis d'étrilles, inspiré du coulis d'écrevisses à la Nantua, et je contemplais le beau front de Paul et ses boucles de pâtre grec que l'humidité du climat breton embellissait encore, me demandant ce qui se tramait derrière ce front granitique. Regrettait-il de s'être embarqué avec une femme qui ne lui permettait plus d'être tout à fait lui-même ? N'était-il pas plus tranquille avec l'ancienne finalement ? Il avait horreur d'être compris, étudié, disséqué... Tout en buvant à notre amour, je savais que je faisais mon deuil d'un certain amour.

Quand nous célébrerions nos trois ans de vie commune, il ne me dirait plus rien sur ce sujet et je n'oserais rien demander, pressentant que sa nature avait repris le dessus. Paul serait plus heureux sans doute, peut-être même m'aimerait-il davantage, du fait qu'il ne trahirait plus le jeune homme qu'il avait été ?

Aucun des deux n'avait pris l'autre en traître : nous étions pleinement d'accord sur le pacte de tout mariage honorable selon nous. Ne pas éteindre à jamais les feux follets de l'aventure, ne pas dire adieu à l'improbable, ne pas rabattre le couvercle sur sa jeunesse et le rideau de fer sur ses espérances. Demander l'impossible, en somme. Mais pourquoi pas ? Ça a été dur à vivre par moments, pour l'un ou pour l'autre. Nous avons « dégusté » tous les deux, chacun à sa façon, chacun à son tour. Mais je n'ai jamais cessé de penser que c'était ça, vivre, et qu'on ne pouvait faire l'économie de la souffrance, de toute façon.

Finalement, c'était le pacte de Sartre et Beauvoir qui nous semblait la manière la moins meurtrière d'aliéner sa liberté à un autre. J'avais senti Georges si fort piégé par l'institution du mariage que je refusais de voir Paul découvrir que toute vie commune implique un renoncement à une part de soi-même. Son exigence de liberté était à la fois sa qualité suprême et son principal défaut et je ne voulais pas le voir souffrir. Trop fragile pour le malheur, il n'était

pas doué pour ce genre de sentiment. Je ne voulais
pas qu'il rencontre le loup de La Fontaine qui lui
dirait un soir au coin du bois :

« Vous ne courez donc pas où vous voulez ?

— Pas toujours, mais qu'importe ? (lui répondit le
chien.)

— Il importe si bien que de tous vos repas je ne
veux d'aucune sorte. »

Et j'aurais beau accumuler les repas, je savais qu'ils
ne pèseraient jamais aussi lourd que la légèreté de
Paul. Avec lui, c'étaient les impondérables qu'il fallait
prendre au sérieux.

Rien de précis ne m'alertait d'ailleurs : Paul vivait
avec élégance et de mon côté je suis volontiers
aveugle. Dans volontiers il y a volonté.

Paul ne m'a jamais trompée en somme puisqu'il ne
me trompait pas sur lui-même. Il était du signe des
Poissons, personnage double et c'est peu dire. Il était
quintuple et même bien davantage et j'allais faire
connaissance peu à peu de tous les Paul que j'avais
épousés, du dilettante au diplomate, du responsable
politique au poète, du navigateur du bout du monde
au cuisinier inventif, de l'éditeur à l'édité, de mon
amant à celui que j'ai toujours suspecté d'autres
liaisons, de l'écrivain qui n'écrivait jamais une lettre,
par prudence, disait-il.

J'ai toujours fait bonne figure ayant su d'avance
que ce serait acrobatique de vivre avec tant de personnages qui prétendraient tous s'appeler Paul Guimard ! Mais il a été fidèle toute sa vie, sinon à moi, du
moins à notre couple. C'était un homme fidèle à sa

façon, fidèle aux choses de la vie : au whisky single malt comme aux bons vins, à la cigarette et à la pipe comme au cigare, à l'océan Atlantique comme au Pacifique, à tous les inconditionnels du grand large, d'Éric Tabarly à Olivier de Kersauson, de Fauconnier à Alain Colas. Fidèle à des hommes très divers et sachant hélas inspirer de vraies passions, me laissant au cœur une question lancinante : Quand, avec qui a-t-il été vraiment heureux ? Sans doute n'était-il pas un homme heureux mais un homme de plaisirs. Alors que, malgré tel ou tel de mes malheurs, j'ai été, moi, une femme heureuse.

Et puis nous avions pour alliée la mer que nous avons labourée ensemble en Bretagne, aux Caraïbes puis en Irlande jusqu'à nos quatre-vingts ans, bien au-delà du raisonnable. Et là nous formions une unité de vie, un équipage qui n'avait pas besoin de mots pour s'entendre. J'ai souvent rêvé d'ailleurs qu'il serait beau de chavirer ensemble sur un écueil celtique et d'être entraînés tous les deux « dans les goémons verts » par le poids de nos bottes cuissardes. Une belle mort pour deux romanciers…

Cela ne s'est pas fait. Paul s'est laissé couler tout seul, tout doucement, trop doucement, dans l'océan sans fond de la vieillesse ; et pour moi, le problème reste entier.

Mais dans les années 50, je n'en suis qu'à ma nouvelle naissance : à un amour heureux, à un nouvel enfant et à l'écriture. Elle apparaissait un peu à la manière d'une rivière souterraine qui trouve enfin une issue au grand jour. Elle avait toujours irrigué ma vie, sous la surface, dans mes journaux intimes, dans les correspondances que j'ai entretenues toute ma vie avec une ou deux amies, avec des garçons, que j'aurais pu ou voulu aimer, ou fini d'aimer ; avec mes filles aussi, nous réglions presque tous nos problèmes par courrier. Toute cette correspondance s'empile dans les gros cartables d'école de ma jeunesse. J'adorais les cartables ; et plus ils étaient énormes, plus ils me plaisaient. Seuls les garçons les portaient dans le dos alors. Je me souviens encore du geste que je faisais pour les caler sur ma hanche gauche... Je fais sans doute partie de la dernière génération qui aura écrit au lieu de téléphoner.

Ce n'est donc pas l'écriture qui était absente de moi, mais l'idée qu'elle pouvait être montrée. Et pourtant, j'assistais à la création littéraire de Paul. En 1956, il publiait *Les Faux Frères*, qui obtint le prix de l'Humour et, en 1957, *La Rue du Havre*, prix Interallié. C'est là que j'ai commencé à mesurer l'injustice face à la création. Nous vivions à six rue du Havre, dans un quatre-pièces dont deux minuscules, et nous n'avions pas de coin où travailler, en dehors d'un bureau dans notre chambre à coucher où s'entassaient le courrier, les impôts, les papiers de Sécurité sociale, les émissions que je préparais et les devoirs des filles quand il fallait les aider. Paul avait dû aller habiter à l'hôtel pour mener à bien ses romans. Démarche inenvisageable pour une femme ayant trois enfants à la maison. En plus, une épouse a « un mari à s'occuper », alors qu'un homme a une épouse pour s'occuper de lui. La nuance est d'importance.

Ce n'est pas parce qu'il avait du génie que Gauguin est parti peindre à Tahiti en abandonnant sa jeune femme et ses quatre enfants : il n'en savait rien encore, de son génie. C'est parce qu'il était un homme et qu'il pouvait déserter sa famille sans être poursuivi, interné, condamné par la société.

Loin de moi l'idée de parler de destin contrarié dans mon cas, de talent étouffé… Je cherche simplement à expliquer le renoncement de trop de femmes qui avaient peut-être quelque chose à dire, à inventer, et qui n'ont jamais pu l'exprimer. « Comment pourrait-il en être autrement ? Les femmes sont restées assises à l'intérieur de leurs maisons pendant des millions d'années, si bien qu'à présent ce sont les murs mêmes qui sont imprégnés de leur force créatrice [1]. »

En ce qui me concerne il allait falloir des circonstances totalement féeriques pour que j'envisage enfin de publier : que Paul soit invité par des milliardaires, que nous ne connaissions pas quinze jours avant notre départ, à faire le tour du monde en bateau ! C'est le genre de miracle qui lui arrivait et qu'il considérait comme un dû : Josette Day, la Belle du film de Cocteau, et son mari, Maurice Solvay, le descendant du « procédé Solvay », dont j'avais entendu parler en classe au cours de Chimie [2], cherchaient des personnes qui les distrairaient de leurs fréquentations habituelles, écrivains de préférence (Josette avait été adorée successivement par Cocteau, par Paul Morand

1. Virginia Woolf.
2. Procédé pour obtenir de la soude.

et par Marcel Pagnol, notamment), pour partir en voyage six mois avec eux. Un ami commun, Christian Millau, leur avait proposé le nom de Paul, qui venait de recevoir le prix Interallié. C'était encore l'époque où un écrivain jouissait d'un prestige incroyable, presque à l'égal d'un acteur américain aujourd'hui. En trois semaines, éblouis par une proposition aussi exceptionnelle, nous avons bouclé nos valises, liquidé nos travaux et casé nos enfants, l'aînée chez son père, qui était alors marié à Jacqueline Joubert, la seconde chez un couple d'amis, Marie-Claire et Jean Duhamel, la troisième chez ses grands-parents Guimard, à Nantes, et nous avons embarqué en décembre 1958, à Cannes, sur le *Shemara*, soixante-douze mètres, trente-cinq membres d'équipage, y compris le personnel.

Je ne suis restée absente que cinq mois – le sens du devoir maternel ! –, et je suis rentrée assurer les vacances de Pâques, laissant Paul continuer avec nos amis vers les Marquises, les îles Galapagos et le canal de Panama. Pendant ces cinq mois, je me suis mise à table chaque jour sans savoir ce que j'allais manger, ni qui l'avait acheté, ni comment cela serait cuisiné ; un luxe rare pour une femme. Pendant ces cinq mois, je n'ai pas rincé un verre, ni fait mon lit, ni repassé une chemise, ni touché un balai. Il n'y avait même pas de manœuvres à exécuter à bord, puisque l'équipage de ce destroyer anglais transformé en paquebot de plaisance se chargeait de tout pour les neuf passagers que nous étions ! Entre les escales mirifiques, Le Pirée, Port-Saïd, les îles Haniche, Aden, Bombay, Cochin,

Hong Kong, Singapour, Nouméa, Cairns en Australie, les Tonga, Tahiti, etc., nous poursuivions d'interminables traversées à une vitesse moyenne de douze nœuds, Méditerranée, canal de Suez, mer Rouge, océan Indien puis Pacifique, le mal nommé. Cette oisiveté m'a obligée à écrire : d'abord un journal quotidien, qui me servira dix ans plus tard pour mon roman, *La Part des choses*, et surtout, je me suis attaquée à la traduction des nouvelles américaines de Dorothy Parker, dont chacune est un chef-d'œuvre, pour les éditions Denoël.

Mais à ma stupéfaction, des années plus tard, en feuilletant ce livre quand il a été adapté pour le théâtre par Andréas Voûtsinas, j'ai découvert qu'il était signé Benoîte Guimard ! En 1960, ni Paul ni moi n'avions trouvé anormal que j'entre en littérature sous le nom de mon mari !

Née Groult en 1920, je m'appelais Heuyer à vingt-cinq ans, de Caunes à vingt-six, et Guimard à trente ! Et à quarante ans, je naviguais encore sous pavillon conjugal ! C'est en 1959, au retour de notre tour du monde, que Paul m'a proposé d'écrire une chronique quotidienne avec lui. Nous fréquentions un milieu passionnant, gens de cinéma, journalistes, écrivains et, comme j'avais toute ma vie tenu un Journal, je n'ai pas eu d'effort à faire. Et puis, au bout de quelques mois, Paul m'a avoué qu'il ne se sentait pas du tout la plume d'un chroniqueur et qu'il avait choisi cette méthode pour « m'amorcer », en quelque sorte. Par une heureuse coïncidence, Flora a déménagé au même moment, et nous avons retrouvé dans des malles d'osier des dizaines de carnets de moleskine noire à tranche rouge avec un élastique, modèles courants à l'époque, où nous avions consigné chaque soir notre vie quotidienne sous l'Occupation et les rêves de deux petites jeunes filles rangées entre 1939 et 1945.

Avec vingt ans de recul et dans ce contexte historique, ces vies entrecroisées prenaient un relief et un charme inattendus. C'est pour nous faire plaisir à nous d'abord que nous avons formé le projet d'en tirer un livre. Flora non plus n'avait jamais songé à publier ce qu'elle écrivait. Depuis son retour en France avec son mari, qui dirigeait la succursale parisienne de la Barclays Bank, elle secondait notre mère à la Maison de Couture, faubourg Saint-Honoré... ce genre de travail dans l'entreprise familiale qui n'apporte ni salaire ni retraite, ni même considération... « Elle aide sa maman », disait-on comme si cela ne constituait ni un métier ni même un gagne-pain et s'apparentait au dévouement filial. Une activité non rétribuée et réservée exclusivement aux filles, bien entendu.

Paul, qui était alors directeur littéraire, s'engageait à nous publier et nous nous sommes mises au travail dans le bonheur, retrouvant les fous rires et les disputes de notre adolescence, comme s'ils n'attendaient qu'un mot pour renaître. Un an plus tard, en 1962, le *Journal à quatre mains*, retouché et dépoussiéré, était prêt à revivre, sous nos noms de jeunes filles, évidemment. C'était une nécessité, cette fois, de laisser tomber nos maris, Pringle et Guimard ; nous

redevenions les sœurs Groult après vingt ans d'inter-
ruption !

Au moment de la première publication, en 1962,
j'avais jugé « ma » jeune fille minable. Nourrie, logée,
blanchie et « pensée » par des parents dont les certi-
tudes intellectuelles l'écrasaient, et incapable de
secouer le joug. Mais c'est justement pour son authen-
ticité et son innocence que notre journal allait plaire.

« Une œuvre originale et brillante, souvent profonde, un précieux document sur les temps difficiles
et sur les jeunes filles de tous les temps. » C'était la
conclusion d'une longue critique d'André Maurois
parue dans *Elle* et qui allait être suivie par celles de
Pierre de Boisdeffre, de Matthieu Galey et de
François Nourissier… de quoi assurer le succès d'un
livre et notre « décollage » dans la vie littéraire.

Nous avons donc continué à écrire à quatre mains
Le Féminin pluriel, puis *Il était deux fois*. Ce concubinage littéraire nous rassurait face à la misogynie de la
critique qu'on imagine mal aujourd'hui et que nous
découvrions avec stupeur. Car, après le coup de cœur
d'un Maurois, les journalistes, avec une indulgence
amusée, nous avaient remises à notre vraie place, dans
l'enclos réservé aux « écrivains femmes », comme on
dit « athlètes handicapés ».

Il existe une Association de peintres infirmes « pei-
gnant de la bouche ou du pied ». Nous étions des
infirmes aussi puisque amputées du phallus et
condamnées à écrire avec nos ovaires une littérature
destinée à des lectrices également pourvues
d'ovaires ! Dans les salons, les hommes nous disaient,

persuadés de nous faire plaisir : « Ma femme a adoré vos livres », comme s'il était exclu que nos gribouillages puissent intéresser les maris ! Bien souvent les critiques ne rendaient pas compte de nos romans dans les pages littéraires mais à la rubrique « Pour vous, Mesdames ! », entre une recette de cuisine et un conseil de beauté, sous des titres qui rappelaient toujours nos fonctions : « Les Sœurs Groult viennent d'accoucher d'un livre ! » ou bien : « Quand ces dames échangent le plumeau contre le stylo. »

Pour le plumeau d'accord, mais pour la plume… Pas touche. Ou alors dans le cul comme Zizi Jeanmaire ou les danseuses du Casino de Paris !

Pour ne rien arranger, j'écrivais dans *Elle*, *Marie-Claire* et autres magazines féminins, ce qui passe pour un gage de futilité et ne confère aucune autorité dans le monde des lettres.

Nous avons écrit trois livres ensemble, Flora et moi, mais je crois que nous n'aurions pas réussi à devenir des auteurs à part entière, malgré leur succès public, et que nous n'aurions pas forcément trouvé le courage de nous séparer. La géographie vint à notre aide : Flora, divorcée de son premier mari, venait d'épouser un diplomate anglais qui fut bientôt nommé ambassadeur en Finlande. Elle est alors partie vivre à Helsinki et nous avons découvert la fameuse solitude de l'écrivain ! Mais le goût d'écrire nous était resté : j'ai publié seule *La Part des choses* en 1972 et la même année, Flora a écrit *Maxime ou la déchirure*, puis un joli roman au titre tchekhovien : *Un seul ennui, les jours raccourcissent.*

Et puis en 1970, à ma grande surprise, j'ai atteint la cinquantaine, assisté au branle-bas de 68 et éprouvé soudain le besoin de faire le point sur les bribes de féminisme éparses dans mes romans et surtout dans les articles que je publiais dans divers magazines. J'étais pourtant si bien assignée à la case « littérature féminine » et si peu considérée comme une féministe que personne ne m'avait proposé de signer la déclaration sur l'avortement, connue sous le nom de « Manifeste des 343 salopes » ! Je le regretterai toute ma vie. Quand je vois les noms des signataires, Simone de Beauvoir, Delphine Seyrig, Christiane Rochefort, Colette Audry, Ariane Mnouchkine, Marina Vlady, Marguerite Duras, Dominique Desanti et tant d'autres, je me dis que ma place était parmi ces femmes que j'admirais tant !

Mais il s'est passé un phénomène que je ne m'explique toujours pas : je n'ai été considérée (du moins avant *Ainsi soit-elle*), ni comme une vraie féministe, ni comme une vraie romancière !

Pas une vraie féministe parce que je ne faisais pas partie du ghetto universitaire qui seul assure la notoriété et l'attention des collègues. Celles dont jouissaient des femmes comme Hélène Cixous (agrégée de lettres, docteur d'État), Luce Irigaray (philosophe), Julia Kristeva (sémioticienne, avant de devenir aussi psychanalyste). Andrée Michel (directeur [sic] – de recherche au CNRS), Marie-Josée Chombart de Lauwe (maître de recherche) ou des maîtres-assistantes à l'université, des anthropologues africanistes comme Françoise Héritier-Augé (deuxième femme

professeur au Collège de France, et « directeur », elle
aussi, du Laboratoire d'anthropologie sociale). Ou
encore Nicole Loraux [1], spécialiste de la pensée
grecque et de la situation des femmes, mais qui se
veut « directeur », elle aussi, à l'École des hautes
études en sciences sociales, ou Véronique Nahoum-
Grappe [2], sociologue, ou Annelise Maugue [3], docteur
de troisième cycle, ou encore des linguistes comme
Claudine Hermann [4], etc.

Je n'étais pas éditée non plus par Antoinette
Fouque, une des figures du féminisme d'avant-garde
qui, en 1974, créait les éditions Des Femmes, société
secrète très fermée, qui fabriquait et lançait ses
propres gloires ; même Évelyne Sullerot, essayiste à
succès, publiait « avec le concours du CNRS ».
Toutes ces femmes avaient des titres ronflants, masculins, pour être plus ronflants encore et obtenir un
label de qualité, de crédibilité. Comment faisait-on
pour être patronnée par le CNRS, préfacée par Levi-
Strauss ou Beauvoir ? Ou pour s'intituler sémioticienne ? Bien que diplômée moi aussi, je ne repré-
sentais rien en face de ces universitaires, d'autant que
je n'osais pas employer leur langage trop souvent her-
métique.

Sans doute, à mon insu, restait-il un peu de l'Hen-
riette des *Femmes savantes* en moi : « Les doctes

---

1. *Les Enfants d'Athéna*, Maspero, 1981.
2. *Le Féminin*, PUF.
3. *L'Identité masculine en crise*, Rivages, 1987.
4. *Les Voleuses de langue*, Des Femmes, 1976.

entretiens ne sont point mon affaire ! ». Je ne parvenais pas à m'émanciper de tous ces clichés. Je me sentais un peu une « voleuse de langue », comme dit Claudine Hermann. Et puis je restais écrasée par ce vaste mépris des femmes qui a irrigué la littérature française, de Rousseau à Barbey d'Aurevilly, de Baudelaire à Montherlant, pour ne citer qu'eux. Paul était jugé ou critiqué en tant qu'individu avec ses défauts ou ses qualités, moi je me sentais toujours tributaire de mes organes génitaux dont il convenait d'avoir honte, on me le rappelait sans cesse. Pascal Jardin par exemple, dans le magazine érotico-chic, *Lui*, écrivait en évoquant Kate Millet, Annie Leclerc, Marie Cardinal et quelques autres dont j'étais : « Toutes ces sinistres descendantes de Simone de Beauvoir ne sont qu'une lugubre cohorte de suffragettes mal baisées, mal fagotées, dévoreuses d'hommes aux incisives terrifiantes, brandissant moralement des clitoris monstrueux... Elles ne sont que des ovariennes cauchemardesques ou des syndicalistes de la ménopause. » Tous les fantasmes des névrosés sont réunis : le vagin denté, le clitoris hypertrophié et la vieille femme qui devient forcément une sorcière !

Deuxième type de « critique », si l'on ose dire, Maurice Clavel, dans le *Nouvel Observateur*, me traitait de « mal baisée » ! Comme si la baise conditionnait le talent féminin ! On a mal et on a honte quand ça vient d'auteurs que l'on estime tant, comme Clavel, et qui écrivent dans les journaux que lisent tous vos amis. On ne se remet jamais tout à fait de ce type de coups bas, même si on les trouve déshonorants pour leurs auteurs surtout.

C'est sans doute dans l'espoir d'acquérir un peu plus de légitimité que j'ai voulu écrire un essai-pamphlet sur les femmes. Les articles dispersés sont frustrants, à la longue. Ils disparaissent comme des feuilles mortes. Un livre demeure et témoigne.

Quand j'ai parlé de ce projet à Jean-Claude Fasquelle, mon cher éditeur et ami, il a paru décontenancé : « Quelle drôle d'idée ! Tes romans marchent bien. Là, tu risques... d'emmerder tout le monde. »

J'en ai parlé autour de moi sans rencontrer le moindre enthousiasme. C'était pourtant l'année de la Femme en 1975. J'ai seulement eu droit à des mises en garde :

« Surtout, ne parle pas de clitoris ! »

« Si tu fais ta MLF, tu auras tout le monde à dos, les hommes et les femmes ! »

« Mais l'égalité, tout le monde est d'accord maintenant. C'est un fait acquis. Résultat, les hommes sont en crise. C'est ça que vous voulez, vous autres féministes ? Détruire la société ? »

La conclusion générale était : « Tu vaux mieux que cela », impliquant que le féminisme en bloc ne valait rien, et que j'avais tout à perdre en m'en mêlant.

Tout cela m'excitait furieusement... comme on dit dans Sade ! Je suis donc allée à la Bibliothèque nationale, la vraie, rue de Richelieu et, bêtement, j'ai commencé à chercher à « Femme » dans le fichier. À l'époque, c'étaient de petites fiches en carton beige toutes cornées par les manipulations, impeccablement écrites à la main et classées dans de très longs tiroirs à glissière. Tout le savoir du monde collationné par d'humbles scribes et il suffisait de savoir lire pour s'en emparer ! Aujourd'hui, il faut tout un entraînement technologique avant d'accéder à un livre virtuel dont on ne peut même plus tourner les pages…

Le hasard a voulu que je tombe sur *Femmes d'Islam, pourquoi pleurez-vous ?* d'Asma El Dareer, *Le Drame sexuel de la femme dans l'Orient arabe*, de Youssef El Masri (1962), *La Cité magique*, de Jacques Lantier (1972), et les trois volumes de la *Fonction érotique*, du Dr Gérard Zwang[1]. C'est grâce à ces ouvrages que j'allais découvrir « le secret le mieux gardé du monde », et un scandale majeur.

On estime (chiffres du GAMS[2] cités par *le Nouvel Observateur* en 1992 et par *l'Express* en 1996) que cent millions de femmes vivent aujourd'hui avec un sexe mutilé dans une trentaine de pays. En France même, vingt-cinq mille petites filles d'immigrés africains ont été excisées ou sont en passe de l'être. Pourtant, en 1985, après beaucoup d'hésitations, l'Organisation mondiale de la santé (OMS) avait enfin clairement pris parti contre l'excision et l'infibulation, « catastrophiques pour la santé, la fécondité et la dignité de l'être humain ». Nombre de pays les ont déclarées illégales[3]. Mais les traditions, l'analphabétisme et maintenant

---

1. Réédités en 1998.
2. Groupe pour l'Abolition des Mutilations sexuelles, fondé par Awa Thiam.
3. Thomas Sankara a été le premier au Burkina-Faso.

l'intégrisme freinent l'application des directives offi-
cielles.

La découverte de cette pratique, inimaginable dans
les pires cauchemars, m'a servi d'électrochoc : en
quinze jours je suis passée de l'état de bourgeoise
occidentale résignée à l'inégalité des sexes qui semblait une vérité universelle, vivant en bonne intelligence avec le premier sexe ; de dame bien élevée, fré-
quentable qui acceptait en souriant les plaisanteries
éculées des machos et se laissait traiter en haussant les
épaules « d'ovarienne cauchemardesque et de syndi-
caliste de la ménopause », par de vieux prostatiques
qui souvent siégeaient à l'Académie française et écrivaient dans les meilleurs journaux de droite et de
gauche ; qui leur serrait la main dans les salons au lieu
de leur cracher à la gueule… Bref, je suis passée du
sous-développement savamment ourdi par nos Sei-
gneurs et Maîtres, à une révolte qui n'allait que croître
et s'amplifier dans le grand déballage de Mai 68. Une
révolte qui n'allait plus me quitter, jamais.

Comment avais-je pu subir pendant cinquante ans
une discrimination aussi criante ? Pourquoi n'osions-
nous pas proclamer que le féminisme n'était qu'une
forme d'humanisme qui délivrerait enfin l'autre
moitié de l'humanité de son esclavage millénaire ?

La réponse était déjà une évidence pour Paul. Il
était finalement plus féministe que moi.

« J'ai l'impression que tu es mûre pour écrire un
essai sur les femmes, me dit Paul. *Le Deuxième Sexe*
a déjà vingt-cinq ans ! Les choses n'ont pas tellement
changé mais c'est maintenant que ça bouge. C'est le

moment… En plus, en t'écoutant tous ces temps-ci, il m'est venu l'idée d'un titre : qu'est-ce que tu penserais d'Ainsi soit-elle ?

— Paul ! Tu te rends compte ? C'est le plus beau titre au monde qu'on puisse donner à un essai féministe… après le Deuxième Sexe bien sûr ! c'est comme si le livre était déjà écrit, tant c'est évident… lumineux… Et tu te souviens que c'est Jacques-Laurent Bost qui l'avait trouvé pour Simone de Beauvoir ! »

J'en ai eu les larmes aux yeux, d'émotion. Quel plus précieux cadeau un écrivain peut-il faire à un autre écrivain ? Quel plus magnifique diamant un mari peut-il donner à sa femme ? Car un beau titre, c'est beaucoup plus que quelques mots, c'est une locomotive qui va tirer le livre tout entier.

« Cela dit, ajouta Paul, je ne suis pas forcément la personne qu'il te faut pour en discuter. Tu devrais peut-être aborder certains aspects de la question avec une autre femme, une journaliste de préférence et d'une autre génération. Mais pas une féministe déclarée surtout… Une dans un livre, c'est bien mais ça suffit… sous peine de ne pas être lue, si tu veux mon avis. »

C'était un conseil dont je me souviendrais plus tard. Mais en 1972, j'avais déjà beaucoup écrit à quatre mains et je n'avais plus envie de faire un « ouvrage de dames » comme diraient les critiques, mais un livre de combat. L'envie de témoigner et de prendre une place sur le champ de bataille du féminisme me taraudait. C'était l'année de la Femme, le printemps du Féminisme, chaque éditeur avait son écurie de jeunes écrivaines qui abordaient sans précautions et sans pudeur les sujets les plus brûlants. Je n'ai jamais écrit dans un tel état d'enthousiasme. Et voilà que, d'une manière que personne ne prévoyait, *Ainsi soit-elle* allait devenir le livre le plus vendu en France de toute ma carrière ! Et il n'est hélas pas périmé trente ans plus tard, tant les droits des femmes rencontrent d'obstacles, ne font toujours pas partie des Droits de l'homme, et ont été remis en question dans tous les pays, à tout propos et pour les raisons les plus diverses.

En revanche, en 1990, quand j'ai voulu comprendre pourquoi je m'étais évadée[1] si tardivement de ma condition, j'ai eu besoin d'aide pour débusquer les raisons de cette léthargie et qu'on me bouscule dans mon confort intellectuel. J'avais besoin pour l'essai que j'allais entreprendre de quelques coups de projecteur venus d'ailleurs, d'un autre regard que le mien, afin d'éviter ce qu'une telle recherche peut avoir de complaisant et d'autosatisfait.

J'ai pensé pour cela à Josyane Savigneau, parce que j'avais apprécié ses biographies de Marguerite Yourcenar et de Carson McCullers et que je connaissais son indépendance et son esprit critique.

« Vous avez eu de curieux débuts pour une féministe », m'a-t-elle dit d'emblée. Conduite à l'écriture par son conjoint – le troisième, car en plus vous êtes une récidiviste du mariage – soutenue dans l'écriture

---

1. *Histoire d'une évasion*, 1997.

par votre petite sœur, Flora, et pour finir publiée par
Paul Guimard, votre mari, alors directeur littéraire
des Éditions Denoël !

C'était exactement ça que j'attendais d'elle. Ça
commençait bien…

Chapitre VIII

Enfin féministe !

Josyane Savigneau – Benoîte, je voudrais savoir : étiez-vous déjà féministe quand vous avez commencé à écrire Ainsi soit-elle ? *À quel âge en somme avez-vous découvert que vous étiez féministe ?*

Benoîte Groult – Affreusement tard. Quand j'ai commencé *Ainsi soit-elle*, je ne savais pas encore que ce serait un manifeste féministe. Mais, comme vous savez, Beauvoir ne se revendiquait pas comme féministe non plus en écrivant *Le Deuxième Sexe*. Le mot n'est jamais prononcé. Elle pensait naïvement qu'avec l'avènement du socialisme l'égalité homme/femme s'instaurerait automatiquement. On sous-estime toujours la profondeur de la misogynie… et la détermination des hommes à ce que rien ne change.

— Vous aussi, vous vous sous-estimez toujours. Dès les années 60, à mes yeux, votre démarche féministe était explicite. Outre votre collaboration à la petite revue mensuelle Pénéla, *vos articles parus dans* Elle *ne*

laissent aucun doute sur votre détermination. Et votre
« *Lettre ouverte à un bonhomme* » en réponse à la
« *Lettre ouverte aux bonnes femmes* » de Jean Lar-
téguy, et votre réponse dans le Point en 74 sous le titre
« *Nouvelles Françaises et vieux misogynes* », où vous
répondez à un article de Jean Dutourd qui croyait bon
de fixer aux femmes un âge limite pour prendre des
amants. « *Est-ce qu'on en sortira un jour ?* », écri-
viez-vous en commençant cet article. « *Est-ce qu'un
jour une femme, fût-elle grand-mère, pourra faire
l'amour avec le monsieur de son choix, fût-il jeune, sans
que sa personnalité soit remise en question, que son
statut moral et social s'effondre, sans qu'on la traite de
"bohémienne, de clown ou de folle"* » ? Votre « *Est-ce
qu'on en sortira un jour ?* » n'est malheureusement pas
dépassé aujourd'hui.

Ensuite, il y a eu vos éditoriaux dans Marie-Claire
pendant deux ans, puis vos chroniques de dernière page
dans F Magazine. Même si cela se passe après Ainsi
soit-elle, c'est-à-dire à un moment où tout le monde sait
que vous êtes féministe, cela mérite d'être rappelé, car
déjà vous insistez sur la nécessité de l'emploi du
féminin dans les noms de métier, si les femmes veulent
vraiment exister comme femmes dans ces métiers-là
– par exemple : « *la* » ministre, « *une* » conseillère
municipale, « *une* » secrétaire d'État. Et, dès novembre
1978, vous prédisez que la première femme élue à
l'Académie française sera appelée Madame l'« *académicien* ». Vous aviez raison pour la première, qui a été
Marguerite Yourcenar. Mais c'est resté vrai pour la
deuxième, puis la troisième ! On ne sait pas qui rompra

cette habitude ridicule. Pire encore, dans son discours de réception, tout nouvel académicien est censé commencer par « Messieurs », même depuis que des femmes siègent à l'Académie. Jean-Denis Bredin, élu au fauteuil de Marguerite Yourcenar, a beaucoup choqué en commençant par « Madame (il s'agissait de Jacqueline de Romilly), Messieurs ».

— Et lors de sa réception à l'Académie, en 1997, Hector Bianciotti n'a pas été autorisé à suivre ce… mauvais exemple et a été contraint d'appeler « Messieurs » les quarante membres de l'Académie dont les deux académiciennes assises devant lui ![1]. Et qui n'ont pas bronché. Ç'aurait été beau qu'elles quittent la salle !

— *Vous, vous aviez largement anticipé sur tout cela et souligné que loin d'être des détails, c'étaient les signaux d'un blocage symbolique, d'un refus du féminin ! Mais j'en reviens au choc qu'a été pour vous – et pour tous ceux qui l'ont découvert pour la première fois dans* Ainsi soit-elle – *la révélation des mutilations sexuelles en Afrique. C'est cet aspect extrême, définitif, de l'oppression des femmes qui a été une sorte de détonateur et qui vous a obligée à témoigner. En écrivant ce chapitre qui a suscité un tel scandale et une telle incrédulité tout d'abord, avez-vous eu l'impression que ce livre constituait déjà pour vous une libération ?*

---

1. Il s'agissait de Jacqueline de Romilly et d'Hélène Carrère d'Encausse.

— Ah, énorme ! Naître en tant que féministe, c'était un peu comme naître tout court. J'ai été en quelque sorte la première « victime » de ce que j'écrivais. Après tant de luttes individuelles, donc perdues d'avance, j'acquérais la conviction que l'émancipation des femmes, partout dans le monde, devait être le combat de notre siècle… et du suivant. Je récupérais enfin tout ce que je n'avais pas osé formuler pendant mes cinquante premières années. Cinquante ans sans prendre conscience, c'est terrible ! Je n'ai été une citoyenne qu'à vingt-cinq ans, avec le droit de vote, et une féministe consciente qu'à cinquante !

— *Ainsi soit-elle, était-ce d'abord un souhait pour vous-même, un livre pour vous-même ?*

— En quelque sorte. Mais dans la mesure où c'était pour moi, c'était pour beaucoup d'autres. J'avais reçu tant de lettres à la suite de mes romans que je me sentais une sorte de devoir de solidarité. J'ai toujours eu un côté militant… J'avais l'impression – grisante – d'ouvrir des portes, de pouvoir aider d'autres femmes…

— *Pourtant, vous avez pris comme point de départ, non pas la situation des femmes qui vous écrivaient ou la vôtre, mais la tragédie vécue par les femmes d'autres sociétés, au nom de la tradition, de la perpétuation d'une civilisation.*

— Attention, il ne faut pas confondre culture et civilisation : les mutilations résultent d'un phénomène culturel, donc variable selon le régime politique ou le poids de telle religion. La preuve en est qu'elles se pratiquent dans nombre de pays musulmans mais aussi chez les coptes chrétiens et les animistes d'Afrique noire. En fait, si j'ai voulu aborder ce problème, c'est parce que le monde des femmes, en Afrique et dans les pays arabes, c'était, c'est encore le monde du silence. On trouvait bien de-ci de-là quelques reportages de journalistes ou d'« explorateurs » sur ce qu'ils qualifiaient de « pittoresque coutume ». Mais la souffrance, l'asservissement physique et moral que représente cette pratique étaient toujours passés sous silence.

Je me souviens d'avoir lu à l'époque, dans une luxueuse revue d'Air France, la description d'une de ces « cérémonies d'initiation » en Haute-Volta, (qui ne s'appelait pas encore le Burkina-Faso), affirmant sérieusement que l'opération avait pour but de « parfaire la féminité des adolescentes ». En somme, on accroîtrait la féminité en rasant un organe spécifiquement féminin ! Suivait un article où le même journaliste s'indignait du scandale des pauvres chiens abandonnés chaque été en France. Et personne ne s'interrogeait sur le scandale des enfants mutilées, car personne ne se souciait d'aborder un sujet aussi dérangeant et… indécent !

Il est inexact de dire que les journalistes et les anthropologues étaient indifférents. C'est pire : ils étaient méfiants. S'ils se défendaient de toute compassion, de toute dénonciation de cette coutume, c'est que partout les hommes ont eu peur de toucher au rapport Homme/Femme. Là-bas, sous prétexte de respecter les coutumes ; ici, parce qu'eux-mêmes n'ont pas réglé leur contentieux avec les femmes. Beaucoup de faits scandaleux sont ainsi restés ignorés, grâce à une immense conspiration du silence. On pense au viol, si longtemps nié ou dont on rejetait la responsabilité sur la victime ; à l'inceste, aux femmes battues, à la pédophilie, etc. « Le silence est la forme la plus civilisée du génocide », écrivait Régis Debray dans *Le Pouvoir intellectuel en France*[1].

Plus subtile et plus néfaste encore a été l'argumentation des ethnologues qui furent cités comme témoins dans les affaires d'excision ayant entraîné la mort d'enfants dont a eu à connaître la justice française. Leurs arguments – respect des traditions locales, droit à la différence culturelle – ont conduit les juges, au début, à acquitter les prévenus. Pourtant, cette conception qui se targuait de respecter les ethnies (au point d'avoir été admise dans un premier temps par SOS-Racisme), conduisait à des dérives inquiétantes : l'idée que les droits humains puissent varier selon le sexe, la race ou la religion est, comme l'apartheid, une forme de racisme. Ce fameux DROIT à la différence était, pour les femmes mutilées, un DEVOIR de différence, le contraire d'une liberté. Si l'on considère les petites filles africaines comme égales aux nôtres, on doit les protéger également, quelle que soit leur couleur, contre toute

---

1. Publié chez Ramsay, en 1979.

atteinte à leur intégrité corporelle, et contre toute forme de torture (Article 3 de la Convention européenne des droits et des libertés fondamentales).

D'ailleurs, ce prétendu respect des traditions africaines, même les plus nocives, n'étouffait les scrupules de personne quand il s'agissait d'imposer aux peuples d'Afrique des « valeurs » autrement moins humanistes, telles que l'économie de profit, la monoculture aux dépens des cultures vivrières, ou l'urbanisation à outrance.

Par une sorte de culpabilité d'anciens colonialistes, ce que Pascal Bruckner appelait « le sanglot de l'homme blanc », certains sociologues, ou prétendus tels, ont même été plus loin. « L'exérèse génitale », comme ils disent sans frémir, aurait son utilité : « L'enfant des pays civilisés, ignorant ce cheminement, semble avoir beaucoup de mal à franchir les diverses étapes de son existence. Loin d'aliéner l'individu, l'initiation l'aide donc à franchir les stades de son évolution sans heurts et sans refoulements. » (Robert Arnaud.)

À signaler à nos thérapeutes : la clitoridectomie, facteur de santé mentale ! Il faut préciser que sur ces cent millions de femmes et de petites filles mutilées, dans près d'un quart des cas, l'excision se double d'une garantie supplémentaire : l'infibulation ou « circoncision pharaonique[1] ». Elle consiste en

---

1. Ainsi nommée, car elle est décrite dans un papyrus trouvé en Haute-Égypte et datant de deux mille ans avant Jésus-Christ. Quatre-vingts pour cent des femmes sont infibulées au Soudan, en Éthiopie, à Djibouti, etc.

l'arrachement des petites et des grandes lèvres et la
suture totale du sexe, aboutissant à une monstruosité
anatomique, un espace lisse marqué d'un bourrelet
cicatriciel rigide, ne laissant qu'un orifice unique et
minuscule pour le passage de l'urine et du sang mens-
truel. On imagine les douleurs pendant la cicatrisa-
tion, les jambes liées durant trois semaines pour
assurer la soudure du sexe ; les douleurs lors des
règles et lors de la pénétration par l'époux au soir des
noces ; et les douleurs lors des accouchements, qui
nécessitent une réouverture de la vulve puis une
nouvelle suture pour assurer au mari un organe
« propre ». J'ai assisté, avec Micheline Pelletier-
Lattès, lors d'un reportage à Djibouti pour *F Magazine*, à cette terrible intervention. La toute jeune
épouse – elle avait quinze ans – accouchait pour la
première fois, mais elle pria l'obstétricien de la
recoudre « bien serré » après l'accouchement, selon
le désir de son mari. Le médecin de l'hôpital de Djibouti, un Français, se résigna à ce bouclage, sachant
bien que la polygamie, les mauvais traitements ou la
répudiation sanctionneraient toute insubordination.

Toute la vie sexuelle des femmes se déroulera ainsi,
sous le signe du couteau ou de la lame de rasoir,
« l'absurde clitoris », organe inutile à la reproduction
et sans intérêt pour le plaisir du mari, ayant été effacé.
Visiblement, il ne s'agit plus là d'une « initiation »,
mais d'une fixation masculine démentielle sur le sexe
féminin qu'il importe de réduire à sa plus simple
expression.

Les ratages opératoires, tels qu'hémorragies, septicémies, tétanos, fistules, faisant communiquer l'urètre
avec le rectum et transformant la victime en infirme à
vie, ne sont pas rares. Mais ils ne pèsent rien au regard
du but recherché : « calmer le tempérament de nos
négresses » (dixit Yambo Ouologuem, malien,
licencié en philosophie et auteur du *Devoir de violence*.) Il est vrai que cette pratique est souvent
déclarée illégale aujourd'hui, mais elle a été recom-
mandée, lors de l'indépendance, par de nombreux
pays. Jomo Kenyatta, par exemple, en prenant le pouvoir, l'a rétablie le jour même de l'indépendance du
Kenya.

— *Vous avez résumé dans un paragraphe d'*Ainsi
soit-elle, *toute l'horreur ressentie en découvrant cette
torture :* « On a mal au c… n'est-ce pas, quand on lit
ça ? On a mal au cœur de soi-même, on a mal à sa
dignité d'être humain, on a mal pour toutes ces femmes
qui nous ressemblent et qui sont détruites. Et on a mal
aussi pour tous ces imbéciles d'hommes qui croient
indispensable d'être supérieurs en tout et qui ont choisi
pour cela la solution la plus dégradante pour les deux
sexes : rabaisser l'autre. » *Comment expliquez-vous
qu'une coutume aussi désastreuse et aussi répandue
semble n'avoir pas été dénoncée par les femmes et
combattue par elles plus tôt ?*

— Il s'agit encore une fois de la grande conspiration du silence que nous avons évoquée. Tout se passe
comme si l'oppression des femmes ne relevait pas du

problème global de l'exploitation des plus faibles, mais exprimait seulement la manière qu'a chaque peuple de mettre « ses » femmes à la place qu'il leur a choisie. En fait, la société patriarcale – et elles le sont toutes – considère chaque femme comme la propriété de chaque homme, son « champ génital », comme dit le Coran. Napoléon ne disait pas autre chose dans son Code civil ! Si cette coutume a pu durer depuis tant de siècles, c'est parce que personne n'en parlait [1]. Tous ceux qui savaient avaient choisi de se taire. Et que peut faire un esclave qui se croit congénitalement fait pour être esclave ?

— *Simone de Beauvoir disait que la parole est en soi un acte subversif, la première étape de la libération.*

— Effectivement, dès qu'elle a été révélée, la situation, qui était totalement bloquée, a commencé à évoluer.

Les plus optimistes pronostiquent qu'il faudra encore une à deux générations pour faire disparaître cette coutume. Je suis plus pessimiste, compte tenu des pesanteurs politiques et religieuses. Mais l'idée qu'un livre comme *Ainsi soit-elle* ait pu contribuer si peu que ce soit à la prise de conscience de la gravité de ce problème est une source de bonheur pour le restant de mes jours. Une autre source de bonheur est le fait que des féministes soient à l'origine de cette

---

1. Le professeur Minkowski fut un des rares à apporter son concours à nos actions.

libération. Les petites filles et les femmes qui sont ou seront délivrées de cette malédiction ne le devront qu'à l'action obstinée et solidaire de femmes d'Europe et d'Amérique [1] qui ont pu enquêter sur place, avoir accès à l'intimité des Africaines – ce qui était interdit aux hommes –, et qui ont convaincu l'OMS qu'il s'agissait d'un problème de santé fondamental et non d'un gadget sexuel. Les femmes mutilées ne pouvaient rien faire sans nous, étant interdites de parole et privées de tout pouvoir. Elles étaient du reste convaincues que, dans le monde entier, les femmes devaient subir cette « rectification génitale [2] ».

— Après le succès de votre livre – un million d'exemplaires vendus avec l'édition de poche, de nombreuses traductions, y compris au Japon –, vous n'êtes pourtant pas devenue une des grandes prêtresses du féminisme ?

— Je suppose que j'étais inapte à cette fonction.

— Pourtant – et c'est pourquoi on peut parler d'Ainsi soit-elle, aujourd'hui, trente ans après –, la force de ce livre est de mêler votre expérience individuelle et vos recherches sur des femmes d'autres

---

1. Fran Hosken, notamment, qui a joué un rôle essentiel avec son mensuel *WIN.News*, depuis cinquante ans.

2. Alors que l'excision n'est nulle part prescrite dans le Coran. Voir l'enquête de Claire Brisset dans *Le Monde*, sur un camp de réfugiés en Somalie. 1994.

sociétés encore plus brimées que les Occidentales. Ce qui permet à Ainsi soit-elle *de garder tout son intérêt, c'est que vous menez votre réflexion sans essayer de deviner ou de calculer l'effet que cela va produire sur tel ou tel groupe, sur telle ou telle école. À aucun moment vous ne dites, ce qui était fréquent à l'époque : « Je me range du côté de tel féminisme... Pour Psych et Po contre Choisir » et vous vous gardez de faire référence à telle ou telle idéologie féministe.*

— Je refusais d'avoir à choisir entre les chapelles... j'allais dire entre les sectes ! J'aurais eu l'impression d'être une militante corse sommée de s'enrôler dans le MLF canal historique ou le MLF canal habituel !

— *Mais en 68, aviez-vous participé à l'ébullition ?*

— J'étais sans doute trop vieille en 68 pour me joindre à des étudiants. Et puis j'habitais alors en province, depuis un an. Enfin, j'avais du mal à m'y reconnaître parmi tous ces mouvements spontanés, souvent inorganisés et complètement utopiques, ce qui était parfois grandiose d'ailleurs : Françoise d'Eaubonne, et son groupe Écologie et Féminisme, qui se proposait d' « arracher la planète au mâle d'aujourd'hui pour la restituer à l'humanité de demain... Ainsi la Terre mise au féminin reverdirait pour tous ! » J'avais du mal à prendre au sérieux les mots d'ordre des « féministes révolutionnaires », par exemple, qui prônaient « la destruction totale de l'ordre patriarcal ».

Un beau rêve, certes, mais qui me faisait penser à la formule enfantine : « On jouerait qu'on aurait supprimé les parents ! »

Cela dit, j'admire les militantes et les fondatrices de tous ces mouvements de femmes. J'ai de l'admiration pour Elisabeth Badinter, même si je ne partage pas toutes ses idées, de l'amitié pour Antoinette Fouque et pour Gisèle Halimi, et j'ai fait partie de Choisir. Mais j'avoue que je m'y perds un peu entre le « féminisme matérialiste », de Monique Wittig et Christine Delphy, et le prétendu « French Feminism », le seul reconnu en Amérique, mais qui se réduit à une sainte trinité indélogeable, incarnée en Hélène Cixous, Julia Kristeva et Luce Irigaray, dont les théories se basent d'ailleurs sur les travaux de philosophes masculins, Lacan, Foucault ou Derrida. Des historiennes ou des philosophes comme Annie Leclerc, Michèle Le Doeuff, Séverine Auffret, Michèle Perrot, bien d'autres encore, enrichissent tellement mieux le débat ! Mais je me suis sentie découragée par les différentes écoles et j'ai préféré rester à l'extérieur pour écrire dans une totale liberté.

— *C'est ce qui permet à* Ainsi soit-elle *de mener une réflexion sans calculer l'effet que ça va produire sur tel ou tel courant. Mais je voudrais souligner que c'est en partie grâce à votre humour que votre message a pu être entendu aussi largement. Le succès auprès du public a été immédiat et massif, mais comment ont réagi la critique et les misogynes patentés ?*

— Vous savez, 1975 c'était l'année de la Femme, la première. Et pendant un an les misogynes patentés, comme vous dites, ont mis la sourdine et j'ai eu des critiques qui m'ont fait un immense plaisir : celles de Romain Gary, de Claude Roy, de Jean-François Josselin dans l'*Obs*, du Pasteur Roger Parmentier qui écrivait dans *La Croix* : « Voici un livre féministe que les hommes devraient dévorer. » J'étais stupéfaite de lire ça dans *La Croix*, sous la plume d'un protestant, il est vrai... Et puis j'ai reçu des milliers de lettres, dont chacune a contribué à me donner confiance en moi pour toujours. Mais celle qui m'a le plus émue venait de Gaston Defferre que je ne connaissais pas encore personnellement : « J'ai tout aimé dans *Ainsi soit-elle*, m'écrivait-il dans une longue lettre de six pages : le style, la pensée, la violence parfois, la documentation, la force de l'argumentation et en filigrane, à travers tout le livre, j'ai apprécié votre humour. »

— *Vous insistez de manière très juste sur le rapport problématique des femmes à l'humour : « Depuis 1758, date de la création du premier périodique à l'usage des dames, il ne s'est jamais créé un seul journal humoristique féminin. Nous ne savons pas rire, nous ne savons pas jouer, et personne ne nous y encourage. » Croyez-vous que cela ait changé ou que les femmes ont toujours ce même embarras par rapport à l'humour ?*

— Il faut un certain degré de liberté pour pouvoir rire, de soi et des autres... Ce seuil, il suffit que quelques-unes l'aient franchi pour que le rire, l'humour, mais aussi la rigolade ou le droit à la gaudriole, à une certaine grossièreté – c'est important aussi la grossièreté – soient ouverts à toutes. Parmi ces quelques-unes, je place en tête, bien sûr, Claire Bretecher. Elle a guéri bien des femmes de ce terrible esprit de sérieux qu'elles se croyaient obligées de cultiver. Ma reconnaissance va aussi à toutes les comédiennes de café-théâtre, des trois Jeanne à Josiane Balasko ou à Charlotte de Turckheim, sans oublier Zouc, aux humoristes au féminin, de Claude Sarraute à Isabelle Alonso. Les meilleures et les moins bonnes. On avait besoin de toutes pour ouvrir la voie. Les misogynes professionnels continuent à débiter les horreurs traditionnelles (voir Angelo Rinaldi contre Julia Kristeva, Jean-Edern Hallier contre vous-même), les traitant de guenons, de corneilles… toute la ménagerie y passe. L'énorme différence, c'est que les guenons ont changé et que leur humour désamorce les vieux discours, les rend inopérants ; je crois profondément qu'il s'est produit une vague de fond qui ne peut plus refluer. Mais les femmes sont très mal placées pour mener un combat efficace : quand « l'oppresseur » est en même temps votre amant et le père de vos enfants et souvent le principal pourvoyeur de fonds, l'émancipation devient forcément une entreprise complexe et à haut risque… Si bien que bon nombre de femmes préfèrent la sécurité, même sous tutelle, aux aléas de la liberté. Au moins dans la vie privée, grâce à l'indépendance financière et à la contraception, les deux mamelles de notre liberté, les rapports de force ont-ils été bouleversés dans le couple. Les statistiques montrent que ce sont les femmes en majorité qui demandent le divorce aujourd'hui. Elles ont découvert que le mariage les pénalisait. L'expression « homme abandonné » a fait son apparition et les ménages dits monoparentaux sont des ménages de femmes, avec ou sans compagnon mais qui s'assument. C'est une immense nouveauté.

— *Il reste tout de même deux bastions pour ne pas dire bastilles, que les hommes défendent encore férocement parce que cela touche au sacré : l'Église et le pouvoir politique. Là, ça va être sanglant !*

— Ça l'est déjà, quand on pense que malgré le manque de prêtres, l'Église catholique ne s'est toujours pas résignée à considérer que les femmes sont des êtres humains comme les autres. Il y a des femmes rabbins, des femmes pasteurs, mais pas une femme abbesse comme il y en avait au Moyen Âge. On s'aperçoit que la misogynie est toujours aussi virulente. Et je suis convaincue qu'elle a compté plus qu'on ne l'a dit dans le semi-échec de Ségolène Royal au deuxième tour [1]. Au moment de mettre leur bulletin dans l'urne, nombre de femmes ont dû se dire : « C'est plus rassurant de voter pour un candidat "normal", et un candidat normal c'est forcément un homme. » Une femme n'est jamais considérée comme aussi compétente et capable.

1. *La Saison de mon contentement*, Pierrette Fleutiaux, Actes Sud, 2008.

J'ai eu l'impression d'être revenue un siècle en arrière quand j'ai lu qu'un jeune type avait crié à Hillary Clinton dans une réunion électorale, en cette année 2008 : « Tu ferais mieux de repasser mes chemises ! » et que ça a fait rire le public, par habitude, par résignation (à la connerie !). Imagine-t-on quelqu'un criant à Barack Obama dans un meeting : « Tu ferais mieux de cirer mes bottes ! » ? Ce serait un scandale dans toute la presse. Le racisme scandalise, le sexisme est considéré comme naturel, incurable et inévitable.

— À vous entendre, Benoîte, je me demande pourquoi vous n'avez jamais fait de politique ? Dans tous vos discours, on voit à quel point vous voulez convaincre, faire partager vos idées. Pourquoi ne pas être entrée dans l'arène ?

— Ce n'est pas par peur des autres – je ne redoute pas trop les coups –, c'est par peur de moi-même. J'avais une voix mal assurée, je ne savais pas capter l'attention, je n'avais jamais appris à parler. J'ai passé cinq ans à la Sorbonne sans jamais faire un exposé oral. C'est après 68 seulement, après 1975 surtout, dans les réunions entre femmes, que j'ai pris la parole pour la première fois. J'ai vraiment mis beaucoup de temps à oser parler devant un auditoire masculin.

Alors comment oser tenir une réunion électorale ? Je redoutais d'être chahutée, d'avoir à sortir sous les huées !

— *Cela dit, avez-vous appartenu à un parti politique ?*

— Je ne suis pas inscrite au PS mais j'ai toujours été une… compagne de route… muette ! Je me demande si cela arrive aux hommes d'avoir aussi peur de l'autre sexe ? Les jeunes femmes ont dépassé ce handicap aujourd'hui. Je crois que la peur a disparu. On le voit dans les manifestations lycéennes… à la télévision : les filles n'ont plus peur de se mettre en avant.

— *C'est peut-être vrai pour la génération de demain, mais dans le monde du travail, je m'aperçois que les femmes se retrouvent très seules. Dans les cercles masculins où je suis parfois la seule femme je me rends compte que ma parole ne fonctionne pas. Les hommes se confortent les uns les autres et s'entendent pour m'exclure. Quand tout à coup j'interviens, on me prend pour le mouton noir.*

— C'est pour cela que la parité est la seule solution : quand la moitié des moutons est noire, il n'y a plus de norme, donc plus d'intimidation.

— *J'ai lu récemment, dans la revue* l'Infini, *un entretien entre Julia Kristeva et Danièle Sallenave. Le sujet était au départ littéraire, mais la conversation a dérivé sur la question des femmes. Kristeva a dit quelque chose qui m'a beaucoup frappée, parce que cela correspond à ce que je ressens dans mon milieu de* travail : « *Aujourd'hui, il est plus facile d'être femme en n'étant pas une femme, mais en se confondant avec l'ordre normalisateur qui ne manque pas de récompenser celles qui s'y plient.* »

— C'est désolant d'être obligée de se démarquer de sa féminité pour entrer dans le monde du travail. C'est pour cela que la parité est vitale pour nous, à tous les niveaux. Selon des études menées aux États-Unis, c'est à partir de trente pour cent que les femmes peuvent exercer une influence, avoir une action appréciable dans un groupe. C'est un seuil fatidique. En dessous, elles ne servent à rien, sinon à fournir des modèles d'identification à d'autres femmes, ce qui n'est pas rien d'ailleurs. Mais elles sont des alibis, des otages, qui ne pourront modifier en aucune façon l'ordre normalisateur.

— J'ai interrogé Françoise Giroud quand elle était Secrétaire d'État, sur la parité, à propos des déclarations des dix femmes ministres. Elle disait, assez justement, me semble-t-il, que l'obligation de parité ne pouvait pas être une « revendication intellectuellement satisfaisante », mais devait être « un choix tristement raisonnable et indispensable ». « Alors les quotas, tactiquement, il faut s'y résigner, sinon les femmes n'y arriveront pas. »

— Il faut savoir ce que l'on privilégie : soit les grands principes, tels que l'indivisibilité de la République, soit l'accession des femmes aux responsabilités et à la gestion de leur pays. Autant on peut rester à l'aise sur les grands principes, autant il est gênant de proposer des compromis, même momentanés. Cela dit, croyez bien que ce n'est pas l'universalisme qui guide nos députés quand ils refusent d'appliquer la parité ou la déclarent inconstitutionnelle : c'est le souci de conserver leur siège ! Ce qui n'est pas répréhensible d'ailleurs mais parfaitement hypocrite.

— *Elisabeth Badinter dans un article du* Monde *s'est dite « profondément humiliée par l'idée des quotas ».*

— Eh bien moi, si je suis profondément humiliée, c'est par le fait que nous soyons la dernière démocratie d'Europe pour la représentation des femmes dans les assemblées. Pire, quatre-vingt-quinze pays, parmi les cent soixante-seize disposant d'un Parlement, ont un pourcentage de femmes supérieur à celui de notre Assemblée nationale. Et puis, j'avoue éprouver une certaine jouissance à voir des députés sur des sièges éjectables... face à des candidates [1] qui réclament depuis Olympe de Gouges l'honneur de participer à la gestion de l'État et qu'on a régulièrement renvoyées « à leurs casseroles », sinon en prison et même à l'échafaud.

---

1. *Je pense à Jeanne Deroin, Pauline Roland, Hubertine Auclert et d'autres.*

— *Mais iriez-vous jusqu'à dire que des femmes élues feraient une politique meilleure ?*

— Elles ne feraient pas forcément une politique « meilleure », la question n'est pas là, mais à coup sûr une politique plus complète, plus respectueuse des intérêts des deux composantes du genre humain. Le premier sexe est défendu dans toute sa diversité et ses particularismes ; pas le deuxième. Il y a des députés de régions agricoles pour défendre les céréaliers ou les éleveurs, des élus de provinces maritimes pour plaider au nom de tous ceux qui vivent de la mer, etc. Comme il n'y a pratiquement pas de femmes à l'Assemblée, les problèmes et les besoins spécifiques des femmes ne sont jamais jugés prioritaires. Nous avons un urgent besoin de députées pour inverser les priorités.

— *On constate pourtant que les femmes qui ont exercé le pouvoir suprême, Golda Meir, Indira Gandhi, Margaret Thatcher, etc., n'ont rien fait pour les femmes, au contraire…*

— Au niveau suprême, une femme est obligée de rester conforme et même de donner des preuves supplémentaires de sa conformité. C'est aux autres niveaux de pouvoir que les femmes pourraient infléchir les options, à condition d'être assez nombreuses.

— *Mais – et je me fais ici l'avocate du diable – obliger les partis à présenter un quota de vingt-cinq ou*

*trente pour cent de femmes, n'est-il pas de nature à
inciter d'autres catégories – les musulmans, les homo-
sexuels, les handicapés – à revendiquer aussi un quota
d'élus ?*

— C'est renversant de mettre en circulation des
arguments pareils ! Nous sommes, en plus et le cas
échéant, musulmanes, homosexuelles ou handi-
capées. Nous ne sommes pas une catégorie, puisque
nous sommes représentées dans toutes ! À propos,
vous avez vu les statistiques sur la proportion des
femmes aux Municipales de 2008 ? Dans les villes de
plus de 20 000 habitants, l'Observatoire de la Parité
estime que 85 % des têtes de liste sont des hommes,
85 % ! La parité est bien obligatoire pour ce type
d'élections mais on ne précise pas le sexe de la tête de
liste… afin que les maires restent majoritairement des
hommes. Les lois sont savamment rédigées par des
hommes pour pouvoir être tournées et nous restons
lamentablement sous-représentées en France. Je sou-
haiterais des actions volontaristes, des coups de
pouce ou des coups de pied au cul, éventuellement,
quand la situation est bloquée. Mais nous, nous
n'avons pas de Panthères Grises comme aux
États-Unis ni de Grandes Gueules comme en Italie.
Pourtant la preuve est faite que la politesse, la
patience et les suppliques n'aboutissent à rien. Rap-
pelez-vous : les choses s'étaient passées exactement
de la même façon pour notre droit de vote, plébiscité
régulièrement par les députés de 1915 à 1939, et non

moins régulièrement rejeté par les sénateurs. Vingt-cinq ans de revendications polies et résultat : Zéro !

L'histoire se répète quand il s'agit de maintenir le deuxième sexe en tutelle.

Les hommes de la Résistance espéraient renvoyer les femmes à la maison après la victoire, exactement comme les hommes politiques l'avaient fait en 1918. Sans le général de Gaulle en 1945 une Lucie Aubrac, une Germaine Tillion n'auraient pas eu le droit de voter ! C'est pour éviter que ne reprenne cette farce parlementaire que le général de Gaulle octroiera le droit de vote aux femmes, en 1945, par ordonnance ; une procédure exceptionnelle qui évite le débat.

C'est pourquoi je refuse de me laisser émouvoir par ceux qui nous parlent d'universalisme avec des larmes dans la voix. L'universalisme de 1789 était tout ce qu'il y a de plus particulariste et communautariste. Quand l'universalisme produit une telle exclusion, il faut trouver un correctif et ce correctif, il existe : c'est celui que les pays scandinaves ont mis en œuvre et qui a fait d'eux les démocraties les plus égalitaires au monde.

— *Aussi longtemps que les hommes seront à la tête des grands partis et feront les désignations, ils détourneront la loi sur la parité. Mais je me pose parfois la question : si les deux sexes étaient trop différents pour travailler ensemble, pour gouverner ensemble ?*

— Personnellement, je ne le crois pas du tout. Les gens qui aiment le pouvoir, qu'ils soient hommes ou

femmes, ont quelque chose en commun, c'est évident. Qu'ils aient des seins ou des couilles. Les
comportements masculins chez une femme ont été
tellement étouffés ou dénigrés qu'on ne les a pas vraiment vus à l'œuvre, et l'inverse est aussi vrai. Quand
chacun sera moins coincé par son genre, un rappro-
chement pourra s'opérer.

— *Mais précisément, vous ne croyez pas que les
femmes se sont laissé un peu enfermer dans le différentialisme ? N'est-ce pas un piège ?*

— Pour moi, c'est un mot à proscrire. Ce serait le
cas de dire : c'est un piège à cons ! Chacun a droit au
destin dont il se sent porteur et pas uniquement à celui
dont son sexe le crédite ou que son sexe lui impose. Ce
que les individus ont en commun, c'est justement
d'être différents les uns des autres, d'être uniques !

— *Danièle Sallenave écrit que le droit à la différence mène à la différence des droits.*

— Belle formule ! Et c'est au nom de ce droit que
certaines féministes se sont embourbées à mon avis et
ont embourbé les femmes dans des voies sans issue.

On ne s'en tirera qu'en remplaçant le mot « différence » par celui de « diversité ». Tant qu'on ne
repensera pas les individus en termes de diversité
plutôt qu'en termes de différence, ou, pire, de
complémentarité (et c'est valable pour la couleur de

la peau comme pour le sexe), on butera sur l'impossible équation d'« égalité dans la différence ».

— *Je voudrais vous poser une question, Benoîte, aviez-vous envoyé* Ainsi soit-elle *à Simone de Beauvoir ?*

— Bien sûr. J'espérais tellement la connaître ! Mais rien n'est venu d'elle. Pourtant, j'aurais été bouleversée qu'elle apprécie mon livre.

— *Vous n'avez pas besoin d'une autorité pour vous conforter, de toute façon.*

— À ce moment-là, si. Et puis la sienne, c'était plus qu'une autorité, c'était mythique. C'était entrer dans la lignée des féministes historiques.

— *C'est peu après que vous avez lancé avec Claude Servan-Schreiber* F Magazine *?*

— Oui, vers 78. *Ainsi soit-elle* avait eu un tel succès que, commercialement, je constituais soudain un atout pour Jean-Louis Servan-Schreiber dont la femme, Claude, rêvait de créer un vrai magazine féministe, rédigé uniquement par des femmes. Auprès des annonceurs, c'était important que je n'aie pas l'air d'un épouvantail, comme ils se plaisaient à imaginer toutes les féministes : j'avais l'air d'une dame convenable. Je ne portais pas de jeans troués, j'avais les ongles propres, je ne disais pas « merde », alors il m'a demandé de l'accompagner pour toute la campagne de promotion et de recherche de capitaux. J'ai cru un moment qu'il appréciait mes livres, ma personnalité… Mais quand il a déclaré, deux ans plus tard, que le féminisme était passé de mode, et que notre magazine, qui était parti très fort, a commencé à péricliter, je me suis aperçue que je n'avais été qu'un pion, et *F Magazine* une anomalie, un miracle dans l'histoire de la presse féminine. Claude Servan-Schreiber a été écartée, l'équipe des rédactrices changée et *F Magazine* rebaptisé le *Le Nouveau F* ! Alors qu'on retournait aux vieilles recettes ! Et on a vu apparaître les souvenirs de Sylvie Vartan, les confidences de Dalida, et des articles d'hommes qui jugeaient la gent féminine, Bernard-Henri Lévy, Philippe Sollers, Gonzague Saint-Bris & Co.

— *Le féminisme n'était plus porteur ! On retournait aux ingrédients traditionnels qui font le succès de* Cosmopolitan, Biba, *etc.*

— Hélas ! Nous avions vraiment essayé de faire autre chose, avec des femmes qui voulaient parler d'autres sujets que d'orgasmes, de trucs pour piéger un mari, de rides, de fesses, de culotte de cheval et de liposuccion. Quand je feuillette, trente ans après, un numéro de ce magazine avec les signatures de Paula Jacques, France Nespo, Michèle Perrein, Marie Cardinal, Nicole Chaillot, Martine Storti et d'autres, quand je revois la couverture du n° 1 portant une grande photo de Claire Bretecher, l'épaule nue avec une petite « frustrée » dessinée sur la peau, je retrouve l'humour, le dynamisme, l'intelligence de toute cette équipe. Intelligence ! Un mot que l'on n'est pas habitué à associer à la presse féminine, que l'on réserve aux revues masculines comme *Les Temps modernes* ou *Tel Quel*. Et pourtant, des articles intelligents sur le cinéma, par exemple, et les rôles réservés aux femmes ; sur la place des talons aiguilles dans les fantasmes masculins ; sur des femmes de plus de soixante ans, voire soixante-dix – ô horreur –, et qui ont de belles gueules et pas seulement de vieilles peaux, quelle délivrance ! D'ailleurs, nous répondions à un vrai désir des lectrices. Nous avons tiré à deux cent mille exemplaires et eu beaucoup d'abonnées, qui s'engageaient parfois pour deux ans !

— *Et c'était un magazine bien mis en page – beau papier, belles photos… –, pas du tout un petit journal sur papier recyclé comme tant de revues féministes de l'époque.*

— Justement, il coûtait cher à fabriquer et les publicitaires, qui s'étaient un peu laissé forcer la main et nous avaient accordé de gros budgets, retrouvaient leurs réflexes misogynes, ou plus exactement antiféministes. Alors ils ont fini par nous étrangler. Pourquoi vanter des shampooings à des bonnes femmes qui ne se lavent pas les cheveux ? La pub est revenue dès que cuisine, mode et beauté sont redevenues l'unique souci du *Nouveau F.*

— *Vous l'avez senti tourner, le vent, à un moment ?*

— Oui, il soufflait sur toutes nos illusions. Les éditeurs ont laissé tomber leurs collections « Femme » ; ils en avaient tous une : Denoël, Stock, Laffont… La presse n'a plus rendu compte des manifestations féministes… Nous retournions dans l'ombre.

— *Vous avez compris que, finalement, ce qu'on avait pris pour un vrai tournant de société n'était qu'une mode ?*

— J'ai senti que chez les femmes c'était un profond changement, et que ce qui était acquis ne serait pas rendu… Mais qu'à l'extérieur, il faudrait désormais adopter un profil bas. Heureusement, à ce moment, la gauche est arrivée au pouvoir, grâce au vote des femmes, d'ailleurs, pour François Mitterrand, et, au moins durant les premières années, celles du ministère des Droits de la femme, le premier de notre Histoire, les socialistes, avec Yvette Roudy, ont réalisé nombre de réformes qui ont amélioré le statut féminin sur les plans civil, professionnel et personnel.

— *Des lois ont été votées, certes, mais on ne change pas les comportements par décret. Les lois, en général, précèdent les mœurs. Or les comportements sont restés les mêmes, quand ils n'ont pas empiré. Dans le microcosme de mon entreprise, quelque chose me frappe beaucoup. Quand des hommes s'engueulent entre eux, même si le ton monte, ce ne sont jamais les mêmes*

mots ni le même ton d'irritation que lorsqu'ils se met-
tent en colère contre une femme. Et ça, c'est très carac-
téristique des hommes de ma génération. Parce que les
hommes de la génération antérieure n'osaient pas se
mettre en colère contre une femme !

— Parce qu'ils se complaisaient dans un comportement patriarcal. Vous ne leur faisiez pas peur. Chez
les hommes jeunes, c'est la panique, vous êtes une
rivale, ils n'ont plus l'autorité congénitale.

— *Peut-être, mais quand même... Quand je suis*
entrée dans ce journal, je n'étais rien dans la hiérar-
chie. Avec des hommes comme Jacques Fauvet, Ber-
nard Lauzanne ou André Fontaine, qui étaient vrai-
ment d'une autre génération, je ne me suis jamais
sentie méprisée comme je me sens méprisée aujourd'hui
par des types de mon âge.

— C'est une réaction de défense. Quand les animaux ont peur, ils mordent. Les hommes sont en
crise d'identité et ils ne savent comment manœuvrer
face à des jeunes femmes aussi compétentes qu'eux et
qui utilisent leurs armes mais avec un autre type de
munitions, une autre façon de tirer... C'est la
panique, parfois la haine.

— *Alors on fait quoi ?*

— Eh bien, il y a une génération...

— *Sacrifiée ? C'est moi ? Merci bien !*

— C'est la première ligne, celle qui sort des tranchées et se trouve à découvert en rase campagne. Nous étions toutes à l'abri, finalement ; protégées, assistées et, tout à coup, nous sommes exposées... Il y a des pertes, obligatoirement. Il est dur de dire ça, alors que je suis bien tranquille dans mon coin. Je fais partie d'une génération qui a eu peur et qui n'a pas fait peur ! Et puis, mon seul ennemi à moi, c'est le papier blanc... Vous, vous êtes en pleine mêlée, et dans un métier qui symbolise le pouvoir, l'influence. Tout est à apprendre sur le terrain, la combativité, la ruse, l'insensibilité aux injures, aux coups, et à ne pas remettre en cause l'ensemble des femmes en cas d'échec d'une seule.

— *C'est peut-être l'aspect réconfortant : les femmes se laissent moins impressionner. Il y a des pertes, comme vous disiez, mais dans l'ensemble on avance, malgré la mitraille.*
À propos d'avancée, je voudrais aborder un sujet qui ne fait pas l'unanimité entre les femmes, certaines considérant que c'est une affaire futile... alors que vous attachez beaucoup d'importance à cette conquête : vous avez présidé la Commission de Terminologie pour la féminisation des noms de métiers, de grades et de fonctions de 1984 à 1986 et vous vous dites d'ailleurs écrivaine. Je vous avoue qu'au début je me suis demandé si c'était un enjeu vraiment important.

— Écoutez, Josyane, on remet à l'honneur « les fondamentaux » à l'école primaire en cette année 2008 et la bonne vieille grammaire Hamon est parfaitement claire : « Le nom commun change généralement de forme selon son genre, masculin pour les êtres mâles et féminin pour les êtres femelles. La forme féminine est marquée le plus souvent par un e muet en finale. Le nom en français a perdu le genre neutre, si fréquent en latin. » C'est net et sans appel, non ? Alors quand l'Académie française par la voix de Maurice Druon qui était alors son Secrétaire perpétuel prétend que « l'opposition entre féminin et masculin de "l'ancienne grammaire" (sic) était impropre et qu'il convenait de lui préférer les termes "marqué" et "non-marqué", le non-marqué représentant le masculin, c'est-à-dire un neutre ayant capacité à représenter les deux genres », on se dit que les Immortels nous refont le coup du suffrage universel de 1789 qui ne représentait que les hommes et qui osait se dire universel !

— *L'Académie a bien cru pendant trois siècles qu'elle avait capacité à représenter les deux sexes ! Mais vous, par exemple, Benoîte, parvenez-vous toujours à vous dire écrivaine ?*

— Ça suscite quelques sourires apitoyés : « La pauvre, elle est obsédée par son féminisme ! » Mais je trouve grotesque d'être UNE romancière et UN écrivain. On dit châtelaine et souveraine. Écrivaine, c'est grammaticalement correct alors je tiens bon. J'avoue que je craque devant les inspecteurs du fisc... quand je remplis ma déclaration de revenus, à Profession, j'inscris *écrivain* au cas où je tomberais sur un ou une misogyne !

— *Ce qui me trouble, je dois bien l'avouer, c'est mon propre comportement. Je suis convaincue que ce qui n'est pas nommé n'existe pas et d'accord sur la portée symbolique de votre combat. Mais je n'arrive pas à me mobiliser pour cet enjeu. Tout de même, sur ma carte de visite j'ai fait mettre Rédactrice en chef... Mais pourquoi ne pas laisser évoluer les choses d'elles-mêmes ? Pourquoi cette rage de réglementer ?*

— Parce que, quand il s'agit des femmes, rien n'évolue tout seul. Quant à l'importance de notre action, si on la mesure à la violence des réactions suscitées, on conclut que nous nous sommes livrées à un véritable acte de terrorisme verbal ! Une violence qui confirme que le langage touche à quelque chose de profond, de viscéral en chacun de nous... Ce n'est pas un simple outil pour communiquer, c'est le reflet de nos préjugés, le miroir de nos rapports de force, de nos désirs inconscients. Comment les femmes parlent, comment on leur parle, comment on parle d'elles, tout cela joue un rôle essentiel pour l'image qu'elles donnent et plus encore qu'elles se font d'elles-mêmes. Rendre invisible dans le vocabulaire l'accession des femmes à de nouvelles fonctions, c'est une façon de la nier. Les hommes, eux, s'accommodent d'autant mieux du langage que les lacunes du vocabulaire ne les concernent pas : on ne les appelle pas Monsieur la sage-femme [1].

— *Si, comme vous le constatez, « c'est l'usage qui tranche », à quoi bon légiférer, comment penser qu'une loi, non acceptée, non « intégrée » socialement, modifiera l'usage ?*

— Mais qu'est-ce que vous croyez que ça fait une grammaire ? Ça dit le bon et le mauvais usage. Et je vous rappelle que l'Académie française a essayé désespérément de légiférer ! Il fallait au moins contrer ses positions tout à fait misogynes.

Alors on prétend que la langue évolue d'elle-même et qu'il ne sert à rien de faire des recommandations. Mais c'est complètement faux, surtout dans notre pays. Depuis Vaugelas, la langue française n'a cessé d'être codifiée, rectifiée, rappelée à l'ordre ! Les Français ont un rapport très particulier, très passionnel avec leur langue. Son histoire a commencé avec la fameuse *Ordonnance de Villers-Cotterêts* en 1539 ; où François Ier décide que le français doit remplacer le latin et tous les autres dialectes du territoire dans tous les textes administratifs et officiels. Il fonde ce qui deviendra notre Collège de France où, contre l'influence de l'Église qui pratiquait le latin, les maîtres enseigneront en français. On trouve parfois de ces coïncidences émouvantes : le roi François Ier

---

1. Ils ont choisi le mot pompeux de « maïeuticien » plutôt que sage-homme !

donnant ses lettres de noblesse au « françois »,
comme on épelait alors le français !

Et puis il y eut la *Défense et Illustration de la langue
française*, de Joachim du Bellay, en 1549, et puis les
grammaires commencèrent à se multiplier. La langue
devient une affaire d'État. Richelieu fonde l'Académie française pour élaborer un *Dictionnaire* sous
l'autorité de Vaugelas ; puis Furetière, pas d'accord,
en élabore un autre, en rupture avec les principes
rigides de l'Académie. Déjà ! Puis, en 1660, c'est la
Grammaire de Port-Royal… La France croule sous les
dictionnaires et les grammaires. Nous sommes le pays
du monde qui a publié le plus d'édits, de directives,
de manuels du bon usage. Nous sommes aussi le pays
qui respecte tant sa langue qu'il se sent coupable s'il
y change un iota ! Même si nous le pratiquons mal,
nous sommes tous amoureux du « bon français »…

Autre sujet d'étonnement pour les étrangers : notre
respect pour notre orthographe, parfois aberrante.
Nous avons eu longtemps, seuls au monde, sans
doute, nos croisés et nos martyrs de la dictée, sous la
houlette de Bernard Pivot ! Mais pour les faire entrer
dans l'usage, il faut d'abord forger des mots accep-
tables. C'est ce qu'ont fait dans les années 80 un bon
nombre de commissions de terminologie, afin
d'adapter le vocabulaire médical, technologique, philosophique aux réalités nouvelles.

Ces commissions, formées de linguistes et de spécialistes de chaque discipline, ont fait un travail inap-
préciable. Nous avons grâce à elles échappé à une
invasion massive du franglais : *pacemaker, computer,*

hardware, software, walkman, etc., avec les prononciations tordues qu'on imagine, ont été remplacés par « stimulateur cardiaque », « ordinateur », « logiciel », « informatique », « baladeur », etc. C'est l'usage qui tranche, en définitive, mais il faut d'abord lui proposer des mots nouveaux. Ce n'est pas le public qui a inventé « logiciel » ou « ordinateur ». Bien sûr, certains mots ne « prennent » pas : « Ciné-Parc » pour « Drive-in », ou « commanditer » au lieu de l'affreux « sponsoriser »… Pour « baladeur », les jeunes ne l'ont pas adopté, c'est dommage. C'était beaucoup plus poétique que walkman ! Nous, nous n'avions rien à inventer : simplement à faire fonctionner la langue, à former des féminins comme on le faisait autrefois. Au Moyen Âge, on féminisait sans états d'âme, on disait « une tisserande, une abbesse, une diaconesse, une pécheresse ». Mais notre commission à nous, parce qu'elle s'occupait du langage concernant les femmes, a été accueillie en 1984 par un immense éclat de rire !

« Comment ? Des précieuses ridicules allaient papoter sur notre belle langue française autour d'une tasse de thé ? » ironisait Bruno Frappat dans *Le Monde*, votre journal, chère Josyane !

Chacun y alla de son couplet, même M. Météo dans *Libération* :

« Delirium épais, écrivait Alain Gillot-Pétré. Benoîte Groult a peut-être gagné sa croisade pour devenir écrivaine. Mais je pose la question : quel est le masculin de l'expression "enculer les mouches à merde ?" »

Le *Figaro Magazine* saluait notre « commission de futilité publique qui entendait enjuponner le vocabulaire. »

« Plaignons cette pauvre Mme Groult et ses fantasmes », écrivait Georges Dumézil dans un article du *Nouvel Obs*. Ces dames qui s'attaquent au vocabulaire ont une profonde méconnaissance des langues indo-européennes.

« Au secours, voilà la clitocratie », titrait Jean Dutourd dans son billet en page 1 de *France-Soir*.

Quand j'ai vu ce tir groupé, j'ai compris pourquoi Yvette Roudy m'avait demandé de présider cette commission. J'étais lancée dans les médias à cette époque ; *Ainsi soit-elle* n'était pas loin, et elle pensait que je trouverais facilement une tribune pour répondre à nos détracteurs. Plus facilement en tout cas que telle linguiste, même remarquable, enseignant dans une université de province. Convaincue de la nécessité de faire quelque chose, j'ai accepté d'embarquer sur cette galère. Car c'en était une. Mais j'étais enchantée car cette aventure allait confirmer que les comportements misogynes n'avaient pas changé, même s'ils s'exprimaient d'une manière plus subtile, ce qui justifiait tous les ressentiments que je nourrissais contre les hommes en général et les hommes de pouvoir en particulier… Mais ce sont les mêmes, ne nous faisons pas d'illusions. Ces hommes de pouvoir qui jamais, JAMAIS, n'ont accepté de bon cœur les avancées des femmes.

— *Le déchaînement de misogynie grivoise et imbécile que vous décrivez montre bien qu'on est dans une lutte dont la portée symbolique est très forte. Ce que je voudrais comprendre, c'est pourquoi tant de femmes, à commencer par moi, n'ont pas perçu l'importance de cette symbolique, pourquoi certaines se sont même mises du côté des rieurs, bref, pourquoi les femmes, une fois de plus, se laissent faire ?*

— C'est ça, la grande question… Elle se posait déjà hier. Celles qui se récrient aujourd'hui devant la féminisation sont les dignes filles de celles qui s'opposaient hier à leur propre droit de vote ! Les hommes, on les comprend, ils défendent leur bout de gras ; mais que les femmes marchent à ce point, c'est accablant.

— *Croyez-vous que ce soit pour aller dans le sens des hommes, que ce soit un consentement de plus au désir des hommes, ou, pire, un geste d'agression envers les autres femmes ?*

— Non, je crois tout simplement que les femmes privilégient leurs relations avec les hommes. Les Françaises privilégient toujours l'homme ! Le résultat, c'est que nous ne vivons pas ici la guerre des sexes qu'on trouve en Amérique, par exemple. Les relations hommes-femmes restent civilisées, marquées de ce qui reste de la « galanterie française », mais ce n'est qu'au prix d'un abandon de notre combativité. Cela dit, je crois au dynamisme du langage et je suis

convaincue que dans dix ans, on trouvera ridicules les
« précieuses » qui continueront à se dire « Mme le ».

— *Pensez-vous vraiment qu'il y a lieu d'être aussi
optimiste ?*

— Je le vois déjà apparaître. Dans la presse, on lit
de plus en plus souvent « la juge ». En tout cas quand
il s'agit de tribunaux pour enfants, on dit « la juge ».
Et dans la presse de gauche on dit couramment la
ministre, la secrétaire d'État. Et dans le gouvernement Jospin, toutes les femmes s'étaient désignées au
féminin. Guigou, Aubry, etc. Seul *Le Figaro* reste
abonné à l'affreux « Mme Le » !

— *En fait si les femmes françaises décidaient
qu'elles refusent d'être appelées Madame le ministre,
elles obtiendraient gain de cause. C'est donc bien de
leur propre passivité, de leur propre abstention qu'il
s'agit, non ?*

— Certaines l'ont obtenu en effet. Par exemple,
Yvette Roudy, première ministre des Droits des
femmes et députée-maire de Lisieux pour faire bon
poids...
Panafieu, Ockrent, etc., je leur avais écrit à toutes,
dès 1986, quand notre Ordonnance contresignée par
Fabius a été publiée au *Journal officiel*. Elles ne m'ont
jamais répondu et je dois passer à leurs yeux pour une
fameuse emmerdeuse doublée d'une emmerderesse...

Là, je bénéficie de deux féminins de noms de fonction, trouvés par Sacha Guitry, je crois.

Ségolène Royal est la seule qui m'ait répondu sur son papier à en-tête : *la* ministre de l'Environnement. Personne, parmi ses collègues, ne savait lire apparemment ! Si une femme de grand prestige comme Simone Veil avait choisi d'être désignée comme « la présidente du Parlement européen », là, ç'aurait été un choc décisif.

— *Qu'en a pensé Simone Veil ?*

— J'étais allée la voir pour obtenir son appui, que je croyais acquis. Naïvement. Elle ne risquait pas, elle, de passer pour la femme du Président ! Mais elle m'a envoyée paître. « Cela n'a aucune importance et je ne me battrai pas là-dessus. Quant à vous qui vous revendiquez écrivaine, c'est laid, c'est un mot affreux. » Je lui avais répondu que la beauté ou la prétendue laideur d'un mot n'ont jamais été un critère. On doit dire écrivaine sur le modèle de souveraine ou de contemporaine, dont on ne se demande pas s'ils sont laids ou beaux. À ce compte-là, on aurait refusé « institutrice » ! C'est difficile à prononcer, surtout pour des enfants. Et alors ? L'important est que ce soit linguistiquement correct.

— *Elle n'a pas été convaincue ?*

— Nullement. Et à la fin des travaux de notre commission, Bernard Pivot avait consacré une émission à la féminisation. Il avait invité avec moi Thérèse Moreau, cette linguiste suisse qui venait de publier un dictionnaire masculin-féminin à l'usage de l'administration suisse. On allait discuter entre personnes compétentes. Fallait-il ou non mettre un « e » à proviseur, docteur, ingénieur ? Fallait-il choisir de dire « la cheffe » comme en Suisse, ou « la chef » comme nous le recommandions pour la France ? Je comptais rappeler que le féminin normal de « chef » serait « chève », sur le modèle de bref-brève. Impensable ! Dans quelques cas, c'est vrai, le féminin nous joue des tours et c'est passionnant de chercher la meilleure solution. Eh bien qui croyez-vous que Pivot avait choisi pour parler de linguistique avec nous ? Guy Bedos ! ! Nous nous connaissions un peu mais il m'a gentiment avertie : « Je vais avoir beaucoup de mal à ne pas me moquer de vous… » Effectivement, il avait été invité pour ça ! Alors il en a sorti quelques-unes du genre : « Vous allez proposer "enseignette de vaisselle" maintenant que les femmes sont dans la Marine ? et "majordame", bien sûr ? » Que peut-on répondre à cela ? On rit bêtement et le vrai débat est foutu. Et puis, pour nous achever, on a passé une bande enregistrée où Michèle Gendreau-Massaloux déclarait : « Je suis recteur d'université, et j'y tiens. Alors qu'il y a deux millions de chômeurs en France, discuter pour savoir s'il faut dire recteur ou rectrice, je trouve cela déplacé. » Et voilà, la chose était entendue. Mais que fait-elle de plus que moi pour les chômeurs, « Mme le » recteur ?

Je vous citerai encore Marc Fumaroli, professeur au Collège de France qui dans un article du *Figaro* nous proposait quelques féminins censés mettre les rieurs de son côté : pour les femmes-recteurs il conseillait Madame la Rectale ! Ce n'est même pas de l'humour, ce sont des plaisanteries de galopins, au stade du pipi-caca !

L'intelligence n'a jamais préservé de la misogynie. Hélas !

— *Comment avez-vous supporté tous ces sarcasmes, qu'avez-vous pensé quand des gens sérieux ont tenté de vous ridiculiser, quand un historien éminent évoquait « la pauvre Mme Groult et ses fantasmes » ?*

— Ça me laisse de marbre, figurez-vous, je trouve que ce sont les hommes, éminents ou non, qui sont victimes de leurs fantasmes parmi lesquels la supériorité du phallus ! Et ce qui me rassure, c'est l'opinion de TOUS les grammairiens éminents, Brunot, Dauzat, Hanse, etc. qui dénoncent depuis des années un blocage qui ne se situe pas du tout au niveau du vocabulaire mais à celui des mentalités. Ferdinand Brunot déplorait déjà en 1922 « l'affreux Mme LE qui gâte tant de nos textes ». Maurice Chaplan, qui signait Aristide dans *Le Figaro*, concluait une de ses chroniques par : « Vive la ministre, la députée, la préfète, l'ingénieure, la professeure… »

— *Mais alors, malgré le poids de ces spécialistes « éminents », d'où vient que rien ne bouge ?*

— Je pense que le refus du féminin fait partie d'une stratégie d'ensemble, plus ou moins consciente pour retarder cette lame de fond qu'est l'accession des femmes au pouvoir. À tous les pouvoirs y compris celui de nommer. Il est clair que les féminins se raréfient à mesure que l'on monte dans l'échelle sociale. L'acceptation du féminin est inversement proportionnelle au prestige de la profession. Vous êtes boulangère, opératrice, concierge, mais si vous montez en grade apparaissent soudain toutes sortes de raisons prétendument linguistiques ou philosophiques pour refuser le féminin. On est la doyenne si on est centenaire mais Mme LE doyen à l'Université. Se dire conservatrice de musée, un mot grammaticalement correct pourtant, reste un acte d'insubordination au XXIᵉ siècle encore ! Mais alors il faudrait que ces femmes aillent jusqu'au bout et se fassent appeler Monsieur !

— *Vous interprétez ça en fait comme un réflexe de peur ?*

— De manque d'assurance chez les femmes, mais d'une vraie peur chez les hommes, me semble-t-il, face à ces rivales qui parviennent dans les bastions qu'ils s'étaient réservés. L'anomalie dans le langage souligne l'anomalie dans la société. Le langage forge l'identité de ceux ou celles qui le parlent, que cette identité soit nationale, culturelle ou sexuelle.

Et vouloir se mettre à l'aise dans le langage, ce n'est pas un caprice, c'est un besoin vital, un moyen d'intégration sociale. Mais les femmes redoutent le discrédit souvent destructeur qu'elles encourraient à passer pour féministes en se faisant appeler « conservatrice de musée » ou « Directrice ». C'est un amalgame ridicule mais ça marche !

— *Donc votre loi n'aura servi à rien ?*

— Quelle loi ? C'est tout juste une « ordonnance » dans le *Journal officiel*. Elle a été oubliée dans l'allégresse par le nouveau gouvernement de Chirac qui ne se souciait pas du tout d'entamer une querelle sur le langage. On sait avec quelle passion les Français réagissent. Voir la réforme de l'orthographe ! Il aurait fallu que les ministères concernés (la Jeunesse et les Sports, l'Éducation nationale, etc.) fassent passer les mots d'ordre dans toutes les administrations, chez les fonctionnaires, enfin qu'ils assurent un suivi à notre travail comme cela s'est fait aux États-Unis, par exemple. On dit aujourd'hui *chairperson* au lieu de *chairman* et ainsi de suite et je ne parle pas du Québec pour qui la langue française est un enjeu de survie face au monde anglo-saxon qui le cerne. Au Québec, la langue est bien vivante, elle a su évoluer. On dit depuis longtemps « la docteure », « la professeure », « la ministre ». Louise Beaudouin, qui a été longtemps déléguée générale du Québec en France (un peu l'équivalent d'une ambassadrice), a été horrifiée en arrivant à Paris de se voir désignée par le Quai-d'Orsay comme « Mme le délégué ». Elle a tout de même été la première à obtenir que Laurent Fabius, en la décorant de la Légion d'honneur, lui dise : « Je vous nomme Chevalière… »

Moi, je ne l'ai pas obtenu de François Mitterrand ! Pourtant, « Chevalier », pour une femme, c'est ridicule !

Les Canadiens français ont aussi choisi de remplacer « Droits de l'homme » par « Droits de la personne » ou « Droits humains » sur le modèle du *human rights* américain qu'imposa autrefois Eleanor Roosevelt. En France, on s'accroche à cette expression ambiguë « Droits de l'homme » qui vient de la Révolution française qui, précisément, écartait les femmes de la citoyenneté ! Tout se tient !

Mais il me semble que le courant est en train de s'inverser grâce à l'Europe francophone. Déjà en février 1990 le Conseil de l'Europe publiait une circulaire « sur l'élimination du sexisme dans le langage », recommandant à tous les États membres « *d'adapter le vocabulaire à l'autonomie des deux sexes, le principe de base devant être que les activités de l'un et de l'autre soient visibles au même titre* ».

Ce n'était pas un brûlot féministe, on ne peut soupçonner le Conseil de l'Europe d'être un repaire de pétroleuses… Pourtant, les Français continuèrent à refuser toute évolution. La presse passa sous silence cette circulaire qui rappelait une fois de plus « *l'interaction qui existe entre les mots et les comportements* », et notait que « *l'utilisation du genre masculin pour désigner les personnes des deux sexes est génératrice d'incertitudes parfois gênantes* ».

Si je suis optimiste aujourd'hui, malgré l'Académie française, c'est parce que, dix ans après notre décret paru au J.O., les dictionnaires commencent à prescrire la féminisation des métiers.

En 1996 apparaissaient dans le *Petit Larousse* un certain nombre de métiers au féminin :

On y trouve pour la première fois « la juge, la ministre, la sculptrice, la baroudeuse » et quelques autres. Je signale que « factrice » et « inspectrice » étaient dans le Littré depuis 1967 et « agricultrice » depuis 1982.

Les restrictions dont on assortit l'entrée des femmes juges ou ministres en dit long sur l'épaisseur des préjugés qu'il a fallu vaincre.

Mais le principal est d'être entrées dans le Noble Livre, fût-ce par la petite porte. Comme on peut lire « Instituteur-trice, nom », on lira bientôt « sculpteur-trice, nom » au lieu de « Sculpteur nom masc. Fém. : femme sculpteur ». Les sculptrices et autres compositrices s'en trouveront plus à l'aise. Souvenez-vous de Mme Claudel disant à sa fille Camille : « Tu ne vas tout de même pas faire un métier qui n'a même pas de féminin ! » Il faudra une femme courageuse un jour et dans un poste prestigieux pour faire remarquer que « le » signale le masculin et l'article « la », le féminin ! Élémentaire, ma chère Mrs. Watson ! Et pourquoi pas Ségolène Royal si elle devient présidente de la République ? Elle, elle le ferait et toutes les préventions pourraient tomber d'un coup ! Il suffit d'une phrase bien dite au bon endroit et au bon moment.

— Les Françaises ont toutes les audaces quand il s'agit de leur corps mais il semble que beaucoup d'entre elles aient encore honte de montrer leur féminin... où la pudeur va-t-elle se cacher ?

CHAPITRE IX

Les limandes amoureuses

Vieillir, d'accord. J'ai été prévenue. Cela fait partie du programme. Mais pour mes enfants, on ne m'avait rien dit. Je découvre que c'est de les voir vieillir qui est intolérable. La première ride de votre première fille est un scandale qui vous atteint personnellement. La première fois où la fatigue marque son visage, où vous entr'apercevez soudain la tête qu'elle aura à votre âge, vous prenez vous-même vingt ans.

Le jour où votre aînée commence à plisser les paupières et à éloigner son journal pour le lire, le jour où la seconde se fait scléroser une varice dans la jambe, le jour où la troisième (c'était « la petite » ! De quel droit ce n'est plus « la petite » ?) vous annonce qu'elle souffre de psoriasis, vous le ressentez comme autant d'affronts.

Enfin, Blandine, je t'avais fourni des yeux impeccables il n'y a pas si longtemps. Qu'est-ce que tu as bien pu faire pour qu'ils s'abîment ? Tu lis trop.

Enfin, Lison, je n'ai pas de varices, moi ! De quel droit as-tu laissé un vaisseau claquer dans ta jambe ?

Tu es toujours debout dans ton atelier et puis tu te couches trop tard.

Enfin, Constance, on n'a pas idée d'attraper un psoriasis, tu n'es pas soigneuse. D'ailleurs tu ne l'as jamais été.

Avec un effort, elles auraient pu ne pas vieillir, c'est évident et cela rassure un moment de leur faire des reproches. « Tiens-toi droite, mon chéri, voyons ! ! Tu te mets à ressembler à ma mère… » dites-vous à celle dont le dos se voûte un peu par moments. Mais tu ne t'es pas regardée, vieille branche : c'est à toi qu'elle ressemble ! Il est vrai que nous trichons tous avec notre image. Nous parvenons à ne jamais nous voir de profil ou de trois quarts dos. C'est sur les photos prises par d'autres que nous découvrons, incrédules, que nous avons du ventre désormais, ou le dos rond ou la tête en avant. Ou les trois. Où est passée la grâce insolente, le délié de nos vingt ans ? Elle est là, la grâce ; elle s'est réfugiée dans notre tête où elle survivra longtemps aux rappels intempestifs. Les photos accusatrices seront bien vite escamotées. Mais vos enfants, vous ne pouvez les escamoter et vous les détaillez d'un œil douloureux. Car enfin vous aviez mis au monde des organismes flambant neufs, un matériel impeccable et ce n'est pas acceptable qu'il se dégrade sous vos yeux. C'est jeter un discrédit scandaleux sur la maison mère.

La maison Rolls Royce était si sûre de ses automobiles qu'elle s'engageait à les dépanner n'importe où dans le monde. Je serais prête bien sûr à faire de même pour mes filles mais on vient de me signaler que le don d'organes n'était plus accepté après cinquante-cinq ans. Je ne contiendrais que des organes périmés ? Ils sont fous, les mecs ! J'en utilise pourtant un bon nombre qui ont encore des heures de vol devant eux, j'en réponds. Mais les gens ont le fétichisme de l'âge et des dates de péremption. Pour ma part je termine systématiquement nombre de médicaments prétendument périmés qui traînent dans mes tiroirs et ils me font énormément de bien, conformément à leur notice. Heureusement pour mes filles, il ne s'agit pas pour le moment de pièces défectueuses mais d'une simple baisse de régime.

« Une douzaine de jours, maman, ce serait vite passé. Et j'ai tellement besoin de me reposer, de changer d'air... Alors si tu pouvais nous prendre Violette et Clémentine en Bretagne pour Pâques ?

— Et Pauline ? dis-je d'une voix étranglée.

— T'inquiète pas, je sais qu'elle est encore trop petite avec les rochers et la mer au pied de ta maison. On la mettrait chez sa mamie Paula et nous on pourrait partir en Égypte avec des amis. »

Ces conditionnels ne sont que de pure courtoisie, je le sais... tout est déjà décidé, les places peut-être déjà louées... Mais comment refuser que ses propres enfants, qui se trouvent être les trois femmes que j'aime le plus au monde, se refassent une santé et découvrent en prime les Pyramides ? L'autre mamie se mobilise, et ça m'interpelle ! J'ose à peine signaler que j'ai une conférence à préparer sur « Mythes, culture et sexualité » pour le 15 avril. On me dit que deux enfants, c'est plus facile qu'un seul finalement parce qu'ils jouent ensemble et que je devrais très bien arriver à travailler.

Et puis c'est vrai que Lison a l'air épuisée en cette fin d'hiver. En fait, elle a la tête normale de l'emploi, celui d'une femme moderne, c'est-à-dire composée d'une épouse aimante, d'une mère de famille qui s'efforce de ne pas transiger sur ses devoirs, d'une intellectuelle qui apprécie les livres et les spectacles, d'une ménagère diligente et d'une sportive très passable. Jamais dans le passé autant de personnages exerçant des activités aussi diverses et antinomiques n'ont cohabité sous la même peau de femme, chacun dévorant sa part de chair, de temps et d'énergie. Le résultat produit cette femme surchargée, qui passe chaque jour de longues heures dans son atelier à polir le galuchat ou à coller des pailles pour sa marqueterie ; qui va chercher chaque soir son aînée à l'école primaire et sa cadette à la crèche ; qui s'en voudrait de manquer le film finlandais ou turc qui passe en VO à l'autre bout de Paris mais que recommande *Le Nouvel Obs* ; qui tient table ouverte avec son mari pour leurs nombreux amis ; qui conduit une fille « au cheval », l'autre à la danse, et les deux au piano, rencontre les profs, se rend chez le pédiatre, l'orthodontiste pour l'appareil à resserrer chaque semaine, l'orthopédiste pour la voûte plantaire et le genu valgum de l'aînée et l'ophtalmologiste pour une faiblesse d'un œil chez la petite, bénissant le ciel de n'avoir besoin de l'orthophoniste pour aucune des deux ; et sans oublier le vétérinaire pour le chat. Et le dimanche il faut bien distraire les enfants, aller à la piscine, au musée, aux

Puces ou revoir *Les 101 Dalmatiens* pour la quatrième fois et puis se ménager le temps de lire, de regarder la télé et de se plaindre à son mari qu'il n'ait plus un moment pour lui faire la cour.

Les conséquences de cette situation font que je me retrouve, par un beau lundi d'avril, à l'aéroport de Lann Bihoué, essayant de repérer parmi le troupeau d'enfants à étiquettes qui descend de l'avion les deux qui me sont destinés, Violette, la grande qui aura bientôt treize ans, coiffée à la Louise Brooks, et Clémentine, huit ans, dont la chevelure châtain doré tombe en boucles jusqu'à sa taille. Ce sont elles qui me reconnaissent les premières, leurs regards s'éclairent, elles s'élancent vers moi, j'ouvre les bras, je les trouve magnifiques, je les serre ensemble sur mon cœur, j'ai presque les larmes aux yeux, je suis bêtement fière d'être grand-mère... C'est un beau moment, le plus beau... avec celui où je les ramènerai à Lann Bihoué, mais cela, je ne le sais pas encore...

« Mais si, Paul, tu vas voir, elles sont plus grandes maintenant, tout va se passer beaucoup mieux. Je vais leur apprendre à godiller cette année, elles nagent déjà bien et pourront s'amuser avec la prame dans le port. Je ne serai plus mobilisée à temps plein. »

Je le crois sincèrement. À chaque séjour nouveau, je suis pleine des mêmes illusions sur l'autorité des grandes personnes et le respect des petits-enfants, sur ma capacité à me faire obéir et leur désir de me faire plaisir. Je rêve de petites têtes penchées sous la lampe, appliquées à des coloriages ou des décalcomanies, tandis que j'écrirai dans ma chambre, à portée de voix, dans l'odeur de la soupe aux poireaux-pommes de terre qui mijotera à petit bruit dans la marmite. J'oublie qu'elles n'aiment pas la soupe, que les décalcomanies n'amusent que moi et qu'elles ne s'intéressent pas du tout aux sports nautiques. Je rêve de les voir manier l'aviron comme le petit môme de la dame d'à côté qui n'a que sept ans, ou s'installer sur le mur du jardin, à mi-marée, pour guetter pendant des heures les mulets, comme le fils de mon amie C. l'an dernier. J'ai acheté une canne, un moulinet, des hameçons tout montés. Je refuse de penser que les filles préfèrent les jeux de société ou les poupées.

Le premier jour est encore celui de tous les espoirs. Nous descendons les quarante-six marches qui mènent au chemin côtier et j'aperçois les barques de pêche entre les branches des chênes penchés sur l'eau, m'émerveillant une fois de plus d'habiter presque dans la mer et pourtant sous la protection de ces arbres puissants qui poussent entre les rochers.

« Paul, c'est nous ! », crions-nous à la cantonade en arrivant sur la terrasse qui surplombe le port de quelques marches de granit envahies d'herbes sauvages où fleurissent déjà les indéracinables pervenches bleues. Préventivement et pour bien marquer les distances, Paul s'est retiré dans notre chambre et ne perd pas de temps pour annoncer qu'il a un important travail à faire. C'est son droit, ce n'est pas le mien.

« Pauvre Paul, il travaille toujours ! », dit Clémentine qui croit encore ce qu'on lui dit. Je lui jette un regard torve. Mon travail à moi, il m'attend dans un dossier ouvert à la page 1 sur les premières lignes de mon exposé : « ... Je suis impressionnée de me trouver parmi vous, Mesdames, Messieurs, chers amis, devant cet auditoire de médecins et de scientifiques alors que je ne suis... » mais que suis-je sinon une pauvre grand-mère ?

Mon travail pour l'heure c'est de monter déballer et ranger les affaires des enfants et ce n'est pas du travail puisque c'est, dit-on, le bonheur d'être grand-mère. Violette traîne un énorme sac à dos plein de livres, de cahiers et de ses chers magazines pour ados dans lesquels elle découpe inlassablement des silhouettes d'Adonis sirupeux pour les mettre en fiches par ordre croissant de sex-appeal, ordre modifié sans cesse au gré des arrivages et sur lequel je serai appelée à donner mon avis chaque jour. J'essaie d'y voir les prémices d'une vocation de documentaliste plutôt que d'obsédée sexuelle. Dans les sacs boudins (les valises que je réclame sont déclarées ringardes surtout si elles ont des roulettes, ça fait vieille dame), je ne trouverai ni l'anorak de l'une ni la robe de chambre de l'autre mais en revanche des flacons pleins d'eau bleue pour faire des bulles, des pains de pâte à modeler collés entre deux pulls de mohair, des baskets sans lacets et des godillots, dont chacun pèse deux kilos, bons pour crapahuter dans les rizières.

« Mais les mocassins que je t'avais achetés pour mettre ici justement ?

— Des mocassins ? jette Violette, le mot seul semble lui écorcher la bouche. Personne ne porte de mocassins, Bounoute ! »

Si, les petites filles bien élevées, me dis-je in petto, celles qui ne mettent pas en question le choix des parents. Je garde le souvenir cuisant des premières chaussures à talons que m'imposa ma mère pour mes seize ans, achetées à Hannan Shoe Company, rue Royale, devenu ensuite Aurèle. Je n'ai jamais oublié cette vitrine maudite où je lorgnais les tatanes de mes rêves, daim beige à triple semelle crêpe, tandis que Nicole pointait du doigt les cruels escarpins qu'elle me destinait. Je dédie un sourire apitoyé à la pauvre Zazate chaque fois que je passe rue Royale.

Je déballe les vestes, les chandails, les pantalons, tous uniformément gris, noir ou marron. Du rouge ? Du bleu ciel ? Du vert ? C'est supernul, les couleurs, Bounoute.

Pendant que je range, les deux cousines dérangent, répandant sur le parquet le contenu du coffre à jouets. J'avais acheté un Trivial-Poursuite, deux cerfs-volants chinois, des raquettes, un ballon, qu'elles ne regardent même pas. Ce sont les vieux fétiches du coffre dont elles ont besoin pour recomposer leur territoire : un insecte à roulettes qui bat des ailes et fait gling, avec lequel elles ont appris à marcher ; une grenouille sauteuse en fer-blanc qui n'esquisse plus qu'un soubresaut mourant quand on la remonte mais qu'on m'interdit de jeter ; un poupon borgne et désarticulé promu quelques semaines par an au rôle de bébé adoré et puis des cartes à jouer en vrac, des pelles, des moules, la loupe que j'ai tant cherchée en septembre et toute une piétaille de crayons de couleur où dominent les bruns et les caca d'oie dont on ne se sert jamais. Elles découvrent une des joies de l'existence : retrouver ce qu'on connaît par cœur. Les voyant accaparées par leur cérémonie rituelle, je crois pouvoir m'esquiver en douce pour terminer le nouveau massif que je suis en train de créer. Le mot « créer » est d'ailleurs bien ambitieux puisqu'il ne s'agit que de trois mètres carrés de terrain à remblayer et à entourer de pierres. Mais dans un petit jardin chaque mètre carré vaut un parc et chaque transformation est un événement.

« Où vas-tu, Bounoute ?

— Je vais terminer un truc dans le jardin.

— Attends-nous. On va t'aider. »

Hélas, je sais d'expérience que ce qui me serait utile les ennuie et que ce qui les amuserait est nuisible. Elles n'aiment qu'arroser, c'est-à-dire noyer les bulbes que je viens de planter tout en s'aspergeant de boue ou manier la cisaille aux lames meurtrières. Heureusement, au bout de cinq minutes, elles se lassent et préfèrent hacher des pétales d'iris et de camélias, ce qui suppose de réquisitionner mes ciseaux de cuisine, mes récipients en plastique et, trésor convoité, ma vieille balance Roberval à plateaux de cuivre avec son bloc en bois où les poids sont insérés dans des trous sur mesure. Les deux plus petits ont déjà été perdus l'an dernier et j'ai juré de ne plus la prêter. Paul me jette un coup d'œil navré. Il me sait incapable de refuser, en partie par faiblesse, en partie afin de m'assurer un moment de paix pour tailler mes rosiers, planter mes bulbes de lis et semer mes pois de senteur, tout en parlant à l'oreille de mon jardin pour le rassurer, lui dire que je suis enfin revenue après ce long hiver.

Mais le ciel ne l'entend pas de cette oreille : une giboulée nous chasse bientôt du jardin et je n'ai que le temps de hurler : « Ah non, pas le jus d'iris au salon, ça tache affreusement. » Elles remportent à regret sur la table de jardin les jattes remplies d'un hachis de feuilles nageant dans une encre gluante.

Le moment semble venu de recourir à mes armes secrètes pour jours de pluie. Munition n° 1 : un jeu de pastilles fluorescentes à découper et à « coller sur toute surface plane », acheté chez Chantelivre, rue de Sèvres, où des vendeuses extrêmement compétentes m'ont affirmé qu'il exerçait un irrésistible et *durable* attrait (très important, ça, la durée !) sur tout être vivant de huit à quatorze ans. J'installe donc mes deux êtres vivants à la grande table du salon et profite de l'accalmie pour réoccuper le bureau de notre chambre pendant que Paul est encore en sieste. Le petit secrétaire de la chambre d'enfants où il travaille d'habitude étant accaparé par les peluches de Clémentine et les magazines de Violette, il ne nous reste en effet qu'un seul bureau pour deux, autour duquel nous nous livrons à d'incessantes manœuvres pour reprendre à l'adversaire le précieux terrain. Pour l'heure, je viens de conquérir la casemate et je me hâte d'y disposer mon matériel bien-aimé, feuillets multicolores, stylos et feutres variés, Scotch et ciseaux. Je parviens même à écrire ma première phrase : … « Je me sens très impressionnée de prendre la parole devant un auditoire de scientifiques et de spécialistes, alors que je ne suis spécialisée en rien, mes seuls titres consistant à être une femme – ce qui est en somme assez répandu – (ici esquisser un sourire), une romancière, ce qui ne me donne pas forcément la capacité de mieux connaître la nature humaine – (ici, mimique modeste), et enfin une féministe, ce qui est peut-être plus intéressant, car cela m'a permis de me démarquer de la vision traditionnelle de la sexualité féminine. » (Ah ! Ah ! pense la salle, elle est lesbienne !)

Sexualité féminine, mon c… ! J'ai beaucoup plus envie de leur parler de l'odeur de la terre au printemps ou du rouge-gorge qui se poste à un mètre de moi quand je bêche, persuadé que je ne travaille que pour lui.

Allons, allons, Benoîte Groult ! Il s'agit d'un exposé sérieux, quinze à vingt pages, qui paraîtra dans les Actes du Colloque. Si j'avais seulement trois jours devant moi, je sens que j'écrirais dans le calme et la concentration des choses intelligentes. Le public difficile de la faculté de Médecine serait impressionné, j'aurais répété mon texte, je m'exprimerais avec bonheur.

Mais Zazate veille : Allons, allons, Bounoute ! C'est bien gentil, tes discours, mais tu sais bien que ton premier devoir n'est pas de prendre du bonheur mais d'en semer autour de toi ! Tes enfants attendent, le bec ouvert, et ton mari s'ennuie tout seul…

Virginia Woolf avait raison : « *Tuer la fée du foyer reste le premier devoir d'une femme qui veut écrire.* » Si j'osais ! Mais les fées du foyer ont la vie dure et dans mon cas, il faudrait tuer dans la foulée la mère et la grand-mère ! Woolf a sous-estimé le problème : elle n'avait pas d'enfants et Beauvoir non plus. Il aurait fallu me prévenir il y a très longtemps, avant que cette garce de fée n'ait pris possession de toutes les fibres de mon corps, de mes réflexes et surtout des attentes de tous les miens.

Une heure passe. L'ange du silence plane sur la maison. Je travaille, Paul somnole ou lit, les filles jouent sans se disputer. Je me rassure, tout va se passer en douceur. On devrait savoir que le silence est toujours suspect quand il s'agit d'enfants... Quand je descends, c'est le choc : bien que le soleil ne soit pas couché, la nuit est tombée sur le salon. Je regarde autour de moi : trois des quatre fenêtres sont pratiquement occultées par des pastilles de toutes tailles et de toutes couleurs.

« Ils disent que c'est sur le verre que ça colle le mieux. Ça fait des vitrails, dit Clémentine. C'est magnifique, hein ?

— Des vitraux », dis-je machinalement.

Violette, prudemment, a disparu dans la salle de bains. Évitant de porter un jugement artistique, je fais appel à l'effet Croquemitaine.

« Si tout ça n'a pas disparu avant que Paul descende »...

Inutile d'en dire davantage. Le souvenir de la « terreur » que Paul faisait régner sur nos filles appartient à la saga familiale et les anecdotes se sont étoffées avec le temps. Raconte-nous encore la fois où Paul avait enlevé sa ceinture devant la famille, frappée d'épouvante, pour corriger Constance qu'on avait confiée à ses grands-parents Guimard pour un week-end et qui avait disparu toute une nuit, au risque de les faire mourir d'inquiétude, c'est cela que Paul ne pardonnait pas. Après des heures de recherche dans les chemins creux de Kercanic avec une lampe de poche, grand-père l'avait retrouvée au petit matin, dormant dans la paille de l'écurie voisine : elle avait voulu passer une nuit avec le cheval de la ferme Tréguier ! On l'avait entendue hurler, la pauvre Constance, disent les deux aînées, une lueur de terreur admirative dans leurs yeux.

Et, vous vous souvenez la fois où Paul, me voyant à bout de ressources, s'était rendu, la mort dans l'âme, car il détestait ce rôle de gendarme, dans votre chambre à toutes les deux (Constance dormait à côté), où vous me narguiez depuis deux heures en refusant de vous mettre au lit, et avait dit, l'œil glabre et la voix atone, sur un ton de profond ennui : « Alors, mesdemoiselles, par laquelle je commence pour la fessée ? » Lison avait bien sûr présenté son derrière pour jouer les martyres tandis que Blandine regagnait précipitamment son lit superposé, escomptant qu'administrée en hauteur, la fessée perdrait beaucoup de son intensité.

Et de gloser, maintenant que nos enfants ont des enfants, sur la valeur exemplaire et l'effet miraculeux du châtiment corporel, à condition qu'il reste rare, mémorable, adapté à la gravité des faits et administré à regret quand les beaux discours ont fait faillite. Le recours le plus minable étant la gifle qui part toute seule ou la pauvre fessée donnée dans la rue par un

parent publiquement humilié à un enfant parfaitement protégé par son manteau, mais qui explosera
néanmoins en hurlements accusateurs.

Il avait suffi de deux ou trois épisodes de cet acabit
pour installer l'autorité de Paul pour toujours et me
démontrer que tout mon amour ne me vaudrait
jamais que refus permanents d'obéissance et dissipa-
tions incontrôlables. Dès que la clé de Paul crissait
dans la serrure, les visages changeaient, les harpies
se muaient en premières communiantes, les yeux
baissés, la parole melliflue, la chambre se retrouvait
rangée comme par miracle et elles montaient au lit à
ma première sommation. « Elles ont été odieuses
aujourd'hui », disais-je à Paul qui doutait de mon bon
sens en apercevant les trois saintes nitouches.
Étaient-ce bien les mêmes créatures qui, un instant
plus tôt, transformaient la salle de bains en piscine,
tabassaient leur petite sœur, se crêpaient le chignon
en hurlant et me ricanaient au nez ? Paul se contentait d'apparaître à leur porte, froid, distant, sans
démonstration d'affection, et elles se transformaient
en limandes amoureuses.

« Oui, Pau-aul !… Tu veux ton whisky, Pau-
aul ?… C'est moi qui te le sers… Non, c'est moi, ce
soir !… Oui, bien sûr, on va se coucher tout de suite
après… Tu viendras nous embrasser au lit ? »

Ah, les salopes ! C'est là que j'ai perdu toute estime
pour les enfants. Ils ne respectent que la force.

Aujourd'hui, les héros sont fatigués. Paul n'a plus
envie de faire peur. Il préfère se tenir à l'écart. Mais
flotte derrière lui, comme la traîne d'une comète, le

souvenir de ses exploits. Hélas, la nouvelle génération est plus coriace. Il n'y aura pas de miracle aujourd'hui.

Il reste encore deux heures avant le dîner et il faut bien qu'elles fassent un peu d'exercice si je veux pouvoir les mettre au lit à dix heures. Je me résigne à pousser les meubles contre les murs et je m'installe dans le canapé pour assister à une exhibition de danse rythmique et de gymnastique acrobatique.

« Violette a des dons pour l'acrobatie, tu devrais rester pour la regarder un peu. » Paul me jette un regard blasé et remonte dans sa chambre. Il ne se dérange déjà pas volontiers pour voir Noureev !

Je propose mes cassettes. Elles sont supernulles. Violette a apporté les siennes, des géniales. Le spectacle commence et elles y déploient cette grâce miraculeuse qui apparaît soudain, quelques brefs moments, chez un enfant et font croire à son génie, mais qui ne survit pas à l'innocence. Le salon, qui semblait spacieux pour Paul et moi, est soudain devenu une cage étriquée qui rétrécit encore à mesure que gagne l'excitation des danseuses. Hélas, l'une d'elles finit par tomber, la tempe sur le coin de la lourde maie de chêne. On hurle cinq minutes, puis on couine dix. Compresse de Synthol, pommade à l'arnica… Violette s'allonge sur le canapé, visage fermé, la compresse sur une moitié de la figure. Elle a toujours pris la vie très au sérieux. Pendant ce temps, Clémentine qui m'aide à mettre la table, m'annonce : « La prochaine fois, c'est moi qui me ferai mal, comme ça je n'aurai pas à mettre le couvert. »

Paul, qui a entendu la réplique, est soudain visité par une inspiration digne de son glorieux passé : il est descendu pour dîner avec un écriteau de sa confection annonçant l'élection de « la Reine des Tartouilles ». Sous l'inscription, deux colonnes où chaque tartouillerie sera sanctionnée d'une croix. Je n'aurais jamais osé inventer un truc aussi… tartouille, mais le mot plaît. Déjà l'esprit d'émulation se peint sur leurs visages et c'est à qui proposera de desservir, rira le plus fort à nos plaisanteries ou s'offrira à aller chercher le lait à la ferme… Elles s'inquiètent de savoir quelle pénalité encourra la Reine. « Je lui ferai un cadeau tartouille, dit Paul. Et sois tranquille, je trouverai. Et quant à l'autre, si elle n'a pas trop de mauvais points, bien sûr, je lui offrirai un couteau suisse avec ses initiales gravées. »

La nuit venue, je comptais sur le fameux air de la mer pour encourager mes donzelles au sommeil. Mes amis, qui sont gens dans la force de l'âge, sont toujours lessivés le premier soir quand ils viennent chez nous. Je dois réviser mes prévisions à la baisse : le vent iodé les a dopées au contraire et, puisqu'il n'y a pas d'école demain, il serait inhumain de les mettre au lit.

« À quoi on joue, Bounoute ? » Je suis une sous-douée pour l'animation culturelle. Je n'ai pas le courage d'apprendre les échecs à des débutantes, le Monopoly ne m'amuse plus et je triche pour perdre plus vite à la bataille, ce qui les vexe. Je préférerais poinçonner des tickets dans le métro que de faire monitrice de colo ! Et là-haut, je sais que mon public s'impatiente : « Mesdames, messieurs, chers amis, je suis de plus en plus impressionnée de me trouver devant vous… »

« Si on faisait une partie de 7 familles, crie Violette.

— Tu joues avec nous, Bounoute ? À deux, c'est pas drôle. »

C'est le premier soir et je ne peux pas refuser. Adieu Aristote, Hippocrate, la mythologie et la sexualité féminine. Bonjour la famille Yau-de-poêle. Et inutile de lancer des œillades implorantes à Paul, voluptueusement installé au coin du feu et plongé dans la lecture d'*Ouest-France* et du *Chasse-Marée*, il ne viendra pas me dépanner, il est en vacances.

Espérant toujours perfectionner mes méthodes, j'avais prévu, quand les filles seraient au lit, de leur faire lecture du règlement que j'ai concocté pour ces dix jours. Article 1 : ranger ses vêtements chaque soir sur une chaise. Article 2 : pas de cavalcade à 6 heures du matin, attendre 8 heures pour descendre dans la cuisine. Article 3 : ne pas sortir dans le jardin mouillé sans bottes et ne pas descendre dans les rochers en pantoufles. Article 4 : …, etc. J'en avais dix de cet acabit. Je soupçonnais bien que tout cela resterait lettre morte mais je continuais à espérer qu'un jour viendrait où j'aurais la poigne de ma grand-mère Groult et où tout filerait doux autour de moi. Faire peur, quel rêve ! Je connais des femmes plus douces que moi mais dont chaque ordre est exécuté sans broncher. Et avec bonheur qui plus est, car au fond les enfants aiment autant obéir que désobéir, à condition qu'ils n'aient pas l'occasion d'hésiter. S'ils décèlent la moindre indulgence dans votre voix, c'en est fait de vous. Je n'ai jamais su être assez ferme, elles savent à quoi s'en tenir. En naissant les enfants savent repérer ces choses-là.

Il paraît qu'ailleurs Violette et Clémentine sont moins déchaînées. Les deux autres mamies adorent s'occuper de leurs petits-enfants. Elles en demandent trois ou quatre à la fois, les saintes femmes ! Est-ce parce que je refuse que l'on m'appelle mamie que je suis une grand-mère indigne ? Mes petites-filles sont fières de dire en classe que je suis écrivaine mais déplorent que je refuse de porter mon étiquette de grand-mère. Les enfants adorent que le monde soit ritualisé et même figé de préférence, chacun des ascendants coincé dans le rôle du répertoire. « Papa est ingénieur (ou médecin, ou garagiste) et maman reste à la maison », continuent-ils à répondre aux enquêtes de l'école, espérant nier l'évolution des mamans et reconstituer de force la famille de leurs rêves.

Certaines de mes amies, soit femmes de devoir, espèce en voie de disparition mais dont il existe encore quelques spécimens dans ma génération, soit sincèrement enthousiastes, me demandent pourquoi je renâcle à prendre mes petites-filles, agrémentées de leurs éventuelles copines, pour ces vacances scolaires qui reviennent... cinq fois par semaine, comme chante Ferré et pourquoi je préfère inviter en Bretagne des petites amies de mon âge. C'est considéré comme un abandon de poste et un refus d'accepter ce signe extérieur de vieillesse. Et puis pourquoi refuser le nom de « mamie » alors que j'ai toujours tenu à « maman » ? J'argue du fait que Beunouâtt est imprononçable pour un enfant. Clémentine à deux ans n'était parvenue qu'à Bounoute, qui a été adopté faute de mieux.

« J'ai rarement entendu un mot aussi disgracieux », a remarqué Paul. Mais je suis habituée à un prénom bizarre que personne ne trouve gracieux. Et je soupçonne Paul de me trouver de toute façon disgracieuse dans ce rôle de grand-mère, qui ne me laisse de temps ni pour lui ni pour moi.

À 22 heures, enfin, extinction des feux. Je suis démobilisée. Mais je retournerai avant de me coucher les regarder dormir. Je les aime au lit, la bouche entrouverte mais silencieuse, Clem noyée dans ses cheveux, Violette enfouie sous sa couette avec les pieds qui dépassent. Les baskets sont aux quatre coins de la chambre, les slips, les jeans et les chaussettes jonchant le sol là où ils sont tombés. Dans cette pièce minuscule qui ne s'accommode pas du désordre, je ne sais plus où mettre le pied. Une vraie mamie saurait qu'il faut appliquer tout de suite l'article 1 et dire d'un ton sans réplique : « Mesdemoiselles, réveillez-vous pour ranger vos affaires. » Tout pourrait basculer. « Bounoute a changé ! » penseraient-elles avec admiration. Mais elles dorment si bien ! Mais elles sont fatiguées ! Ce sont les vacances, pas la chiourme. Et moi aussi je suis fatiguée. Mauvaises raisons, je le sais. Sans faire de bruit, je ramasse les vêtements et les dispose sur les montants de chaque lit. Je suis perdue.

Le lendemain, la météo est de mon côté, tout le monde au jardin. Mes trois ares quatre-vingts centiares sont bientôt transformés en club hippique et je bénéficie d'une monitrice hurlante et d'un étalon récalcitrant. Tirésias remonte et redescend en trombe la petite allée, franchit d'un bond mes massifs et s'envole entre mes arbustes. Les petites silhouettes se détachent sur la mer, la queue de cheval de Clémentine voltige, le phare de l'entrée du port a l'air posé là pour illustrer une publicité sur le Finistère ; cette matinée ressemble beaucoup au bonheur. Mais le bilan est lourd pour le jardin : deux bruyères écrasées et mon unique pivoine décapitée. Il faut trois ans à une pivoine pour qu'elle daigne fleurir, après sa mise en place. Et c'était pour cette année ! Je place un tuteur le long de la tige à demi sectionnée, où l'on commençait à distinguer le renflement du bouton. Mais si Tirésias tombait sur le tuteur ? J'abandonne ma pivoine et je tenterai de lui confectionner une attelle après le départ de mes vandales.

À midi, dégustation au soleil des tourteaux, étrilles et langoustines que j'ai rapportés. L'une des filles décide de faire collection de pinces et les met à sécher sur le muret. L'autre refuse de manger parce qu'elle a vu les bêtes vivantes tout à l'heure quand je suis rentrée des halles de Quimperlé.

« Tu es cruelle », me dit-elle.

Les endives ? on déteste. Le lapin ? la maîtresse de Clémentine est végétarienne et fait des ravages dans nos menus. Paul ne peut plus servir un poulet rôti sans avoir droit à une homélie. On cache du jambon haché sous ses nouilles pour qu'elle mange de la viande sans le savoir. On passe pour des assassins en servant un rôti de bœuf. « Il y a du sang… comme le nôtre !

— Et si les pommes de terre aussi avaient une âme, tu y as pensé, Clémentine ? »

Regard de mépris. Je lui signale que j'adore les grenouilles et c'est comme si j'avais tué père et mère. Je sais que j'aggrave mon cas, mais j'insiste.

« Et où t'arrêtes-tu dans l'échelle des bêtes à épargner ? Les escargots, par exemple, tu admets ?

— Toutes les bêtes qui souffrent, je refuse de les manger. La maîtresse a dit…

— Je ne t'oblige pas à manger les mouches mais me permets-tu de les tuer avec une tapette ?

— En Inde, on fait un détour pour ne pas écraser un insecte. La maîtresse a dit que, en Inde…

— En Inde, d'accord on ne tue pas un moustique, mais on laisse mourir les enfants de malaria transmise par les moustiques. Et si tu voyais les chiens en Inde, squelettiques, battus, couverts de vermine… Tu sais, si nous ne mangions pas les poulets, ils seraient tous dévorés par les renards, et les moutons par les loups et les crevettes par les crabes…

— Alors, c'est pas la peine d'être plus intelligents si c'est pour se conduire comme des bêtes. »

Assez juste. Pas question d'ajouter une croix sur l'écriteau des Tartouilles. Clem est déjà une redoutable polémiqueuse.

Paul me jette des regards désespérés. Je n'arriverai
à rien avec ces arguties et je suis une éducatrice épou-
vantable. Clémentine est à l'âge où la maîtresse a toujours raison parce qu'elle vous a délivré de l'omnipo-
tence des parents. Celle des grands-parents, n'en
parlons pas, les pauv'vieux… Nos parents à nous ne
connaissaient pas leur bonheur : « Tu finis ton
assiette, s'il te plaît… On te resservira tes épinards ce
soir si tu ne les as pas mangés à midi… Un enfant ne
contredit pas ses parents et d'ailleurs on ne te
demande pas ton avis. À 21 heures, je monte éteindre
la lumière. » Moi, je propose, parlemente, tergiverse,
bats en retraite. « Lave-toi les mains. – Elles ne sont
pas sales. – Mets tes pantoufles. – J'les trouve plus.
– Mets ton chandail. – J'ai pas froid. – Mets-le tout de
même… Aaargh ! » comme éructe l'Agrippine de
Bretecher.

Il ne faudrait jamais discuter. Les ordres doivent
être simples et cons comme au service militaire. Mais
c'est pas la peine d'être intelligent si c'est pour se
conduire comme un adjudant, dirait Clémentine.

Enfin, ce soir, Blandine arrive et nous serons deux
à faire face. À moi Hippocrate, Aristote et toute la
clique des misogynes, de l'Antiquité à nos jours.

L'après-midi s'annonce mal : le ciel s'est obscurci
et l'air s'est chargé de cette pluie en suspension qu'en
Irlande on appelle le *drizzle*. Qu'importe : le manège
sera transféré dans le salon. Il ne reste qu'à rouler les
tapis sous l'armoire, à disposer des cordes à sauter
entre les chaises de la salle à manger et la porte de la

salle de bains qui sera condamnée et à empiler par terre les coussins du canapé pour simuler des haies. La pièce retentit bientôt des hennissements de l'étalon et du sifflement de la cravache.

« On ne peut pas trouver des jeux qui fassent moins de bruit ? » gémit Paul qui a reconquis entre-temps notre bureau et prétend y travailler.

Mais comment dire à des enfants : Non, pas de courses de chevaux. Non, pas de fous rires. Non, pas de jeux Olympiques dans le salon et non, pas de musique alors que Clémentine, qui jouait hier encore de délicieuses chansons anciennes sur sa clarinette, s'est entichée de notre orgue électronique et nous saoule de rumbas et de jazz accompagné.

À 5 heures enfin, nous partons chercher Blandine à la gare de Lorient. « Tu as du pot, toi, tu vas avoir ta mère ! » dit Clémentine qui s'avise soudain que la sienne lui manque. « Ce n'est pas le tout d'être heureux, encore faut-il que les autres ne le soient pas », une remarque [1] qui s'applique particulièrement bien aux enfants qui lorgnent toujours le seau du voisin. Violette croit encore qu'elle aura sa mère pour elle, oubliant que Blandine est d'abord ma fille, par ordre d'entrée en scène. À peine arrivée, elle annonce en effet qu'elle va se coucher, qu'elle est crevée et ne tient plus debout. Je sais bien que c'est pour dormir enfin et se taire qu'elle est venue et c'est bien ainsi que je conçois mon rôle de mère : chez moi, elles rede-viennent des petites filles de quarante ans et je leur

1. *Journal*, de Jules Renard.

offre une cure de maternothérapie. Mais d'abord ma fille n'a pas quarante ans. Elle a trente ans, plus dix. Voilà une formulation plus satisfaisante. Et quant à moi, je n'ai pas d'âge puisque je suis maman. On ne me demande jamais si je suis crevée.

Blandine ferme les rideaux de sa chambre, enfile son vieux cachemire de lit et disparaît sous sa couette jusqu'au soir. Après dîner, elle se recouche à 9 heures, ce qui a l'avantage d'entraîner la retraite des enfants. Mais ce soir, Violette refuse de dormir dans le lit du haut parce qu'elle a vu une araignée. Elle pousse des cris inarticulés et se convulse d'horreur. J'inscris une croix dans la colonne des Tartouilles. Clémentine refuse qu'on tue la personne... toujours les ravages de la maîtresse. Violette finit par aller dormir dans le lit de sa mère, laissant sa cousine face à ses contradictions : les araignées la terrorisent aussi.

Elles s'étaient brossé les dents sans protester mais en allant les embrasser, je constate que les vêtements sont par terre comme d'habitude. Blandine n'en a cure.

« On ne peut pas se battre sur tous les fronts, me dit-elle. Ça use. Les dents, c'est essentiel et le désordre, c'est pas grave. Je ne veux pas m'user pour ce qui est secondaire. »

J'avais souvenance d'un temps où Flora et moi nous brossions les dents *et* disposions nos vêtements sur une chaise, sans user personne ! Le Dr Spock a mis fin à ces méthodes. Elles étaient inhumaines, paraît-il, et destructrices pour les petites personnalités. Il n'est pas sympa de parler de discipline en vacances. Je la boucle.

Le lendemain, le jardin mouillé resplendit sous le soleil levant et la Bretagne nous offre une de ces journées qui font croire à l'innocence du monde. La terre humide sourit à la première douceur de l'année, un pêcheur revient à son mouillage et amarre son canot en quelques gestes essentiels, les bruits font ce bruit particulier des matins calmes où l'on ne se demande plus ce qu'on fait sur la terre. Y être suffit et chaque chose est à sa place. C'est une marée de 96 et les filles sont descendues pêcher dans la rivière. Cet après-midi nous irons à la plage.

Vers 10 heures, Blandine émerge, le visage recouvert d'un enduit verdâtre.

« J'ai trois jours pour retrouver figure humaine, annonce-t-elle.

— Vaste programme ! remarque Paul, mais Blandine ne peut pas rire, cela ferait craquer son masque.

— Trois jours ? Tu ne restes pas toute la semaine à Doélan ?

— Maman chérie, j'ai besoin de prendre des vacances de mère. C'est ça qui va me permettre vraiment de débrayer. Je parle tellement dans mon travail que je n'ai qu'une envie : pas de téléphone, pas de discours. Alors trois jours chez toi pour la remise en forme et puis un ami passe me chercher et nous comptons passer trois jours à visiter le Morbihan en nous arrêtant dans quelques bons restaurants. Et comme lundi, je retravaille, je repasserai seulement dimanche chercher ma Violette… si ça ne t'ennuie pas. »

« Mesdames, Messieurs, chères mamies… pardon : chers amis… Qu'est-ce que je vais bien pouvoir vous dire le 15 avril ? »

En tout cas, toutes affaires cessantes, nous irons à Dour Veil cet après-midi. Pendant que nous déjeunons, la mer réoccupe doucement le lit de la rivière, les bateaux s'ébrouent et se redressent, les mulets reviennent se poursuivre entre les coques, étoilant la surface du reflet argenté de leurs flancs. Quand nous reviendrons ce soir, l'eau affleurera à la dernière marche de l'escalier et nous aurons l'impression d'être dans une île.

À la plage, j'éprouve la sensation reposante de n'être nulle part. Ce n'est ni la terre ni la mer et je m'y sens suspendue entre rêve et réalité, sentant remonter du fond des âges le souvenir de mon espace originel. Les appels et les disputes enfantines se dissolvent dans le bleu du ciel parmi les cris d'oiseaux, le temps se distend, rien ne se passe que les vagues les unes sur les autres, on joue à des jeux idiots, on s'amuse à marcher dans l'eau en éclaboussant bruyamment la surface comme si l'on avait cinq ans et l'on revient le soir vaguement mélancolique sans savoir pourquoi.

Comme la plupart des hommes, Paul n'aime pas la plage. Les femmes ont sans doute moins oublié leurs origines.

Clémentine et Violette avaient parié de se baigner. Elles sont à l'âge où l'on tient ses paris coûte que coûte et plongent hardiment dans l'eau glacée. Je leur envie leur déraison. T'en souvient-il, Rosie ?

À notre retour, nous débouchons sur la Baie des Trépassés après une tempête. Les filles avaient voulu mettre en réserve les produits de leur pêche du matin pour les étudier de plus près. Mais des centaines de bigorneaux se sont échappés de leur enclos et agglutinés un peu partout sur les dalles de la terrasse. Les tables de jardin croulent sous le varech préparé pour le dîner des crustacés, les crabes ont préféré s'enfuir sur la pelouse sans attendre et les crevettes sont mortes dans leur seau, sans doute d'une indigestion de mie de pain. Pendant qu'elles remettent à la mer ce qui lui appartient, j'inspecte comme chaque soir mon jardin. Ce soir, c'est la rose trémière qui poussait dans le mur depuis quelques années qui est cassée au ras des pierres. Chaque printemps, elle surgissait d'entre les cailloux, tournait à angle droit pour retrouver la direction verticale et montait vers le ciel comme les autres. Plus belle même que les autres qui ornent la façade, comme si ses racines secrètes, infiltrées entre granit et ciment, se trouvaient protégées des insectes et des maladies qui frappent toutes les roses trémières.

Dès le lendemain, la Bretagne a repris ses caprices printaniers. Il pleut comme s'il n'avait jamais fait beau. Blandine a entrouvert ses rideaux et les a refermés aussitôt. De toute façon, elle n'aime que le Midi, et son programme, bain d'huiles essentielles, shampooing au ginseng, manucure, pédicure, épilation à la cire, lui laissera tout juste le temps de nous accompagner à la crêperie. Mes munitions pour jours de pluie s'épuisent, ne me reste que le fond du panier : aller admirer le *Christ jaune* de Gauguin à la chapelle de Trémalo, voir l'exposition Sérusier à la mairie de Pont-Aven et acheter des galettes Traou Mad. Gueules de raie assurées, mais je m'en consolerai avec les Sérusier.

Divine surprise, l'apparition du soleil le lendemain et surtout d'une brise faible de secteur ouest va me permettre enfin de passer au chapitre sports nautiques et matelotage, sans risque de voir mes deux sirènes drossées vers la sortie du port par le terrible vent d'est qui prend la rivière en enfilade, incapables de remonter le courant, perdant un aviron et s'éloignant inexorablement dans leur coque de noix, sans avoir la présence d'esprit de se servir de l'aviron restant comme d'un gouvernail pour gagner une des deux rives avant de déboucher en haute mer. J'ai peu d'espoir car Violette est une Savoyarde de cœur, peu intéressée par les bateaux, et Clémentine une pure intellectuelle qui, en dehors des chevaux, ne manifeste aucun intérêt pour le sport.

Donc leçon d'aviron obligatoire et gilets de sauvetage malgré les protestations. Mais je n'ose quitter des yeux la petite prame où, après que j'ai débarqué, elles se sont empressées de récupérer les pagaies minables d'un engin de plage, renonçant aux nobles avirons prétendument trop difficiles à manier. Après quelques pataugeages, l'abordage du kayak de notre petit voisin qu'il manie de main de maître, et une ou deux traversées de la rivière, histoire d'acheter un esquimau au café d'en face, elles débarquent à la maison, prétendant avoir amarré correctement le canot et annonçant qu'elles préfèrent jouer à la marchande.

Ce n'est pas ma deuxième génération non plus qui me fournira la Florence[1] ou l'Isabelle[2] dont je rêve bêtement. Si, peut-être Pauline qui, si petite encore, manifeste endurance, adresse et esprit d'aventure. Mais dans dix ans je crains qu'il ne me reste que l'esprit d'aventure et plus aucun moyen de le mettre en pratique.

Pour l'heure, l'ambition de Violette est de tenir un magasin de parfums et souvenirs à Chamonix, et celle de Clémentine, un salon de toilettage pour chiens à Paris. Il y a des croix de Tartouilles qui se perdent. Et une croix d'honneur pour moi qui me lamente qu'elles n'aient pas à dix ans les nobles ambitions qui me sont venues à quarante !

Bilan ! Elles ne savent toujours pas godiller mais elles ont tout de même réussi à tomber à l'eau en débarquant dans les algues, à faire échouer la prame sur un rocher par suite d'un amarrage bâclé et à laisser partir un aviron à la dérive, qu'un marin heureusement nous a rapporté. Ce sont quand même des aventures de mer qu'elles pourront raconter à leurs copains en rentrant. Les amarinages se font toujours à coups d'erreurs.

Au troisième jour, la cure de sommeil de Blandine ayant porté ses fruits, c'est une créature de rêve que

1. Arthaud.
2. Autissier.

nous voyons apparaître, les hanches sanglées dans une bande de tissu extensible que j'appelle gaine mais qu'elle s'obstine à désigner comme une jupe de chez Alaïa, et vêtue d'un blouson argenté sur lequel retombent les volutes babylissées de sa chevelure. Vénus Anadyomène traverse notre humble chaumière et daigne venir rompre le pain avec nous. Nous nous étions accoutumés à cette momie hérissée de rouleaux, le visage plâtreux et les orteils en éventail séparés par des cotons pour laisser sécher son vernis violine. Et nous savons que la créature qui vient de surgir ne sera qu'une brève apparition. C'est à d'autres yeux qu'elle est destinée. Ceux des deux filles la couvent avec extase car ces péronnelles rêvent déjà de gaines de dentelle, de soutiens-gorge pigeonnants, de minijupes et de maxiflirts, et je me sens d'une autre planète, moi qui ai porté des culottes Petit Bateau jusqu'à quatorze ans, plus peut-être, sans rêver des porte-jarretelles de ma mère. Les péronnelles d'aujourd'hui ont sauté de *Bambi* à *Nous Deux*, des contes de fées aux feuilletons télévisés, escamotant ces longues adolescences craintives où se forgeaient tout doucement les rêves d'avenir. Les péronnelles exigent des maillots deux pièces à huit ans, envisagent sans peur leur destin d'objet sexuel, lorgnant les éphèbes, sachant comment s'en servir en théorie et impatientes de s'exercer.

Je les contemple avec mélancolie, pensant à cette enfance indécise qui nous maintenait longtemps en marge de la réalité, à ces longues années où l'on s'ennuyait si utilement, loin des vrais garçons, où l'on gardait tout son temps pour les héros imaginaires, ceux de l'Histoire de France et de la littérature, ceux des grands livres Rouge et Or de Jules Verne, d'Hector Malot, de Jules Sandeau, et jusqu'au *Grand Meaulnes*, du temps où le diable n'était pas encore au corps.

Que Barbie soit donnée pour idéal au sortir de la maternelle me navre. J'essaie de faire comprendre mon haut-le-cœur quand il me faut acheter pour Noël le boudoir de Barbie, le salon de coiffure de Barbie, le cheval de Barbie, une sorte de lamentin aux couleurs vénéneuses avec une crinière platinée... mais je perds encore du terrain par rapport aux autres mamies si je me montre trop intransigeante, mieux vaut faire profil bas.

Dans un courant d'air parfumé, Blandine nous quitte. Je vais pouvoir récupérer sa chambre et y installer mon public virtuel en vue d'une conférence plus virtuelle encore. Dimanche, elle passera reprendre sa fille.

Après le départ de Violette, une étrange paix s'est étendue sur la maison. Je découvre qu'un enfant, ce n'est pas la moitié de deux, c'est une tout autre quantité. Avec son imagination fertile et ses dons d'animatrice de Club-Vacances, l'aînée épuisait la petite, de quatre ans sa cadette. Clémentine a dormi tout l'après-midi dans le grand canapé, le soleil allumant des reflets d'or dans sa chevelure. J'ai également changé de statut : maintenant on m'écoute, on me demande mon avis, nous discutons. Délivrées de la tyrannie des Doors, de Téléphone ou de Nirvana, nous écoutons Anne Sylvestre, Barbara, Gilles Servat. Je lui raconte des histoires le soir. C'est un de mes points forts... j'ai encore du succès en mimant l'ogre et Poucet avec ses bottes de sept lieues.

Quand elles sont ensemble, elles se retranchent dans leur forteresse, un bloc d'enfance qui sécrète l'égoïsme et la cruauté inconsciente propres à cet âge. Elles forment un couple à cloisons étanches sur lequel je n'ai pas de prise.

Ai-je vraiment eu trois enfants à la maison en permanence ? Comment ai-je réussi à garder assez d'énergie pour vivre, pour aimer un homme, pour les aimer, pour écrire ? La réponse tient en quelques mots : j'avais trente ans.

Le jour du départ, Paul nous accompagne à l'aéroport, tout attendri soudain sans que je sache si c'est de quitter Clémentine ou de me récupérer pour lui seul. Je la serre dans mes bras et me reviennent toutes mes émotions de l'arrivée : je la trouve magnifique, j'ai une larme au coin de l'œil et je me sens bêtement fière d'être grand-mère. En la regardant s'éloigner, si petite et si grande pour ses huit ans, je pousse un soupir qui n'est pas uniquement de soulagement, j'en jurerais.

Demain, je vire les peluches et la collection de pinces, les crabes morts et les coquillages puants et Paul se réinstalle dans la chambre d'enfants. Je récupérerai mon grand bureau et je recommencerai ma conférence à zéro : « Mesdames, Messieurs, chers amis », c'était supernul finalement. Je vais mettre :

« Bonjour à toutes et à tous », ça fera vachement plus jeune.

Je n'ai finalement pas perdu mon temps, cette semaine !

CHAPITRE X
Les Vaisseaux du cœur

Benoîte – Me retournant aujourd'hui, à 88 ans vers
Les Vaisseaux du cœur, paru en 1988 – j'avais alors
soixante-huit ans, pas forcément l'âge d'écrire un
roman d'amour fou – je me demande comment j'ai eu
l'audace d'écrire et comment Paul a eu l'élégance de
l'accepter et aussi, maintenant qu'il est mort, je me
demande comment il l'a vécu.

*Josyane – Tout de même, si vous avez osé, c'est parce
que vous aviez la certitude de vivre avec un homme
n'ayant aucun de ces rapports stéréotypés qui régissent
généralement les relations homme/femme. La vraie
question, qu'on ne peut éviter de se poser et de vous
poser : comment et à quel prix est-il possible de prendre
cette liberté-là ? Qu'est-ce que cette attitude suppose
comme relation de vérité avec son mari, si l'on est
mariée – et vous étiez mariée quand le livre a paru –
comment une femme ose s'autoriser à faire ce que vous
avez fait là ?*

— Je me suis avisée que je n'avais jamais osé traiter du plaisir. Je voulais l'aborder d'une manière tout à fait féministe, rompre avec la vision traditionnelle du don de soi, pour montrer l'égoïsme de l'acte amoureux. Et puis, surtout, en parler sans métaphores poétiques, en utilisant les vrais mots qui désignent les organes impliqués. Il fallait tenter de leur rendre une innocence, peut-être une poésie, parfois une grossièreté. L'amour en a besoin aussi. En tout cas, une franchise.

— *Très peu de romancières l'ont fait.*

— Ce n'était pas un registre autorisé aux dames ! George Sand l'a fait, bien sûr, elle était coutumière des transgressions, mais elle a été très mal jugée par la postérité. On parle plus souvent de ses amants que de son talent ! Colette aussi, dont Pierre de Boisdeffre dit qu'elle a « laissé parler ses plus bas instincts ». Et puis Anaïs Nin, dont je venais de lire le *Journal secret* qui m'a montré qu'on pouvait parler du sexe avec jubilation et sans culpabilité, ce qui est rare dans la tradition érotique, le plus souvent d'un sérieux redoutable. Mais il s'agissait aussi de trouver des mots neufs ou qui seraient traités d'une manière nouvelle, et là, je me suis heurtée à la pauvreté du vocabulaire pour ce qui concerne la jouissance féminine. De même que pour écrire *Ainsi soit-elle*, j'avais commencé par chercher à la Bibliothèque nationale à « FEMME », pour *Les Vaisseaux du cœur*, j'ai cherché à « ANATOMIE » dans le grand Quillet de 1936, que m'avait légué mon père. Je pensais que rien n'avait changé dans l'anatomie féminine depuis 1936. Eh bien, si ! Sur les planches anatomiques « Homme/Femme » en pleine page, le sexe féminin se réduisait à un triangle. Le clitoris n'était ni signalé, ni dessiné. Le mot vagin n'apparaissait pas. Alors que sur la planche « Homme », on avait dessiné le pénis, le gland, les testicules, le tout bien reconnaissable. Il y avait là une exclusion tout à fait troublante... J'ai voulu récupérer les mots pour dire nos organes. Le vagin, entre autres, ce mot presque obscène. Alors que toute l'humanité a transité par ce magnifique vagin !

— *Avez-vous ressenti, des années après* Ainsi soit-elle, *que vous aviez besoin désormais d'une autre parole de liberté, plus individuelle peut-être ? Auriez-vous pu écrire* Les Vaisseaux du cœur *plus tôt, sans tout le parcours féministe qui a précédé ce livre ?*

— Je n'aurais pas su et je n'aurais pas osé. Là, je bénéficiais de la liberté que me donnait mon âge, d'un culot que je n'avais pas à vingt ans ni à quarante, et enfin d'une longue expérience de la vie, de l'amour fou et de l'amour au quotidien, de la durée. Je pouvais enfin aborder le mystère de la passion, qui, même au temps de l'ordinateur, reste bouleversante, dévastatrice et magique. Peut-être parce que j'avais lu beaucoup de chansons de geste bretonnes, j'ai fait de mon héros un errant, c'est-à-dire un marin, et je l'ai prénommé Gauvain, du nom d'un chevalier du roi

Arthur, lui aussi errant sur la mer. Je voulais un peu rejoindre l'archétype de l'amour-passion, celui de Tristan et Iseult, de Roméo et Juliette, et d'autres qui sont de tous les temps. Après leur première nuit sur l'île, Gauvain et George sont ensorcelés l'un par l'autre, comme s'ils avaient bu un philtre d'amour, comme Tristan. Et leur amour sera absolu, car ils n'ont rien à échanger, pas de contrat, de services réciproques, de vie sociale. Leur relation restera intense, à condition de ne pas s'inscrire dans le réel.

— Mais le féminisme, dans cette histoire-là ?

— Je suis contente qu'on ne le distingue pas trop, puisqu'il s'agit d'un roman, mais le livre est pétri de féminisme. Sans l'amour et la liberté dans l'amour, il manque une part du sens de la vie et une dimension de l'épanouissement d'une femme. Et c'est une histoire féministe, parce que, pour une fois, la passion n'entraîne pas de malédiction et que l'héroïne ne sombre pas dans la folie, le malheur ou le suicide, et n'encourt pas de châtiment céleste… À la fin de l'histoire, c'est une femme qui a réussi sa vie et un peu plus que sa vie.

— Je vois dans l'abondant courrier que vous a valu ce livre – et souvent de la part d'hommes, cette fois-ci – qu'on vous pose à plusieurs reprises la question : « Pourquoi avez-vous fait mourir Gauvain à la fin du roman ? »

— Eh bien justement, parce que personne ne se serait étonné que ce soit la femme qui meure ! On ne se demande pas pourquoi Emma Bovary se suicide… C'est normal. Anna Karénine se jette sous un train, Madame de Merteuil est défigurée par la petite vérole ; la Justine de Sade est foudroyée par le Ciel. Madame de Rênal meurt de chagrin et Marguerite Gautier se laisse mourir de tuberculose… Les femmes sont systématiquement punies pour avoir trop aimé. Je suis sûre que si George avait dû suivre une longue et douloureuse analyse, ou si elle s'était tuée en voiture en allant rejoindre Gauvain, on la trouverait beaucoup plus touchante. Ce serait une belle histoire de passion tragique, comme toutes les histoires d'amour mythiques. L'idée qu'elle survit à son amant, qu'elle trouve encore plaisir à vivre, même sans lui, c'est ça qui a choqué, beaucoup plus que le vocabulaire. Mais je tenais à cette fin parce que j'étais écœurée, saturée de toutes ces malheureuses, séduites et abandonnées, trompées, frigides, condamnées à l'opprobre, à la misère, à la solitude, à la folie. Écœurée aussi par les livres érotiques traditionnels, genre *Histoire d'O*, avec fouets, chaînes, humiliations et tortures chic – que j'ai pu lire avec plaisir, la question n'est pas là –, mais où les femmes sont régulièrement réduites en esclavage, prétendument comblées par le mépris et la violence de leurs amants, toujours présentées en situation d'infériorité et de soumission absolues. Je ressentais l'urgente nécessité de décrire l'allégresse de l'amour charnel, la ferveur partagée, et… une femme triomphante sans remords ni regrets.

— *Certaines personnes vous ont-elles reproché cette démarche, estimant qu'elle n'était pas féministe ?*

— Oui, quelques-unes ; des gens qui l'avaient mal lu, me semble-t-il. Je crois justement que le succès de ce livre est dû au fait que l'héroïne tire de cet amour un surcroît d'existence. Mais les femmes n'ont pas toujours osé avouer à leur homme que cette immoralité les réjouissait !

— *Un critique a écrit que c'était un « hymne au phallus ! », se réjouissant en croyant que vous aviez « enfin déposé les armes ». On vous a aussi reproché l'égoïsme de George.*

— Mais l'égoïsme, c'est la santé ! Il est condamné chez les femmes justement parce qu'il leur serait tellement nécessaire. Il est considéré comme une véritable trahison et c'en est une d'ailleurs. Tout à coup, elles se dépouillent de l'image qu'on leur a plaquée de force, elles refusent le rôle écrit pour elles. Ah oui ! L'égoïsme est une vertu de délivrance. C'est vrai que George n'est pas le personnage sympathique de ce roman. C'est Gauvain qui est émouvant, parce que tourmenté et culpabilisé par cet amour qui l'obsède.

— *Évidemment, comme George n'est pas malheureuse, on la trouve antipathique ! Mais vous-même, le ressentez-vous ce bienheureux égoïsme ?*

— Oui, j'ai cette chance ; fondée sur une certaine dose d'indifférence et sur cette réconciliation avec moi-même qui m'est venue à mi-vie. Ce n'est pas très sympathique de dire ça, mais j'ai échappé ainsi à cette espèce de complaisance pour le malheur que développent tant de femmes. « Mais alors, vous êtes égoïste ! », me dit-on comme si c'était quelque chose d'impardonnable. Eh bien oui, je suis égoïste. Et alors ? Il me semble au contraire qu'en m'aimant moi-même je suis devenue plus généreuse avec les autres. Les perpétuels déprimés, voilà les vrais égoïstes. Rien de plus exigeant, narcissique et égocentrique qu'un déprimé chronique ! Chez les hommes, l'égoïsme est très bien toléré. « Oh, Alain est tellement égoïste ! » dit-on presque avec attendrissement.

— *En écrivant ce livre, pensiez-vous déjà qu'il allait faire scandale ?*

— D'une certaine façon, je le souhaitais, mais je ne m'attendais pas à tant d'hypocrisie ! Se prétendre scandalisé par une aventure amoureuse où ne figurent ni perversions, ni vices, ni tortures, simplement une relation bête comme chou, montre bien à quel point on refuse à une romancière la même liberté ou le même vocabulaire qu'à un romancier. Qui songerait à dire que Patrick Grainville, Philippe Sollers, Yann Queffélec, Michel Braudeau, Pierre Guyotat ou tant d'autres, « vont faire rougir » ?

Un détail a choqué, je crois : c'est que j'ose décrire avec ironie la panoplie sexuelle masculine. Dans les textes érotiques, le chibre est là, organe divin, toujours magnifique. L'idée qu'une femme parle aussi irrespectueusement des attributs du pouvoir mâle, c'est presque une transgression ! Je me souviens que du temps d'*Ainsi soit-elle*, des lectrices m'ont dit en douce : « C'est vrai que les testicules, ça ressemble à des crapauds quand on les prend dans la main... C'est humide, c'est froid et mou... Je n'avais jamais osé me le dire ! » Et elles gloussaient en se mettant une main sur la bouche, comme des enfants qui se moquent en cachette de monsieur le Curé.

— *Mais il reste une question, la vraie question peut-être, qu'on ne peut pas éviter de se poser et de vous poser : comment, et à quel prix, est-il possible de prendre cette liberté-là ? Quel type de rapports entre une femme et un homme peut amener une femme à oser faire ce que vous avez fait là ?*

— C'est tout de suite ce que m'a demandé Bernard Pivot quand il m'a invitée à « Apostrophes » : « Benoîte Groult, d'accord, on admet aujourd'hui la liberté des femmes, mais il y a quelques années, on aurait trouvé votre roman un peu pornographique, non ? »

— *Et qu'avez-vous répondu ?*

— J'ai très mal répondu. Je ne m'attendais pas à ce mot. Après, je me suis méfiée ! J'aurais dû définir au départ le mot de pornographie. C'est l'exploitation du corps de l'autre. Il n'y a aucun amour dans le porno. Mais je me suis laissé coincer dans un rôle de coupable. Et puis il y avait Michel Tournier qui s'amusait beaucoup de me voir me dépêtrer de ce mot, et Cavanna et Jean Vautrin qui n'étaient pas venus pour me défendre... Une histoire d'amour, c'est un peu ridicule à expliquer devant quatre bonshommes goguenards !

— « *Parler d'amour et écrire de l'étreinte est une épreuve qui ne pardonne pas* », disait Etiemble. *Mais il faut avouer que votre roman était déroutant. Dans le pays où l'on aime tellement pouvoir classer, étiqueter les écrivains, les genres, on vous avait rangée au rayon « Féminisme et romans à succès » et voilà que vous publiez un roman dont la liberté a surpris beaucoup de gens : il raconte une histoire d'amour improbable et qui dure toute une vie, entre une femme intellectuelle, George, et un marin, Gauvain. Ils se sont connus jeunes et leur singulière histoire a commencé quand elle avait dix-huit ans et lui vingt-quatre. Ils ne vivent pas ensemble, ils ne partagent rien du quotidien, chacun mène de son côté sa vie. Ils n'ont « pas grand-chose en commun », comme on a coutume de dire, sauf ce drôle d'amour, ce perpétuel désir partagé qui les ramène l'un vers l'autre. C'est une histoire de volupté, de peau, de sensations, de violence aussi, sans culpabilité, sans pathos. C'est une histoire heureuse, de sexe et de plaisir. Un roman comme les femmes n'osent pas en écrire, qui suppose qu'on est délivrée de toute niaiserie, qu'on a de l'énergie, du courage et le goût de la vérité.*

Ce livre a été un best-seller en France, et il a eu un immense succès en Allemagne (plus de deux millions d'exemplaires vendus) et dans toute l'Europe du Nord. Des femmes se sont senties comme délivrées par cette parole de femme vraiment libre. En revanche, dans l'Europe du Sud, latine, les lectrices sont restées craintives devant le récit de ces amours passionnelles et les hommes ont probablement détesté l'idée même qu'une femme puisse écrire un roman de ce type.

— Il ne faut pas oublier que le langage aussi est colonisé par les hommes. Dès qu'une femme dit « vagin », on crie pornographie – on semblait penser que j'avais dans ce livre cherché le succès en parlant de cul ! Et je soupçonne mon cher Bernard Pivot d'avoir composé le plateau pour mettre en difficulté une dame « comme il faut ». Quand je suis revenue à la maison ce soir-là mes filles m'ont dit : « Tu t'es très mal défendue, Maman. Il y a des gens qui vont penser qu'à ton âge, tu t'es mise à la pornographie ! »

Ensuite Pivot a rappelé, en prenant l'air scandalisé, que j'étais la femme de Paul Guimard. « Et qu'est-ce que pense votre mari d'un livre comme celui-là ? » Est-ce qu'on demande jamais à Sollers ce que Julia Kristeva va penser de son roman qui s'appelle en toute simplicité *Femmes* ? Mais focaliser sur la pornographie et le scandale, c'était détourner l'attention de ce que je voulais dire sur la liberté amoureuse. En mettant l'accent sur le sexe, on escamotait l'aspect féministe. Or, le féminisme ne gêne nullement l'orgasme, au contraire.

— *Ça a été la même démarche quand Annie Ernaux a écrit* Passion simple, *où, dès le début du texte, arrivaient les mots « sperme » et « queue » ! On a voulu la casser. Un homme a dit dans une émission de radio : « Elle a un style de sténo-dactylo qui aurait des émois pornographiques. »*

De toute façon, dès qu'il s'agit du corps, du sexe, voire de la véritable pornographie, les rapports entre les hommes et les femmes s'enveniment nécessairement. Vous, dès Ainsi soit-elle, *alors qu'il n'était pas encore question de « politiquement correct », vous avez abordé le problème en toute liberté. Certes, vous dites votre dégoût d'un certain nombre d'écrits pornographiques, mais vous concluez, ce qui n'est pas très souvent le cas de certaines féministes d'aujourd'hui : « Bien entendu, ces textes-là doivent, comme tous les autres, avoir le droit de paraître, d'être lus, éventuellement savourés, mis en pratique à deux, à trois, à dix, tout ce qu'on voudra. » J'ai particulièrement apprécié que vous ayez d'emblée anticipé les dérives que pouvait faire naître votre analyse. Je dois avouer que je suis profondément hostile à tout ce mouvement américain du « politiquement correct », à ce fanatisme qui aboutit bien souvent à un déni de l'art et des artistes. En outre, je crois qu'une fois de plus, par puritanisme, par enfermement dans des stéréotypes, les femmes se trompent d'ennemi. Il est bien clair que les artistes, les écrivains, même ceux qui ont écrit des choses extrêmement violentes, ne sont pas aussi radicalement ennemis des femmes que certains « hommes prétendument féministes », les « compréhensifs », les paternalistes de tout poil qui*

veulent, au fond, soumettre les femmes, éviter l'affron-
tement, et les mettre, en douce et définitivement, sous
leur coupe. Après tout, l'affrontement, ce n'est pas
nécessairement quelque chose de néfaste. Comme dans
les rapports entre parents et enfants, on se libère
d'autant mieux qu'on peut s'opposer.

— À condition de ne pas être écrasée avant. Il faut
une bonne dose de respect de soi-même et une sacrée
santé pour échapper au désespoir d'être une femme
quand on lit certains de ces textes !

— *Est-ce pour cela que dans* Ainsi soit-elle *vous*
considérez que certains écrivains, au premier rang des-
quels Henry Miller, ont écrit des textes pornogra-
phiques que vous jugez dégradants pour les femmes ?

— J'ai été très impressionnée par *La Politique du*
mâle, de Kate Millett. Elle y montre comment
D.H. Lawrence, Norman Mailer ou Henry Miller
transforment les femmes en « un champ génital »
auquel on impose tout ce qu'on veut, sans idée de
réciprocité. C'est destructeur, à la longue.

— *Peut-être. Mais on est passé très vite du constat,*
de l'analyse, au blâme, à la volonté d'interdire. Ne
faut-il pas plutôt, comme vous l'avez fait en écrivant
Les Vaisseaux du cœur, *apporter sa propre réponse ?*
Pourquoi être toujours sur la défensive, dans la plainte,
comme si c'était le mode d'être favori des femmes ? Je
me souviens d'un débat dans lequel j'ai scandalisé des

femmes qui venaient d'attaquer l'un des écrivains présents, Philippe Sollers, sur son roman qui s'appelle, précisément, Femmes. *Elles ont jugé intolérable que je lui dise : « Moi, je ne vous reproche pas d'avoir écrit* Femmes, *mais je m'inquiète d'être dans une société où aucune femme ne parvient à écrire* Hommes. »

— Une romancière américaine comme Erica Jong l'a fait. Mais il faut du temps pour que les anciens esclaves osent écrire sur leurs oppresseurs ! Il y a mille ans que les philosophes approfondissent leur réflexion sur un monde où ils occupent *toutes* les places dans l'ordre de la pensée ou du pouvoir. Et il y a si peu de temps que les femmes ont accédé à la réflexion et au simple droit de lire et d'écrire !

— *La philosophie, justement… Comme vous, je n'aime pas beaucoup ce qu'on appelle le différentialisme. Cette idée que les femmes et les hommes auraient des natures profondément différentes, voire opposées. Les femmes, par exemple, auraient moins de capacités pour tout le domaine de l'abstraction. Et, en effet, à part Hannah Arendt et peut-être Simone Weil, je ne vois guère de femme ayant véritablement un esprit philosophique.*

— Je crois que la philosophie ne peut éclore que sur l'humus des siècles. Peut-être faut-il que votre grand-mère ait pensé philosophiquement pour que vous puissiez aborder à ces rivages avec sérénité et

créativité. On ne peut pas s'épanouir sur une génération de sacrifiées ou de victimes.

— *Comme toujours, vous avez une interprétation
optimiste des choses. On dirait que vous avez réussi à
échapper à la plupart des « névroses féminines ». Sans
doute avez-vous eu la chance – qui n'est pas un hasard –
de mener une relation conjugale harmonieuse. Avec
Les Vaisseaux du cœur, elle aurait pu pourtant devenir problématique... Vous n'avez toujours pas dit
comment cet homme, qui est votre mari, qui vit avec
vous, a pu accepter tranquillement que vous écriviez ce
genre de livre.*

— Tranquillement, je n'en suis pas sûre.

— *Mais vous lui en aviez parlé avant, non ?*

— Bien sûr, mais vaguement. Je ne montre jamais
mes livres en cours de fabrication. Ils sont trop
informes. Paul ne l'a lu que terminé, et j'aurais préféré qu'il ne le voie jamais. Mais vous parlez de « relation conjugale harmonieuse »... c'est vite dit. Cinquante-quatre ans de « relations conjugales » ne
peuvent pas se vivre sans dissonances, sans moments
de découragement, de désespoir, même. Ou alors,
l'un des partenaires a complètement étouffé en lui
tout ce qui aurait pu déplaire à l'autre. Il faut se faire
violence aussi, pour accepter l'autre. Et l'on sait
depuis Jung que « *la vie non vécue* » est un poison qui

peut détruire un être. Il faut oser déplaire de temps en temps…

— *Tout de même, si vous avez osé, c'est parce que vous aviez la certitude de vivre avec un homme n'ayant aucun de ces rapports stéréotypés qui régissent généralement les relations hommes/femmes.*

— Oui, sans doute. Sûrement. Sans ça, je suppose que nous ne serions pas restés ensemble pendant tant d'années. Paul connaissait ma vie comme je connaissais la sienne ; il fallait bien accepter dans un livre ce qu'on acceptait dans la vie. Nous nous y étions engagés dès le début, sans savoir que ce serait si dur parfois.

— *Avec l'histoire de Gauvain et George, vous avez affirmé une relation que les femmes écrivains n'ont jamais osé affirmer. Alors que chez les hommes, c'est assez courant. Dans leurs romans, ils mêlent volontiers fiction et autobiographie pour raconter telle ou telle passion amoureuse. Il est entendu que leur liberté d'artiste passe par là, et que leur femme (voire leurs femmes) est censée ne pas trouver à y redire.*

— Oui.

— *Mais la domination des modèles masculins est telle qu'on ne peut toujours pas envisager qu'une femme prétende exercer la même « liberté d'artiste » sans encourir de représailles. Vous, vous n'aviez pas l'intention, je suppose, de rompre avec votre mari. Vous aviez donc la certitude qu'il respecterait votre liberté ?*

— Je ne me suis pas posé la question. Il fallait que je l'écrive.

— *Comment ça, « il fallait » ?*

— Eh bien, la chose la plus importante au monde pour moi, à ce moment de ma carrière (ce mot a un côté idiot, mais enfin c'est vrai que trente ans d'écriture, ça commence à s'appeler une « carrière »), c'était de décrire la passion, c'est-à-dire quelque chose de déraisonnable, qu'intellectuellement on ne comprend pas, que raisonnablement on rejette, mais qui vous atteint au plus obscur de votre être, là où on rejoint les forces primitives, authentiques. C'était passionnant de piéger cette force du désir avec des mots.

— *Avez-vous eu conscience que beaucoup d'hommes, même extrêmement libres eux-mêmes, auraient tout fait pour vous empêcher de publier ce livre ; et que l'homme qui partage votre vie a été assez exceptionnel ?*

— Je ne me suis jamais dit ça, vous avez raison. Oh, vous avez raison, bien sûr. Mais en même temps, notre contrat de départ ne concernait pas que la liberté de sexe, après tout, mais la liberté tout court.

— *Sans doute, mais je suis sûre que certains roman-ciers, qui ont eux-mêmes affirmé leur liberté, feraient pression sur la femme dont ils partagent la vie si elle écrivait le symétrique de leur propre discours.*

— On sait que Scott Fitzgerald a agi de cette façon avec sa femme Zelda. Et le mari de Sylvia Plath. Et d'autres. Moi, je n'ai pas pensé à cette possibilité… C'est un hommage à rendre à Paul, d'ailleurs. Mais j'aurais peut-être été capable de lui dire : « Si tu ne le supportes pas, séparons-nous six mois. Si le livre n'a aucun succès, on l'oubliera. » Je n'aurais pas renoncé à ce livre, j'y tenais comme à un enfant. J'étais sans doute vraiment – enfin – devenue une romancière.

— *Le fait d'être mariée à cet homme depuis long-temps vous empêche-t-il de voir qu'il a eu une attitude exceptionnelle, non seulement par rapport aux hommes de sa génération, mais aussi par rapport aux hommes qui pourraient être ses fils, voire ses petits-fils ?*

— D'abord, il avait le respect des êtres, y compris sa femme, ce qui est rare. Il répugnait à peser sur le destin de quiconque, au point de le laisser se noyer s'il en avait envie. J'exagère à peine. Il y a là quelque chose d'effrayant mais de beau à la fois. Et puis, il avait le respect de l'écriture. Et mon livre est un roman, après tout, pas une confession. Je n'ai jamais connu de marin-pêcheur ! J'avais rarement pris des hommes pour héros. Gauvain est ma première vraie création romanesque, même si je me suis inspirée de détails vécus. Mon « vrai », dans la vie, était un pilote américain. C'est aussi quelqu'un qui est rarement là !

Enfin, il faut dire que Paul aussi, moins dans ses romans mais davantage dans sa vie, s'est toujours réservé une grande part de liberté. On était partis un peu, si vous voulez, avec le contrat de Sartre et Beauvoir, sur les amours contingentes et les amours nécessaires. J'ai souvent été obligée de me reporter au contrat, de le relire… pour m'obliger à l'appliquer en toute circonstance. J'ai été très malheureuse par moments, moi aussi.

— *Aviez-vous pris l'engagement de tout vous dire, comme Sartre et Beauvoir, qui, finalement, se racontaient sans doute trop de choses ?*

— Non. Il me semble que c'est un grand danger et une grande souffrance en plus. C'est Sartre qui se répandait sur ses amours contingentes, en fait. Ses lettres au Castor sont terribles. Quand il s'agit des amours des autres, on comprend tant de choses, alors qu'on est aveugle pour soi-même ! Je pense que ce sont presque toujours les hommes qui sont bénéficiaires de ce genre de contrat.

— *J'ai une grande admiration pour eux, que je garderai toujours, mais je ne suis pas absolument sûre que ce contrat ait été une bonne idée.*

— Que vous aimiez le couple Sartre et Beauvoir, c'est très important pour moi. C'est une ligne de clivage. Je ne me sentirais pas en confiance, en amitié, avec quelqu'un qui sous-estime leur œuvre ou condamne leur mode de vie. Quant à leur contrat, il les a tout de même maintenus dans l'image mythique du couple qui dure jusqu'à la mort. Je reste reconnaissante à Beauvoir pour cela. Tant de leurs ennemis auraient été satisfaits qu'ils se trahissent !

— *Vous deux, vous aviez plutôt passé un contrat tacite de liberté.*

— C'est ça. Sans cachotteries, mais sans récits détaillés non plus. J'ai sûrement ignoré beaucoup de choses.

— *Connaissiez-vous les protagonistes ?*

— On les connaît presque toujours, hélas. Et c'est presque intolérable à vivre par moments. Mais puisque j'étais d'accord sur le principe ! Je trouve inhumain d'exiger de quelqu'un, aujourd'hui et dans nos milieux parisiens, dans nos métiers où les tentations sont incessantes, qu'il renonce à tout ce qui n'est pas vous. Je t'épouse, et ça veut dire qu'à partir de dorénavant, tu ne toucheras plus une autre femme, tu n'accepteras plus l'aventure, tu ne joueras plus jamais au Jeu de l'amour et du hasard, tu n'auras plus accès à la liberté ? C'est horrible ! En plus, je ne me sentais pas de taille à imposer ça.

— *Au bout du compte, estimez-vous avoir eu raison de parier sur la liberté réciproque ?*

— Cela me semble l'attitude la plus honorable. Mais c'est dur à vivre pour celui – ou celle – des deux qui aime le plus, ou le plus longtemps. Je me souviens toujours de ce soir où nous étions en train de fêter nos deux ans de mariage, Paul et moi, et où Paul m'a dit d'un air parfaitement innocent et joyeux : « Je bois à mes deux ans de fidélité conjugale. Je n'avais jamais cru que je tiendrais si longtemps ! »

— *Quand on peut se dire ça avec humour, c'est bien, non ?*

— Bien pour qui ? J'ai reçu ça comme une douche glacée. D'abord, ça impliquait que la période fidélité était close. Mais bon, c'était dans mon contrat, il n'y avait que les dates en blanc ! Il redevenait l'homme que j'avais connu avant. Ma mère m'avait suffisamment mise en garde ! Il n'y avait qu'à assumer, et j'ai assumé parce qu'on s'entendait tellement bien sur la plupart des choses de la vie…

Je n'ai appris que beaucoup plus tard qu'on pouvait aimer deux personnes à la fois. « Car c'est différemment que vaut chaque chose », comme dit Gide. Lui, il l'a toujours su. Deux, trois, dix… Il appréciait l'amateurisme, pas la spécialisation.

— *Mais il est resté avec vous ? On en revient à Sartre et Beauvoir, aux amours contingentes et à l'amour nécessaire.*

— C'est ce qu'il me disait chaque fois.

— *Aujourd'hui, avec le recul, cela vous semble-t-il satisfaisant ?*

— Disons que ça a fonctionné. Mais une fois, j'ai dû écrire *Le Féminin pluriel* pour me défouler, pour pleurer avec d'autres yeux. Et dans ce genre de parcours, on fait naufrage de temps en temps, on s'ouvre la coque sur des écueils imprévus... il faut savoir nager, colmater les brèches, sourire aux autres, à ses enfants...

— *À vous entendre, mais peut-être est-ce une impression fausse que vous avez envie de corriger, on a la conviction que vous avez échappé tous les deux à ce qui, avant toute chose, mine les couples et pourrit leur relation : le ressentiment.*

— Oui... oui. Parce que nous avons à peu près réussi à être à la hauteur de nos promesses.

— *Parce que la plupart des gens qui ont vécu ensemble ont du ressentiment. Alors que vous, vous n'en aviez apparemment ni l'un ni l'autre.*

— Non, je ne vois pas pourquoi on en voudrait à quelqu'un d'être ce qu'il est. Il ne fallait pas le choisir. On ne s'épouse pas pour refaire l'autre à son image. Ni pour se refaire. J'avais déjà essayé une fois…

— *C'est probablement grâce à cette liberté qu'on peut y échapper, sinon la frustration conduit au ressentiment.*

— Et quel poison, le ressentiment, dans une vie commune. Mais il y a un poison auquel on échappe encore moins, c'est la jalousie. Elle est imprévisible et ravageuse. Mais c'est ça, une vie. C'est infantile de croire qu'on fera l'économie de la souffrance. Aujourd'hui, une vie commune peut durer cinquante ans ! C'est inadmissible de se dire que pendant cinquante ans – une moitié de vie ou plus –, on ne connaîtra plus les commencements de l'amour, on ne vivra plus les premières minutes du désir, on se refusera l'excitante rencontre dans le train ou dans l'avion et que, à cause d'un vœu de fidélité qui souvent n'a plus de réalité physique intense, on se prive de moments uniques délicieux parfois. En plus, pour des écrivains, c'est faire provision de matériaux de construction !

— *Cela dit,* Les Vaisseaux du cœur, *n'était-ce pas une manière de vengeance ?*

— En aucune façon. Pas une seconde. Il me semble que je l'aurais écrit de toute façon. Peut-être

même encore plus tôt avec un mari accablant de fidélité.

— *Alors, avez-vous compris, au moment où vous
décidiez d'oser ce texte, que vous alliez au plus loin de
votre liberté d'écrivain ?*

— Je ne l'ai pas explicité sur le moment. C'est
après que je l'ai analysé. Sur le moment, ce qui comptait, c'était de venir à bout de ce livre.

— *C'était donc ce qui fait, au fond, la force des écrivains : une forme de nécessité. Rien ne pouvait vous
arrêter. Mais vous m'aviez dit qu'*Ainsi soit-elle *avait
été votre plus grande satisfaction. Les Vaisseaux du
cœur vous a-t-il apporté une satisfaction encore plus
forte ?*

— Pas vraiment plus, parce que j'étais arrivée à un
état où j'avais moins besoin de réconfort. Mais s'y
ajoutait le malin plaisir de déconcerter les critiques,
du moins les misogynes : « Quoi, cette féministe, cette
dame sexagénaire, qui écrit une histoire pareille et qui
utilise un vocabulaire aussi indécent… » Oui ! on
reste toujours un peu une petite fille qui n'a pas le
droit, comme les garçons, de dire des gros mots. Ça
me réjouissait de brouiller mon image !

— *C'est un livre beaucoup plus provocant qu'*Ainsi
soit-elle. *Plus libre et plus dénonciateur des conventions sociales. Y a-t-il eu des réactions négatives de*

féministes aux Vaisseaux du cœur ? *Les féministes, malheureusement, sont souvent assez prudes et assez moralistes.*

— Curieusement, oui. Les « vraies » féministes n'ont pas dû apprécier. Mais c'est comme quand on dit une « vraie femme ». Ça ne signifie pas grand-chose. Accepter ces définitions restrictives, c'est un peu pactiser avec l'ennemi.

— *Comment expliquez-vous cette forme de moralisme qui m'étonne toujours beaucoup chez des femmes qui prétendent œuvrer pour la libération de toutes ?*

— Il n'y a pas à l'expliquer, c'est une des facettes du féminisme. On n'explique pas non plus le « moralisme » de telle secte, de tel intégrisme religieux, on le constate et on regarde ailleurs. On voudrait toujours que les féministes marchent d'un même pas et on retient contre elles la moindre de leurs divergences. C'est injuste et ridicule. Chez les socialistes, il existe des courants, comme chez les communistes ou les écologistes. Or nous sommes beaucoup plus nombreuses et diverses que tel ou tel parti politique. Et quand on inclut la sexualité dans la théorie, comme il est inévitable de le faire, alors là, c'est le grand bordel. Regardez déjà les zizanies entre sexologues et autres psy. Je refuse de jeter l'anathème sur qui que ce soit. C'est la richesse du féminisme.

Les féministes moralistes dont vous me parlez sont sans doute les radicales qui prétendent que toute femme devrait devenir lesbienne. Leur slogan : « Une femme hétérosexuelle est au mieux réformiste, au pire collabo. » J'en suis bien d'accord, en théorie. En même temps, je veux pouvoir « collaborer » si ça me chante. Et à propos de chanson, Renaud a dit la même chose bien plus drôlement dans l'émission « Faut pas rêver », et j'y souscris : « Une femme qui vote pour un homme, c'est comme un crocodile qui entre dans une maroquinerie ! » C'est génial, comme diraient mes petites-filles.

— *Mais alors, vous acceptez de vivre en contradiction avec vos théories ?*

— C'est ça ou le suicide ! En fait, c'est le stalinisme, la pensée unique et sa dérive, la « political correctness », qui sont inacceptables, non les contradictions qui sont le sel de la vie. Elles rendent fou parfois, mais elles font les artistes, les poètes, les utopistes. On aime la vie et on risque sans cesse la mort ; on tombe amoureuse d'un homme et on déteste les mâles, surtout en troupeau ; on aime faire l'amour et on déteste la dépendance où cela peut vous conduire… Que de complications enrichissantes…

— *Avant l'époque de votre affirmation féministe, avez-vous eu des difficultés à vous entendre avec les femmes ? Avec celles qui se sentaient à l'aise dans leur image conventionnelle ?*

— Ce sont elles qui m'ont refusée le plus souvent. Moi, j'espérais toujours les tirer de là, semer une graine de révolte. Il suffit d'un rien, parfois. Je vais vous parler comme ces curés, que je déteste, qui récupèrent les incroyants à l'article de la mort : je suis convaincue que toutes les femmes sont des féministes qui s'ignorent. Même Margaret Thatcher, vous voyez, quand elle apparaît dans une émission de télévision, j'ai envie de la saluer. Oh ! brièvement ! Quand on revoit toutes ces rencontres internationales, ces sommets européens, et qu'on s'aperçoit que ce sont des mecs – des vieux mecs, des jeunes mecs, des mecs noirs, des mecs jaunes, mais toujours des mecs – qui décident de notre destin à toutes et que j'aperçois une femme, une seule, avec sa mise en plis impeccable et ses yeux bleus qui n'ont peur de rien, eh bien je suis émue. Même si elle n'a pas levé le petit doigt en faveur des femmes, elle leur a fait du bien par sa seule image et son courage. Quant à celles qui trahissent, je me dis : « Qu'est-ce qu'elles ont dû déguster pour n'avoir toujours rien compris ! »

— *Vous disiez tout à l'heure que votre livre choquait plus encore parce qu'il était écrit par une femme de soixante-cinq ans. Comment avez-vous vécu le vieillissement ? Tous les fantasmes qui entourent les femmes vieillissantes ? Toutes les contraintes qui s'imposent aux femmes ?*

— On veut nous rendre coupables, même de vieillir et de ne plus offrir aux hommes l'image de la femme objet sexuel, la seule qu'ils privilégient ! J'en veux à nos magazines d'entrer dans cette conspiration et de rejeter les femmes au-dessus de cinquante ans. Même la quarantaine est suspecte. Les top-modèles sont de plus en plus jeunes, maintenant. Elles n'ont plus vingt-huit ou trente ans comme les mannequins de ma mère. Elles ont entre quinze et vingt ans. Et même moins ! On nous démontre en même temps qu'aucune femme n'est trop jeune pour aucun homme, à condition que ce ne soit évidemment pas un clochard. Antony Quinn, soixante-quinze ans, contracte un quatrième mariage avec sa secrétaire de vingt-huit ans, qui attend un enfant de lui, alors qu'il en a déjà six autres ! Et le père de Sylvester Stallone, soixante-dix-sept ans, qui a mis au monde, en 1996, un bébé, par une jeune femme interposée qui a quarante-cinq ans de moins que lui ! Il y a quelque chose de pathétique dans cette course au bébé : on dirait de très très petits garçons qui font un concours de quéquettes ! Alors quand des moralistes poussent des cris d'orfraie parce que quelques dizaines de femmes dans le monde ont ou auront envie d'être enceintes après cinquante ans, je trouve que l'on se trompe de cible. Une femme de cinquante-cinq ans a plus d'espérance de vie qu'un papa de soixante-dix-sept ans ! Et les comités d'éthique si soucieux de la moralité des femmes feraient bien de se pencher plutôt sur la moralité masculine, qui s'accommode si bien de la pédophilie et de la prostitution, leur silence valant approbation.

— *Comment avez-vous répondu à tout cela ? L'apparence physique, par exemple ? Avez-vous eu recours à la chirurgie esthétique ?*

— Je me suis peu à peu réconciliée avec cette apparence physique, avec l'idée d'être une femme, irrémédiablement. Et j'ai découvert que si je n'avais pas de charme c'est parce que je ne m'aimais pas. Découverte banale ! J'ai l'impression que ce sont mes premières lectrices qui m'ont rendu confiance en moi. Ce sont toutes ces lettres me disant que je leur avais donné le goût de vivre, le courage d'être elles-mêmes. Mais au moment où je redevenais jeune dans ma tête, voilà que mon visage me trahissait ! J'ai voulu réconcilier mon moi intime avec mon apparence. Donc j'ai recouru au moyen que m'offrait la chirurgie esthétique et j'ai fait un lifting.

— *Vous ne supportiez pas ce décalage soudain entre votre rajeunissement intérieur et votre vieillissement physique ?*

— Exactement. À vingt ans, je ne me savais pas jeune ou, en tout cas, je ne savais pas en profiter. Tout à coup, à cinquante ans, je me sentais de plus en plus assurée, heureuse ; faisant le métier que j'aimais, ayant à mes côtés un homme que j'aimais, avec les difficultés habituelles, bien sûr, mais dans l'ensemble ayant à peu près réalisé mes rêves. Et, à ce moment-là, ma peau me lâchait ! Mon corps pas du tout, puisque j'ai toujours été sportive – ski, aviron, pêche, jardinage… C'était vraiment un problème de figure. Alors puisque je pouvais tricher, j'ai considéré que je faisais un pied de nez à la vie en disant : « Demain, je me fais enlever quinze ans d'un coup de bistouri ! »

— *Vous n'avez éprouvé aucune angoisse à l'idée même de l'opération, de la modification du visage, donc de votre personne elle-même ?*

— Bien moins qu'à l'idée de vieillir à petit feu. J'y tenais tellement que rien ne m'aurait arrêtée. Vient un moment où on ne peut plus se regarder dans une glace. Le matin, on se réveille jeune, pleine d'allant, on sort, on marche à grands pas dans la rue sans penser à rien, et puis soudain on se surprend dans la glace d'un commerçant – féroce, la lumière du matin blême en hiver ! –, et c'est le choc ! « C'est moi, ça ? Pas possible ! Il y a une erreur ! » Eh bien cette erreur, on m'offrait de la réparer (enfin, le mot est inexact : ce n'est pas « offert » du tout), disons qu'on me proposait de m'enlever quinze ans en quelques heures ! De jouer un bon tour à la vie, à la société !

— *Pensez-vous avoir cédé à la pression sociale ?*

— Tout a joué. Le fait que la vieillesse est complètement discréditée, aujourd'hui. Il n'y a plus aucun avantage à avoir les cheveux blancs ! Ce sont les jeunes blondes que l'on aide à hisser leurs valises dans le train, pas les « mamies », comme on dit avec condescendance.

— *Vous vous êtes laissé impressionner par ça ?*

— Oui, je me suis laissé impressionner. Et les hommes n'y échappent pas non plus. Un vieux cadre, ce n'est plus possible. Ils se font tous réparer, tous ceux dont le visage est un peu la carte de visite : les comédiens, les animateurs de télé, les hommes politiques… Ils se font poser des implants sur la tête, aspirer les bajoues, scléroser les varices pour courir sur les plages de l'île Maurice ou des Antilles au côté de leurs nouvelles jeunes femmes… Ce qui est terrible, c'est que celles qui résistent, qui refusent, ont bientôt l'air d'être d'une autre génération que leurs contemporaines ! Je pense à telle comédienne un peu plus jeune que moi qui, à une cérémonie des Césars, semblait la mère de Micheline Presles, de Danielle Darrieux ou de Michèle Morgan, toutes ces femmes qui ont gardé des visages d'une jeunesse étonnante. Et une Elizabeth Taylor, qui a duré deux fois plus de temps que n'avait prévu… le Créateur, grâce aux progrès de la chirurgie, elle a connu un surcroît d'existence.

— *Une de mes amies, qui a eu recours plusieurs fois à la chirurgie esthétique parce qu'elle fait, elle aussi, un de ces métiers de représentation, dit, avec une forme de lucidité réjouissante : « De toute façon, l'alternative, c'est avoir l'air d'une vieille ou avoir l'air d'une vieille rafistolée… Mais on ne rajeunit pas. »*

— Pas d'accord. Quand on se retrouve sans poches sous les yeux, sans rides au coin de la bouche, sans double menton, on jubile. Et la jubilation, c'est bon pour la santé, ça produit des endorphines, ça rajeunit. Entre quarante-cinq ans et soixante-cinq ans, on peut vraiment garder une sorte d'âge indéterminé. C'est utile professionnellement, amoureusement et personnellement.

En outre, j'ai un an de plus que Paul, et pratiquement tous nos amis, y compris mon ex, Georges de Caunes, ont épousé en secondes ou troisièmes noces des femmes de vingt, parfois de trente ans de moins qu'eux. Quand nous nous trouvions dans une soirée « branchée », j'avais parfois l'impression d'être la mère de mon mari !

— Si Paul Guimard n'est pas parti avec une jeune femme, serait-ce parce qu'il est plus subtil que les autres ?

— Ce n'est pas une question d'intelligence, c'est l'envie de... retourner à Venise pour la première fois. Avec une nouvelle jeune personne.

— Mais au fond, ça leur coûte beaucoup plus cher en tous points qu'ils ne le croient. Il suffit de voir leurs pathétiques efforts pour paraître jeunes, se remettre à la planche à voile, danser toute une nuit... il y en a même que cela parvient à tuer prématurément.

— Je suppose qu'ils aiment mieux cinq ou dix ans d'amour et un infarctus, que quinze ou vingt ans de vie de retraité et un infarctus quand même…

— *À propos du vieillissement, j'aimerais que l'on parle de ce qui, pendant si longtemps, a fait fantasmer les femmes d'une manière tellement négative, la ménopause. On dit que cette angoisse est désormais une vieille lune. Pourtant, les hommes n'ont pas cessé de s'en moquer. Il suffit qu'une femme approchant la cinquantaine soit de mauvaise humeur ou plaintive, immédiatement, on les entend chuchoter qu'elle est déjà tourmentée par la ménopause. Vous, vous semblez croire que la ménopause n'est plus qu'une péripétie et que le féminisme vous a aidée, en quelque sorte, à franchir cette période dans la sérénité.*

— Comme on dit *panem et circenses*, je vous répondrai : le féminisme plus les œstrogènes. On voudrait nous faire croire que la ménopause est l'antichambre de la décrépitude, mais beaucoup de femmes sont magnifiques aujourd'hui à soixante, soixante-dix ans ! Et je ne parle pas de la cinquantaine. Tout peut vous arriver à cinquante ans, l'amour, le désamour, un nouveau métier, la découverte d'un art… liste non limitative. Malheureusement, trop de femmes encore n'osent pas se soigner et, en France, n'y sont pas encouragées. Nos médecins sont des hommes avant d'être des médecins. Comme médecins, ils devraient nous soigner, mais comme hommes ils ne détestent pas que nous restions soumises aux cycles biologiques ! J'ai toujours préféré UNE gynécologue. Mais pendant si longtemps les femmes ont subi la ménopause au mieux dans le silence, au pire dans le dégoût d'elles-mêmes, qu'elles sont souvent réticentes à demander un traitement. Pourtant, c'est le dernier verrou, le dernier mécanisme infernal qui nous maintient dans la résignation à notre physiologie. Et comment accepter d'être mise sur la touche pendant le quart de sa vie ? Le quart !

— *À cause de la honte, une honte qui a été sadiquement cultivée pendant des siècles.*

— Et comme d'habitude à l'aide du langage. Le vocabulaire, les images concernant la femme méno-pausée sont faits pour lui saper le moral, l'humilier, la démolir. Dans le livre que le professeur Rozenbaum a consacré à la ménopause en 1993, il signale que les médecins américains qualifient de « préménopau-sale » toute femme entre la puberté et la disparition des règles ! C'est comme si l'on qualifiait la vie d'état prémortel ! Pourquoi pas d'agonie différée ?

— *Si une femme vieillissante peut se sentir mal, misérable, en raison de cette modification hormonale, son malaise ne vient-il pas plus sûrement du regard de la société sur « la femme ménopausée » ?*

— Premièrement, le déséquilibre hormonal, désormais, se traite, à condition de ne pas accepter les diktats de certains médecins. Deuxièmement, quant au regard de la société, là encore il ne faut plus se laisser impressionner. Je me souviens encore, quand je suis venue vivre à Hyères il y a vingt ans, qu'un type, pas jeune, m'a crié de sa voiture au cours d'une manœuvre difficile : « Va donc, eh, ménopausée ! » J'étais en voiture aussi, dans les rues étroites et pentues de la vieille ville, mais je n'avais pas du tout écorné sa carrosserie, simplement, ce monsieur ne s'était pas habitué à ce qu'une femme ait le droit de conduire, faisant partie de ceux qui ont été autrefois contre le droit de vote des femmes et qui ont persuadé la leur aujourd'hui qu'elle était incapable de tenir un volant. J'avoue que ce mépris m'a sciée ! Est-ce qu'une femme songerait jamais à répliquer : « Et toi, va donc, vieille prostate ! » Ça mettrait peut-être fin à ce type d'agression.

— *Au fond, on n'est pas vraiment sorti du* Tota mulier in utero, *de cette réduction des femmes à leur sexe ?*

— C'est tellement plaisant de continuer à les humilier ! Autre exemple de vocabulaire meurtrier, cette expression qu'on entendait couramment : « On m'a fait une "totale" », ou bien : « On m'a "tout" enlevé ! » Les femmes ont été si longtemps réduites à leur rôle d'objet sexuel et de reproductrice qu'elles oublient qu'elles sont d'abord des êtres humains et non des vaches. Et que sans utérus ou sans seins, elles sont tout autant des êtres humains. Une fois de plus,

je dirai que c'est grâce à une prise de conscience féministe qu'on peut se délivrer des jugements dévalori-
sants. C'est parfois dur. J'avais Diderot au programme de ma licence de Lettres, un de mes auteurs
préférés et qui me paraissait un ami des femmes. J'ai
été d'autant plus abattue en découvrant ce qu'il pensait de l'autre sexe, passé la jeunesse : « À la ménopause, qu'est-ce qu'une femme ? Négligée de son
époux, délaissée de ses enfants, nulle dans la société,
la dévotion est son unique et dernière ressource. »
Quel tableau !

— *Vous, vous avez donc trouvé des remèdes effi-
caces pour vivre malgré tout cette étape de manière
positive ?*

— C'est le moral qui compte, là encore. Recourir
aux hormones de substitution ne suffit pas, car
aucune prescription médicale ne peut rendre la vie
plaisante, digne d'être vécue si on se sent vide et
moche, et qu'on se croit inutile. Il faut absolument
s'échapper de l'image de l'épouse admirable, de la
mère dévouée, de la ménagère parfaite, pour
s'occuper un peu plus de soi. Ça dure toute la vie, une
évasion. C'est tout le temps à refaire.

— *On en revient à votre cher égoïsme.*

— Oui, mais aussi à l'amitié, l'amitié entre
femmes, notamment, qui pourrait s'appeler « soro-
rité », si ce mot entrait dans l'usage, comme

« fraternité », qui a représenté une notion si valori-
sante, si utile pour l'ego masculin ! Cette évolution est
en route d'ailleurs. Regardez des films comme *Thelma
et Louise, Beignets de tomates vertes* ou le merveilleux
Company of Strangers de la Canadienne Cynthia Scott
ou, le plus récent, *The Hours*. Il faudrait les prescrire, ces films, et boycotter tout ce qui est dans le
droit-fil de la misogynie traditionnelle, des films, par
exemple, comme *Les Mamies*, dont le titre déjà vous
enferme dans un personnage de femme ménopausée.

— *À propos des* Vaisseaux du cœur, *je voudrais que
vous vous expliquiez un peu plus précisément sur le
phénomène même du succès. Vous êtes restée près d'un
an numéro un, puis deux, sur la liste des meilleures
ventes en Allemagne. Seul Jean-Paul Sartre, avec* les
Mots, *avait atteint ce score. Vous avez vendu un million d'exemplaires en édition normale, et neuf cent
mille en poche. Comment analysez-vous de tels chiffres,
alors qu'en France vous avez vendu cent cinquante
mille exemplaires, chiffres comparables à ceux de vos
autres romans –* les Trois quarts du temps, *par
exemple, avaient atteint deux cent mille.*

— Je ne l'explique pas du tout, mais je crois qu'il
se produit de temps en temps une sorte de phénomène amoureux qui se développe autour d'un livre et
qui fait boule de neige. Je m'y attendais d'autant
moins que je ne parle pas allemand et que je n'avais
jamais franchi la frontière allemande avant ce succès.
Mon éditeur, Droemer Knaur, qui avait fait traduire

tous mes titres depuis *Journal à quatre mains* avec des succès honnêtes, ne s'y attendait pas non plus. *Salz auf unsere Haut*[1], a été vendu dix fois plus là-bas qu'en France, et j'ai fini par m'apercevoir que mon succès dépendait de la latitude ! Comme en Allemagne, en Hollande et dans les pays scandinaves, y compris la Finlande, tirages record ! En revanche, dans les pays méditerranéens, le livre n'a jamais réussi à décoller !

— *C'est donc bien dans le Nord de l'Europe que cette histoire a été reconnue et appréciée, alors qu'elle n'a pas touché les gens du Sud. Question, sans doute, de différence culturelle entre « les Latins » et les autres.*

— En tout cas, en voyageant en Allemagne par la suite, pour des colloques, des rencontres dans les bibliothèques de nombreuses villes, j'ai eu l'occasion de parler de ce phénomène avec des universitaires et des lectrices. Avec des lecteurs aussi, car en Allemagne, je n'ai pas rencontré cette ironie bien française face au féminisme. J'étais une auteure normale (« Autorin » au féminin dans la langue allemande, qui n'est pas frappée des mêmes complexes grammaticaux que nous !), et non pas une féministe qui fait des romans à thèse. J'ai été très touchée aussi par la considération qu'a le public pour les écrivains, qu'on ne retrouve plus en France. Là-bas, l'écriture reste encore une activité prestigieuse, et qui relève un peu

---

1. *Du sel sur notre peau*, titre allemand des *Vaisseaux du cœur*.

de la magie. Les gens venaient à Cologne, à Hambourg, à Wiesbaden, pour m'écouter lire des pages de mon livre en français, alors qu'ils le parlaient à peine bien souvent. Mais ils écoutaient... dévotement, comme à la messe. Je trouve émouvant ce respect pour la littérature, pour la voix d'un auteur, pour son visage... En France, on ne se dérange plus pour écouter un auteur... sauf s'il est lu par Fabrice Lucchini ! Il faut cinquante écrivains dans un festival pour que le public se déplace !

— *À l'occasion de ces rencontres, avez-vous pu mieux saisir les raisons de ce succès géographique ?*

— J'en suis arrivée à deux hypothèses. La première, c'est que l'image de la femme donnée dans le roman est en accord avec la place des femmes dans les civilisations nordiques, celtiques, vikings ou germaniques. On trouve chez ces peuples du Nord des personnages féminins forts dans une grande variété de rôles. Alors qu'à Rome, berceau du terrible « Droit romain » dont nous avons hélas hérité, la femme n'avait ni nom (elle portait le nom de la « gens »), ni droits. Il en reste quelque chose en Italie, où les femmes sont si souvent présentées dans les rôles de Messaline ou de sainte. C'est la Mamma ou la Putain. On dirait que dans les pays méditerranéens, mon héroïne a suscité un certain rejet parce qu'elle leur renvoyait une image inversée de leur propre soumission. J'ai bénéficié d'un autre avantage : c'est parce que j'étais française que les lectrices allemandes

pouvaient se permettre d'apprécier mon livre. Je crois
qu'on m'aurait moins pardonné mes entorses à la
morale conjugale si j'avais été allemande – là, elles se
disaient avec une indulgence à peine scandalisée, et
beaucoup d'envie : « Ça, c'est typiquement français.
Il n'y a qu'en France qu'on arrive à vivre et à écrire
des choses pareilles ! »

Et c'est vrai que dans les romans allemands, la riva-
lité homme/femme se joue souvent sur le mode violent. Je pense à *Lust*[1], d'Elfriede Jelinek, qui était sur
les listes de best-sellers en même temps que moi, et où
les personnages masculins sont des brutes et des
obsédés sexuels, et les femmes des victimes abjectes.

Deuxième hypothèse : obscurément, les femmes
– qui sont celles qui achètent les livres, les enquêtes le
prouvent – en ont assez de se projeter dans des personnages de désespérées. Il y avait dans *Les Vaisseaux du cœur* une image de liberté qui les faisait
rêver, surtout dans un pays puritain. Et contrairement à ce qui s'était souvent passé pour *Ainsi soit-
elle*, les maris ne l'ont pas interdit à leurs épouses,
puisque ce n'était qu'un roman.

— *Ainsi soit-elle, c'est bien un livre qui avait été
interdit par certains maris ?*

— À ma grande stupeur, cela se fait encore. J'ai
connu personnellement deux ou trois de ces couples.

---

1. Traduit de l'allemand par Yasmin Hoffmann et Maryvonne
Litaize. Éditions Jacqueline Chambon, 1991.

Le mari redoute que des ferments d'indépendance ne minent son « ménage ». « Ne lis pas ça, ce n'est pas bon pour toi. » En fait, ce n'est pas bon pour lui, pour son statut de chef de famille ! Les hommes n'ont pas encore compris que c'est avec une émancipée qu'on peut construire un vrai couple... à développement durable, comme on dit aujourd'hui...

— *J'avais constaté la même chose avec* F Magazine. *Par exemple, un médecin de province que je connaissais, qui, à l'époque, devait avoir quarante ans, dynamique, sportif, branché avant la lettre...*

— Dynamique ? Sportif ? Ce sont les pires !

— *... il avait obligé sa femme à résilier son abonnement à* F Magazine, *en disant : « C'est un truc de lesbiennes, je ne veux plus voir ça à la maison. » Comme on vous connaît, ce type de réaction a dû plutôt vous encourager à continuer. Mais pour les* Vaisseaux, *vous semblez n'avoir jamais eu de doutes en écrivant.*

— Si. Vers le milieu, je me suis demandé si une histoire fondée presque uniquement sur le désir et le plaisir tiendrait le coup sur trois cents pages. Si JE tiendrais le coup à patauger comme ça dans l'amour. J'étais écœurée par moments, j'avais envie d'écrire sur le désert de Gobi ! Alors j'ai passé le manuscrit à mes filles, et c'est elles qui m'ont encouragée à continuer. Et puis il y avait cette préface dont personne ne voulait. Moi non plus. D'ailleurs, je ne peux pas la lire à haute voix. En Allemagne, dans les « lectures », on me demandait chaque fois de commencer par la préface et je me suis aperçue que j'en étais incapable. Je ne pouvais pas regarder les gens en face et lire ces mots-là !

— *Et pourquoi ?*

— Il y a des textes qui ne supportent pas d'être déclamés. Je pouvais l'écrire, encore que je la trouve trop crue maintenant. Je la referais autrement. Mais j'avais besoin de cette explication préliminaire. Jean-Claude Fasquelle, mon éditeur et ami, m'avait dit : « Tu n'as pas besoin d'une lettre d'excuse pour annoncer que tu abordes un sujet scabreux. » Mais je m'y suis accrochée. Je l'avais écrite avant de commencer le roman, comme un bouclier en quelque sorte. J'espérais montrer que je n'écrivais pas une *love story* à l'américaine, ni un mélo à la française.

— *Justement, c'est le contraire d'un mélo, et c'est même un livre qui peut toucher et passionner des gens qui n'ont pas nécessairement aimé le reste de votre littérature. Le plus passionnant, et qui dépasse la question stricte du féminisme, c'est votre manière d'aller au cœur du problème des relations entre les hommes et les femmes. Vous avez senti qu'au fond toute la société vise à faire entrer les gens dans le cadre social. Alors l'amour, et singulièrement, ici, cette passion entre George et Gauvain, est détruit s'il se laisse engluer dans le social. Dans* Les Vaisseaux du cœur, *beaucoup*

*de choses de cet ordre sont dites ou suggérées. Sans faire
de théorie, vous permettez de comprendre que la plupart du temps ce qui se passe véritablement entre un
homme et une femme c'est ce qu'il y a de plus asocial au
monde.*

— Exactement. Et c'est en cela que la passion est
fondamentalement différente de l'amour. Elle n'est
pas réductible à l'échelle et aux critères de la société.
Elle est invivable. Et pourtant...

CHAPITRE XI
Plic et Ploc septuagénaires vont à la pêche

« Savez-vous que, quoique très jeune,
autrefois j'étais plus jeune encore ! »

Henri MICHAUX.

Une violente raclée frappe la vitre donnant sur le soleil levant. Enfin, disons le levant, le mot soleil est de trop.

« Tiens, le vent est à l'est ce matin », songe Plic en s'enfouissant un peu plus sous sa couette. Elle n'a même pas soulevé une paupière pour apercevoir l'heure puisque Ploc dort encore ou fait semblant. De toute façon, à quoi bon remarquer la direction du vent, puisqu'en Irlande, qu'ils soient d'est, du sud ou d'ailleurs, les vents peuvent tous apporter la pluie. Du fond du lit, la pensée des vêtements humides qui l'attendent, du bateau qu'il faudra écoper avant de partir et des deux silhouettes jaunes luttant contre les embruns et les averses mais acharnées à récupérer le moindre casier, comme le berger qui ne rentre pas sans sa brebis égarée, cette image paraît risible, irréelle, absurde. Mais menaçante.

« Il serait peut-être temps d'y aller, insinue en effet une voix étouffée par l'oreiller.

— On a le temps, répond Plic. La météo marine n'annonçait que 4 ou 5 en matinée, faiblissant ensuite.

— La mer remonte. À mon avis, ça va forcir avec le flot. Mais on peut ne pas y aller si tu es fatiguée. »

Fatiguée ? Pour toute réponse, Plic saute du lit. Enfin... se lève. C'est dans sa tête qu'elle a sauté. Elle a depuis toujours bondi dans sa tête et jusqu'ici rien ne se glissait entre l'ordre d'en haut et l'exécution mais, depuis peu, un subtil décalage s'est opéré. De porteur fidèle, le corps est devenu parfois fardeau. Elle ne faisait qu'un avec lui et aujourd'hui, ils sont deux. Elle refuse encore de l'admettre et court ouvrir les rideaux. La vitre est constellée de gouttes qui se chevauchent et se superposent dans un crépitement métallique ; par une déchirure du ciel, un violent soleil inonde une partie de la baie de Derrynane, donnant un aspect plombé aux zones non éclairées. C'est sublime, comme d'habitude. Ici, les adjectifs modérés échouent à décrire. Il fait toujours deux temps à la fois dans le ciel. Par la fenêtre sud, on distingue au large une ligne d'horizon en dents de scie, signe que la mer travaille là-bas. Mais à l'abri de Lamb's Island, on pourra toujours poser le tramail une heure ou deux, le temps de pêcher de quoi gréer les derniers casiers. Ils n'en ont mis que deux à l'eau. Plic et Ploc sont pourtant arrivés en Irlande depuis quelques jours déjà mais n'ont pu se mettre vraiment en pêche par suite

d'une brume épaisse qui empêchait même de distinguer la *Ptite Poule* à son mouillage. Elle est bleu tur-
quoise, la *Ptite Poule*, toute ronde et ventrue, un peu
comme une Twingo, avec son allure de volaille quand
elle se dandine sur les vagues. C'est un solide petit
canot pourtant, 4,60 mètres, muni d'une double
coque rassurante dans cette mer hérissée d'écueils, et
construit par Beneteau, rassurant aussi dans ce pays
où les rares barques de pêche sont rapiécées au
moyen de vieilles planches, provenant elles-mêmes de
vieilles charrettes, et où les petits dinghies modernes
en polystyrène ont l'épaisseur et la consistance d'une
boîte à œufs.

« Saint Beneteau, garde-nous en vie », prient-ils
chaque fois qu'une rafale les rapproche un peu trop
de ces inquiétants rochers qu'affectionnent les
homards et qui, par mauvais temps, semblent aspirer
puis vomir les vagues dans un mouvement infernal de
succion et d'expulsion.

« Il ne fait pas froid, note, crie Plic, rassurante, en
ouvrant la porte vitrée. 12° pour août à 8 heures, ce
n'est pas l'enfer »…

Quand il fait froid, elle dit : « Il ne pleut pas,
note… » Quand il pleut et qu'il fait froid, elle dit :
« La pluie a bien aplati la mer, on n'aura pas trop de
mal avec les casiers. » Et quand il pleut, qu'il fait froid
et que le vent est fort, personne ne dit rien mais ils ont
presque envie de rire devant l'acharnement de ce
pays… et le leur.

Ce matin, rien à signaler, il fait normalement
mauvais. Les tenues n° 2 suffiront : sous-vêtements,

pantalons de toile, pantalons cirés, vareuses, suroîts, bonnets de laine.

Plic a des élancements dans trois doigts sur dix ce matin, signe d'humidité. Risible ici, où l'hygromètre dépasse toujours 80 %. Ses deux index sont déjà déformés et quand elle pointe la main vers le sud, la phalangette indique l'ouest. Il suffit d'être prévenu. Quant au pouce droit, il est gonflé et noueux. Il ne lui fait pas mal, enfin pas trop pour l'instant, en attendant la prochaine poussée. Un jour, elle aura des ceps de vigne au bout des mains.

« Il faut éviter de mettre vos mains dans l'eau, avait dit le rhumatologue, et porter des gants de caoutchouc. » Ha, ha, ha, avait pensé Plic.

De toute façon l'air irlandais pénètre au fond de vos articulations comme chez lui. L'air irlandais refuse de sécher le linge, brûle la végétation, fait moisir les draps dans les armoires et réduit à néant tous les efforts. Les cheveux colorés et permanentés de Plic se transforment en étoupe si la frisure est récente, en tagliatelles gluantes si la permanente est en fin de parcours. Ce n'est pas la peine de lutter : le vent, la pluie, sont roi et reine. Et quelque chose en Irlande décourage l'effort. Quand on n'y passe qu'un mois par an, on bénéficie quelque temps de l'énergie embarquée au départ sur le ferry de Roscoff. La première semaine, Plic s'obstine à poser quatre rouleaux sur son crâne malgré l'aspect bosselé que prendra son bonnet de laine. Elle n'oserait pas sortir en Bretagne ainsi affublée, mais ici, rien n'étonne. Rien ne tient non plus. Sitôt les rouleaux enlevés, il suffit qu'elle

ouvre la porte sur l'air irlandais, pour que ses ondula-
tions s'effondrent. À la fin de la première semaine,
elle renonce. La deuxième semaine, elle renonce au
rouge à lèvres, puis à ses ongles. Elle n'a plus à les
limer puisqu'elle les arrache, en urgence, chaque fois
qu'elle se coince un doigt dans une maille de ses filets
ou dans les ouïes des poissons qu'il faut vider chaque
jour. Bonne excuse pour les achever tranquillement le
soir en relisant comme chaque année *Les Îles d'Aran*
de Synge pour se confirmer que dans « l'Île des Sor-
ciers et des Saints », comme elle fut surnommée il y a
mille ans, on est vraiment très loin de l'Europe et
qu'ici la Poésie est plus vraie que l'Histoire.

La troisième semaine, Plic voit apparaître sa vraie
tête sans les apprêts de la civilisation. Pas de quoi
pavoiser. La quatrième, elle ne se regarde même plus
dans la glace. Elle est dépouillée de tout artifice
comme l'enfant qui vient de naître. Soixante-quinze
ans après.

Au petit déjeuner, Ploc a pris ses cinq pilules du
matin. Il y est astreint depuis deux ans déjà et il faut
reconnaître que l'efficacité du diurétique en tout cas
est impressionnante pendant quelques heures.
Aucune précaution préliminaire à l'embarquement ne
suffit à empêcher que se déroule à bord une opération périlleuse. Désormais, Plic se prépare à chavirer
chaque fois que le capitaine est contraint de lâcher la
barre, de redresser sa haute taille qui fait chanceler le
frêle esquif et de saisir d'une main l'écope tandis que
l'autre va s'efforcer de faire communiquer ses trois
braguettes superposées, le Velcro de son ciré, le zip

de son jean et la fente de son slip, aucune ne se trouvant en face de l'autre, pour dégager enfin l'oiseau enfoui. C'était écrit sur la notice : envies fréquentes d'uriner. Ploc ne pourrait-il pas faire assis ? se demande Plic. Il paraît que non. Les hommes sont bizarres.

Enfin il se rassied, son centre de gravité s'abaisse, le canot cesse ses mouvements désordonnés et Plic respire. Elle n'avait jamais eu peur en mer auparavant. Ni à Concarneau sur le bateau de son grand-père, ni sur aucune des nombreuses unités qui s'étaient succédé dans leur vie de marins-pêcheurs. Et puis à mesure que Ploc perdait de sa stabilité, que sa lenteur légendaire ajustée à l'essentiel devenait hésitation, que ses gestes rares mais précis se faisaient maladroits, à mesure aussi que leurs bateaux devenaient plus petits et moins sûrs, Plic découvrait l'angoisse. Elle sait qu'elle non plus ne pourrait plus bondir, lui tendre la gaffe, le hisser à bord. Elle l'imagine basculant à la mer, son K-way rouge se gonflant un instant comme une bulle de chewing-gum, ses bottes l'entraînant bientôt au fond. Il disparaît. La mer se referme. Il n'a même pas essayé de nager, elle en est sûre. Son cœur s'est très vite arrêté, ce cœur qui déjà fait le difficile en plein air.

Tout le monde le leur dit : ils sont raides fous d'être venus dans ce bout du monde, de s'obstiner à naviguer dans cette mer inhospitalière où se sont engloutis tant de bateaux déjà, depuis les débris de l'Invincible Armada jusqu'aux bâtiments de l'Expédition du général Hoche dans la baie de Bantry, toute proche, en 1796.

D'ailleurs, dès l'aube, Plic et Ploc « se font chier ». S'habiller pour la pêche est déjà une épreuve, quand il faut enfiler des cirés raides et humides, des cabans qui sentent le poisson, de lourdes bottes. Ploc a encore belle allure avec ses cheveux de Celte qui bouclent sous sa casquette de Patron. Plic, sous son bonnet de laine disgracieux, engoncée dans ses pelures super-posées, a l'air d'une vieille mousse. Elle bosse comme un mousse d'ailleurs tandis que, comme tous les Patrons, Ploc attend que le travail se fasse. Elle s'agite, rassemble les paniers, l'écailloir, les lignes, la nouvelle paravanne suédoise, la planchette japonaise, et extirpe de son sac de jute le vieux tramail apporté de Bretagne et qui a bien sept ou huit ans de loyaux services. Loyaux n'est pas le mot. Rien n'est loyal en mer, tout cherche à vous trahir, à vous lâcher, à vous faire couler, en fait. C'est le but ultime de toute vague.

Le vieux tramail en nylon transparent a été mal rangé en septembre dernier. Le jour où ils ont désarmé le bateau, Ploc s'est comme d'habitude moqué du perfectionnisme de Plic, qui voulait ras-sembler en boucles le haut du filet mais aussi la partie plombée avant de le mettre en sac pour l'hiver.

« Il ne va pas s'embrouiller tout seul, tout de même. Tu as noué les bouchons, ça suffit bien. »

Mais rien ne suffit pour les engins de mer. Ils s'empressent de profiter de vos moindres faiblesses et tout ce qu'on n'a pas fait selon les règles de l'art en son temps, se transforme, le moment venu, en catastrophe majeure.

« On le fait défiler une fois, juste pour vérifier, avant de le virer à bord ? » suggère Plic.

Mais Ploc n'accepte un effort que le couteau sur la gorge.

« Oh, écoute, le haut a l'air impeccable, le bas suivra forcément... » Plic s'incline. La tentation du moindre effort est contagieuse à la longue.

Leur Invité, harnaché d'un équipement trop grand laissé l'an dernier par un ami de 1,90 mètre et chaussé de bottes trop petites laissées par un autre, est descendu les attendre sur la cale. C'est un ami de longue date qu'ils aiment beaucoup. À terre. En plus il vient depuis dix ans avec sa nouvelle épouse et eux, ils aimaient l'ancienne. Et puis il faut dire que les amis ont le mauvais goût de vieillir en même temps que vous et qu'ils rendent de moins en moins de services. Vient un âge où autour de soi, tout le monde il est malade, tout le monde il est mort. Difficile de ne pas en vouloir à tout le monde ! En plus l'Invité a toujours été incompétent, ce qui ne l'empêche pas d'être partant chaque matin pour la pêche, alors qu'ils préféreraient s'amariner tranquillement loin des regards. Dans quelques jours ils auront retrouvé les gestes familiers, et les manœuvres s'enchaîneront sans effort.

Sur la digue, Plic traîne son Sportyak en plastique vert. L'an dernier il pesait moins lourd, c'est curieux... Elle met en place le banc en lattes de bois qu'elle a fait faire pour ne pas être assise sur le fond, les dames, les légers avirons d'aluminium et, route de mer pour aller chercher la *Ptite Poule* à son mouillage, quelques centaines de mètres plus loin, car il n'y a pas de port à Derrynane ! C'est toujours elle qui assure les rotations car l'annexe est beaucoup trop petite et volage pour contenir un bonhomme de 1,82 mètre qui pèse quatre-vingt-dix kilos et qui ne peut plus se plier en quatre. L'Invité, lui, est menu mais elle ne lui fait pas confiance : il a eu le malheur d'expliquer qu'il avait appris à ramer sur le lac de Genève ! En plus il est du genre qui réfléchit avant d'agir... L'océan ne fait qu'une bouchée des gens qui hésitent. Il est un de ces intellectuels, nombreux dans sa génération, qui se vantent de ne rien savoir faire de leurs dix doigts.

« Je ne dessers pas, c'est pour ton bien, car je casse tout ce que je touche », prévient-il, ravi.

En disant cela, il s'autorise à rester dans son fauteuil pendant que Plic dessert, à remplir les cendriers sans jamais les vider, oisif, irresponsable et attendrissant, croit-il. Il y a des moments où les gloses sur Franco ou les origines du nazisme – leur ami est historien – paraissent à Plic beaucoup moins intéressantes qu'un bon débouchage de siphon engorgé.

Arrimée au flanc du canot bleu, comme il y a un peu de ressac, Plic doit contrôler les battements de son cœur. C'est depuis un an ou deux l'épreuve de vérité pour elle, passer de la prame au canot en maîtrisant les mouvements divergents qui les agitent et le vertige menaçant. Le jour où elle ne pourra plus dominer cette peur, il ne restera plus qu'à vendre le bateau, leur dernier bateau. L'engin de propulsion suivant sera un déambulateur, c'est clair. Donc il

FAUT passer, cette année encore. Et l'an prochain et le suivant. S'il existait un vrai port ici, avec une digue et des anneaux au lieu de ce mouillage forain, ils pourraient continuer à naviguer jusqu'à cent ans ! Mais les Irlandais n'ont cure des installations fonctionnelles ou des réparations indispensables, qu'ils ont l'art de faire traîner si longtemps qu'elles en deviennent inutiles : la digue a fini par céder, la rampe d'accès s'est brisée... Ç'aurait été bête d'entreprendre des travaux, indeed ! C'est aussi pour cela qu'ils aiment ce pays : ils sont sûrs de le retrouver chaque année semblable à lui-même, juste un peu plus vétuste, comme eux-mêmes. Les routes ont les mêmes trous aux mêmes endroits, pas de chantiers « pour mieux vous servir », de bétonneuses ou d'équipes d'ouvriers. Tout le monde sait tout faire, mal, mais ça tient quelque temps, et il traîne toujours des outils sur la cale, des clous, des ferrailles diverses, des avirons cassés, et pour faire marcher le tout, le génie de l'à-peu-près et l'esprit d'entraide à la mesure de leur négligence.

Rien pour s'accrocher sur ces canots en plastique, gast, nom de Dieu ! Ni taquet, ni poignée. La planchette qui sert de siège sur les côtés est amovible et vous reste dans la main si on s'y agrippe. Le banc central est en plastique moulé. Pourquoi M. Beneteau aurait-il prévu une poignée ? Son bateau n'est pas une baignoire pour handicapés, on est en mer ici pas à l'hospice ! Hier encore il suffisait de lever la jambe droite assez haut – la prame étant au ras de la mer et le franc-bord du canot assez élevé – et de la basculer par-dessus bord. Le geste le plus simple du monde. Voilà-t-il pas que la jambe maintenant reste à mi-chemin ! À terre, pour franchir un muret par exemple, on lui donne un petit coup de main, ni vu ni connu. À bord, chaque membre a son travail à lui et ne peut suppléer aux autres. C'est une plaisanterie, a pensé Plic la première fois, une raideur, une crampe passagère. Mais l'année suivante, la jambe montait un peu moins haut. Or on ne peut pas tricher avec la mer, qui ne pardonne rien à ceux qui hésitent ou tâtonnent. C'est une tueuse. Debout dans la prame branlante, Plic se morigène. Mais un petit vertige qui passait par là, porté par une vague, lui saute à la gorge. Il ne faut jamais attendre car ces bêtes-là vous serrent le cœur de plus en plus fort si vous les laissez faire. « Allez, vas-y, Rosie ! Je le veux. » Elle s'obéit encore sous ce nom-là mais de justesse. Il suffit de tourner la difficulté en mettant vite un genou sur le plat-bord. Ça fait impotent mais seuls les goélands le verront. Puis l'autre genou et hop, on est à bord. Enfin pas hop, mais ploum... L'essentiel est d'embarquer vite.

Vieillir, il faut l'admettre, c'est aussi perdre la beauté du geste. On s'éloigne de plus en plus du mouvement idéal, celui qui joint la précision à l'économie. Peu à peu les gestes perdent de leur spontanéité : ils tiennent plus de la gesticulation, butant sur une limite douloureuse, cumulant l'inutile et le maladroit. Pendant un bon laps de temps encore, à condition de ne pas se lâcher la bride, la tête va suppléer au corps et à la déroute des réflexes.

À bord de la *Ptite Poule*, Plic retrouve sa routine : décrocher le mousqueton, amarrer le Sportyak au corps-mort d'une double clé (qu'est-ce qu'il ferait le gars du lac de Genève, hein ? Un « nœud de vache » ?), saisir les larges avirons et rallier la jetée où le canot vient mourir d'un habile coup de rame le long des marches. Ploc descendra sans avoir à faire un effort. Plic ne lui a rien dit de ses difficultés car les décrire les aggraverait. Il s'installe aux commandes du hors-bord et commence à tirer le cordon du Johnson. Il faut du temps pour apprivoiser les moteurs. Ils n'aiment pas se mettre à votre service avant qu'on ait détecté leurs petites manies. Celui-ci aime être titillé. Aux premières sollicitations, il ne répond jamais. Le volant se bloque.

« "I" m'ont dit au garage qu'"I" venaient de le faire tourner. »

Ils savent tous deux qu'on ne peut jamais compter sur « I ». Au téléphone, le moteur marche impeccable, everything Okay, I z'ont dit. En attendant, le hors-bord joue sa comédie habituelle : il tousse et crachote puis se tait.

« Le *Mercury* démarrait mieux, tu ne trouves pas ? »

Les moteurs précédents marchaient toujours mieux, on a oublié leurs défauts. Et le suivant, alors là…

« Vous avez vu dans *Bateaux*, dit l'Invité. On annonce un nouveau Yamaha avec un démarrage électrique !

— Tu n'as pas de bateau, dit Plic, tu achètes les revues nautiques ?

— Je ne fais plus l'amour non plus depuis mon pontage mais j'achète des romans d'amour !

— Ce n'est pas qu'il soit dur, ce Johnson, dit Ploc qui s'escrime, mais j'ai un mauvais rhumatisme au poignet ces jours-ci. J'ai dû me fouler en faisant un faux mouvement. » Existe-t-il de « bons » rhumatismes et est-ce qu'à nos âges les mouvements ne sont pas toujours « faux » ?

« Je peux t'aider, tirer la ficelle », propose gentiment l'Invité.

Mais à bord, Ploc, si courtois à terre, devient intraitable : un non-marin est une espèce qu'il faut empêcher de nuire à tout prix.

« Heureusement qu'il n'y a pas un souffle », ajoute l'innocent.

Plic et Ploc n'ont pas besoin de se regarder. L'Invité est encore plus nul qu'ils ne pensaient.

« On ne se rend pas compte d'ici, dit Ploc, mais regarde au large : tu vois bien que ça moutonne. Il y a une bonne brise au contraire. »

Bonne, ça veut dire qu'elle commence à être mauvaise. En mer, l'euphémisme est de rigueur. Il y a tant de naufragés là-dessous qui ont été emportés par une lame – on ne dit jamais par une montagne d'eau écumante et c'est pourtant ce qu'ils ont vu quand ils sont partis – ou qui se sont noyés par « bonne brise ». Mais l'Invité qui n'en croit rien rit aux anges.

« On met les lignes ? » demande-t-il.

Les lignes ! S'il croit qu'on va lui laisser une ligne en main, il se gourre. Qu'il laisse pêcher les autres d'abord et qu'il décroche les hameçons en sachant prendre correctement le poisson par les ouïes. Après on verra. Peut-être.

La *Ptite Poule* quitte la baie et taille sa route. Le paysage s'agrandit, s'ouvrant un peu comme un immense livre, présentant à gauche, dénudées, vertes, mauves et brunes comme un tweed, les puissantes montagnes de Beara, qui doivent à peine atteindre six cents mètres, et à droite, à flanc de colline, des centaines de champs minuscules, certains presque verticaux, bordés de murets de pierre sèche et piquetés jusqu'au sommet des points blancs des moutons.

Ont-ils regardé trop intensément toute cette beauté qu'ils retrouvent chaque été avec incrédulité ? Ou bien l'océan d'Irlande leur joue-t-il un de ses tours, histoire de leur rappeler qu'il ne faut jamais le quitter des yeux ? Toujours est-il que le bateau vient de traverser un coussin d'algues flottantes et que le moteur s'est arrêté net. Le silence sur un bateau à moteur n'est pas de bon augure. Tous trois se penchent : une longue traîne de ces algues que grand-père nommait « *Chorda Filum* » s'est entortillée autour de l'hélice. Plic connaît la manœuvre : se précipiter aux avirons pour maintenir le cap et éviter que le canot ne se mette en travers. D'autant qu'ils sont dans les parages de « la roche qui respire », sur laquelle la mer avance comme une langue puis se retire dans un hideux bruit de succion. Ils l'ont ainsi rebaptisée comme ils l'ont fait pour beaucoup des récifs de la baie, dont ils ne parvenaient pas à mémoriser les noms gaéliques portés sur les cartes marines. Ploc relève le moteur et à l'aide de la gaffe, du croc et de son Opinel tente de déchiqueter les filaments de *Chorda Filum* la bien-nommée, tandis que Plic rame à se fendre le cœur, l'œil fixé sur cette roche où ils pourraient être drossés à la moindre fausse manœuvre. Elle sait qu'elle n'est plus increvable comme jadis et que se passera-t-il si elle mollit sur les avirons ? On sera bien contents peut-être de compter sur le rameur du lac de Genève…

Mais qu'est-ce qu'ils trafiquent là aussi au lieu de se prélasser au château du Rondon, dans le Cher, la maison de repos des Vieux Écrivains ? Qu'est-ce qu'ils foutent ces deux vieux jetons sous leurs oripeaux de marins, l'un agrippé à ses avirons, l'autre à ses algues gluantes ? Qui viendra réciter *Oceano Nox* sur leur tombe liquide « tandis qu'ils dormiront sous les goémons verts [1] » ?

Un seul bruit va suffire à chasser ces idées morbides : celui d'un moteur qui se remet en marche. La goupille de l'hélice n'a pas cédé, le Johnson tourne rond, Ploc est un caïd et il forme avec Plic le meilleur équipage du monde. Ne reste qu'une formalité : poser le tramail.

Jeter la bouée, l'orin, la pierre, les premiers mètres… on voit tout de suite que ça n'ira pas. Des pans de la nappe centrale sont passés par les grandes

---

1. Que Victor Hugo me pardonne cette légère entorse à sa poésie.

mailles et empêchent le filet de se déployer verticalement dans l'eau. La tentation est grande de le basculer autour de l'orin ou de profiter du trou fait par une araignée l'an dernier pour repasser toute l'extrémité qui forme une torsade, dans la brèche. Manœuvre toujours vouée à l'échec. Que Plic tente pourtant. L'Invité secoue le filet comme un malade. Il secoue, il secoue, c'est tout ce qu'il sait faire.

« Allez, on met à l'eau cette portion comme elle est. Il restera quarante mètres pour pêcher, c'est bien assez », décide Ploc.

Dix mètres de tramail sont balancés sous forme de natte mais la suite ne va guère mieux, les embrouilles se succèdent, les plombs sont passés par-dessus les bouchons et le filet n'est plus qu'une vaste serpillière tordue par une ménagère en folie. L'envie croît d'y porter le couteau. « En coupant juste cette maille, conseille l'Invité, ça suffirait à tout dégager... » Cela semble évident mais l'expérience prouve que cette solution est pire que le mal. Le découragement les envahit et la honte. Plic n'est plus la Reine des Embrouilles, capable de démailloter en un temps record un tourteau refermé sur une proie à demi dévorée ou une araignée enserrée dans les mailles comme dans une camisole de force.

Luit à l'horizon la solution de lâcheté : un tramail neuf. Ils en ont un justement dans le grenier, impeccable, sans un trou et qui ne leur causera pas d'ennuis de sitôt. Ploc donne l'ordre de renoncer. Le Patron, c'est le Patron. En mer, Plic ne discute pas les ordres. On remonte la chose et on la remet dans son sac.

Étalé sur l'herbe, peut-être le tramail livrera-t-il son secret. Reste à trouver de quoi réappâter les deux casiers déjà en pêche. La mer irlandaise y pourvoira, elle n'y a jamais manqué. Dix minutes plus tard en effet deux maquereaux et un petit lieu arrivent en frétillant, sont instantanément coupés en deux et prêts à être suspendus dans les casiers. En rembobinant sa ligne, Plic ramène en prime la belle pièce : un lieu de deux kilos d'une parfaite beauté, qui connaîtra bientôt le goût des échalotes et du beurre blanc. L'Invité ouvre de grands yeux. Leurs histoires de pêche n'étaient donc pas des vantardises de fins de repas parisiens ?

La mer réserve parfois à ses amoureux la récompense royale après la maltraitance. Ils n'ont que deux casiers à relever mais dès le premier, astucieusement placé la veille dans un trou de sable repéré au pied d'un tombant, un homard « pour quatre pers. », pinces levées vers l'ennemi, est remonté à la surface. Il ignore, le malheureux crustacé, qu'un Créateur facétieux semble l'avoir inventé pour être mangé sans difficulté par l'Homme. Lui qui au fond de la mer a pour seul prédateur le congre qui habite dans les parages en guettant sa mue, semble, à la surface, avoir été programmé pour la marmite. Facile à saisir par le corselet en évitant les pinces, facile à débiter en rondelles ou en moitiés selon le nombre de convives, sa succulente chair rassemblée proprement à une extrémité, ses entrailles à l'autre, pas d'os, pas d'arêtes... c'est presque du surimi japonais tant c'est bien conditionné. Sa queue se replie en saccades convulsives en claquant pour faire peur, le pauvre chéri ! Il agite vainement ses pinces devenues trop lourdes dans l'atmosphère et ne sait pas en plus qu'il vaut deux cents francs le kilo et que cela ajoute encore du goût à sa chair et du plaisir à ceux qui l'ont débusqué.

Dans le dernier casier, relevé négligemment, l'honneur est sauf déjà, deux étrilles et trois cents grammes de bouquets complètent le tableau. C'est un pêche-tout aux mailles fines et tout ce qui entre est piégé.

L'atmosphère se détend à bord et le ciel lui aussi s'éclaire, laissant apercevoir à l'ouest l'improbable silhouette des Skelligs. La haute falaise de la Petite Skellig, à pic sur l'eau, blanche des fientes de milliers d'oiseaux qui nichent là, en tranches superposées, les fous de Bassan au bec jaune aux étages supérieurs, puis les puffins, les pétrels, les guillemots, les goélands et en bas, les mouettes rieuses. Immense HLM pour oiseaux de mer, protégés de toute intrusion, mieux que par un règlement, par des écueils en dents de scie, en gueule de requin, en goulets du diable, où se déchirent en permanence des vagues toujours furieuses que le vent éparpille et volatilise en écharpes de mousse qui tapissent tout le pourtour de l'île, rendant la notion même d'abordage irréelle.

À quelques encablures, l'autre Skellig, St. Michael, un étroit rocher de deux cent quinze mètres, au sommet duquel s'agrippent quelques cellules de moines et les ruines d'une minuscule chapelle et d'un four à pain. Quatre cent trente-deux marches vertigineuses y mènent, taillées dans le roc par une poignée de Fous de Dieu, ces moines gaéliques qui firent rayonner la foi chrétienne à travers l'Occident barbare dès le VIᵉ siècle. Que saint Colomban ou saint Gall, fondateurs des plus célèbres abbayes d'Europe, que des nobles bretons et des princes mérovingiens soient venus là pendant cinq siècles chercher la source de l'ascétisme mystique, c'est encore une de ces légendes celtes qui forment la trame de l'histoire irlandaise, qui en compte beaucoup d'autres au long des âges, tout aussi peu crédibles et pourtant avérées.

Le ciel lui-même est peu crédible, cherchant à faire croire que le beau temps va s'installer. Mais il y a toujours quelque chose de pourri dans le royaume d'Irlande, la traîtrise est toujours tapie dans l'innocence, le mauvais temps dans le beau. On le pressent à une rafale soudaine, à un frisson qui vous vient sans raison en plein cœur du soleil, à une brume qui sort de nulle part et envahit tout l'espace en quelques minutes comme dans une mauvaise mise en scène.

Le retour à terre est modeste mais triomphal. Plic dépose les deux hommes à terre et retourne amarrer la *Ptite Poule* à son corps-mort, passer l'éponge sur les fonds et récupérer sa prame. Dans ce sens-là, l'opération ne présente aucune difficulté. Plic oublie qu'il y a soixante-cinq ans maintenant qu'elle pêche avec le même plaisir enfantin, qu'elle manie les avirons et remonte sur les cales d'un peu partout, du beau pas chaloupé des marins, un panier à la main et au cœur la satisfaction puérile du devoir accompli et de la pitance méritée. C'est un moment d'éternité comme la mer en dispense parfois.

Elle croise souvent sur la cale deux des cinq fils du voisin, qui élèvent des vaches, une centaine de moutons, pêchent des homards en été pour les quelques hôtels des environs et parviennent à peine à gagner leur vie. Deux autres sont partis déjà, en Australie ou en Amérique, suivant ce flot d'émigrants qui depuis trois siècles saigne la chair vive de ce pays. Ceux qui restent sont rarement les chefs d'entreprise dont l'île aurait besoin.

L'aîné des fils, un colosse roux et bouclé comme Brian Boru, le roi légendaire, l'a toujours considérée comme une femme magnifique, séductrice comme toutes les Françaises dans son esprit. Elle apprécie ce quiproquo qui peut-être n'en est pas un. Il s'arrête pour lui parler, alignant des phrases dont elle ne saisit qu'une faible part à cause de ce terrible accent irlandais qui rend leur langue plus proche du breton que de l'anglais d'Oxford. Dans son admiration naïve, il ne la considère pas comme hors de sa portée, c'est évident. Trente-cinq ans ? cinquante ? soixante ? Sait-on jamais avec ces étrangères trop bien habillées ? Il ne peut imaginer soixante-dix. Ce serait la comparer aux vieilles de son pays usées par les maternités et la pauvreté, le visage ravagé par les quatre vents. Mais ici on a l'âge qu'on a et ce n'est pas un critère de mise à mort. En France, il faut arriver à quatre-vingts ans pour oser de nouveau s'enorgueillir de sa date de naissance. En passant quadragénaire, la première décennie où un mot existe pour vous parquer, on entre dans une région indécente où l'on ne sait trop comment se comporter.

Le grand gosse roux, avec ses yeux d'enfant et son regard d'homme, lui fait oublier son âge. Il lui porte son panier et ses avirons jusqu'à la barrière du jardin. Elle n'oubliera pas demain de remettre du rouge sur ses lèvres.

La douceur du havre, l'accueil sans traîtrise d'un jardin, l'odeur de l'herbe sont les compléments délicieux du plaisir de naviguer. La lande du Kerry est rude pourtant et le « jardin » de Plic n'est qu'un morceau de cette lande, hérissé de rochers, tapissé de bruyères et d'ajoncs nains et bordé, au pied des murets de pierres sèches qui les protègent un peu, de quelques buissons d'hortensias. Un espace sauvage où l'on peut lire sur chaque branche torturée par le vent, sur chaque feuille roussie par le sel, la volonté de survivre. Que les pétales des hortensias préservent leur velouté, que l'unique rosier pompon, à l'abri d'un rocher rond comme un œuf, s'obstine à pomponner tout l'été, constitue un miracle qui remplit de reconnaissance.

Plic aime les jardins parcimonieux. L'explosion presque indécente de son jardin varois en mai l'écœure un peu. Tous ses rosiers, les remontants et les annuels, les grimpants et les buissonnants, fouaillés par la violence de la lumière, se précipitent ensemble vers le soleil et s'y épanouissent en folles floraisons qui les épuisent. Toutes les espèces se bousculent et se chevauchent, vous écrasant d'admiration. C'est en automne qu'elle préfère son jardin du Midi, quand il se relève de la punition de l'été et que chaque plante, chaque arbuste retrouve sa vigueur et se remet à fleurir comme si l'hiver ne devait jamais arriver.

Son jardin breton, lui, mesure ses floraisons, gardant secrète une partie de ses trésors pour les dispenser le moment venu.

Le mot trésor n'est pas de mise ici. Sur les côtes ravagées par le vent salé, aucune plante, aucun arbre n'atteint sa taille normale. Bossus, rusant avec le vent dominant, couturés de cicatrices, ils subsistent, n'en pouvant plus, incapables de reverdir certains étés quand leurs bourgeons ont été arrachés au printemps, mais repartant courageusement l'année d'après, ne sachant même pas qu'ailleurs existent des végétaux que rien ne contrarie. Cette éternelle capacité de printemps que possède la nature, c'est peut-être ce que l'Irlande a de plus émouvant. Chaque rose est la première, chaque renouveau est le commencement du monde.

Je me demande souvent comment nous avons été assez fous pour installer ici Plic et Ploc chaque été depuis vingt ans ? Et pourquoi ils montrent tant d'obstination à se retrouver trempés, moulus, perclus, furieux, pestant contre le temps, la mer et les ans, sinon parce que chaque matinée de pêche, chaque soirée devant le feu de tourbe, bleu comme les flammes des marais, brûlant en silence avec son parfum ténu et pénétrant, leur permet d'oublier le temps et que le futur se conjugue désormais au conditionnel.

Nous découvrons ici que Plic et Ploc sont à la fois de vieux parents qui sont venus s'installer en nous sans nous demander notre avis et d'incurables enfants qu'il faut bercer. Nous ne savons pas toujours lesquels sont les plus pénibles…

Avec l'Invité qui est redevenu un ami en posant le pied à terre, avec sa compagne qui n'est pas si mal que ça après tout, bien qu'elle ne soit pas ma contemporaine et qu'elle ne sache pas distinguer le vent d'est du vent d'ouest, nous parlons le soir venu autour d'un saladier de bouquets, en buvant un peu trop de Paddy, des grands navigateurs et des petits, de nos voyages autour du monde et autour de nous-mêmes, et puis de l'inépuisable sujet, la pêche et les bateaux de notre vie. Tous ces poissons que nous avons pêchés et tous ces bâtiments que nous avons eus, avons revendus, aurions voulus, achèterons peut-être encore, qui sait ? Ceux que Paul regrette et que je n'ai pas aimés, ceux que j'ai su conduire seule et pour lesquels je garde une tendresse particulière, celui sur lequel nous avons échangé Paul et moi notre premier baiser en 1949, en vue des Glénan et en vue de nos conjoints respectifs qui contemplaient l'horizon sans discerner la vague qui s'apprêtait à les balayer ; celui sur lequel j'ai failli noyer Yves, un de mes gendres virtuels qui n'a pas dépassé hélas le stade de fiancé ; celui sur lequel nous avons embarqué François Mitterrand à Raguenès, un matin de mauvais temps, pour relever un tramail menacé. En chavirant, nous n'aurions fait perdre à la France qu'un Premier Secrétaire du PS, pas très doué pour la manœuvre… Et puis le *Tam Coat*, notre bateau breton, et la *Ptite Poule* enfin, qui nous permet de continuer à jouer à

Plic et Ploc en Irlande… bref tous ces bateaux qui ont tissé entre nous des liens qui sont devenus des amarres et qui ont constitué au long de la vie une succursale de domicile conjugal.

Tant que je saurai où demeurer, tant que je serai accueillie en arrivant par le sourire de mes jardins, tant que j'éprouverai si fort le goût de retourner et non celui de fuir ; tant que la terre n'aura perdu aucune de ses couleurs, ni la mer de sa chère amertume, ni les hommes de leur étrangeté, ni l'écriture et la lecture de leurs attraits ; tant que mes enfants me ramèneront aux racines de l'amour, la mort ne pourra que se taire.

Moi vivante, elle ne parviendra pas à m'atteindre.

Épilogue

C'est quelques années plus tard, en mai 2004, que
la mort est venue saisir le plus vulnérable de nous
deux, celui qui se laissait faire sans résister. Depuis
quelque temps déjà, comme un crabe, elle le tenait
entre ses pinces, en attente. Il y avait quatre ou cinq
ans que Ploc avait cessé d'écrire, signe qu'il était déjà
ailleurs. La dernière activité qu'il se fût imposée sur la
Terre, c'est de partir à la pêche en Irlande, où, pendant vingt ans, nous sommes retournés chaque été
poser nos filets.

Qu'il pleuve, qu'il vente, chaque matin restait pour
moi le premier matin du monde et je tenais pour
acquis que Ploc, que Paul, ressentait le même plaisir.

C'est en relisant *L'Âge de Pierre* [1], deux ans après sa
mort, qu'une autre vérité m'est apparue :

Je me demande aujourd'hui si Ploc, les dernières
années, faisait autre chose que m'accompagner ?

Il manifestait désormais dans toutes ses activités
une lassitude que j'attribuais à sa fatigue chronique,

---

1. Publié chez Grasset en 1993.

voire à sa légendaire paresse, même s'il mettait un point d'honneur à ne jamais manquer une sortie en mer. Il descendait chaque jour sur la plage à marée basse, se servant de la gaffe comme d'une canne. N'ayant plus la force de désensabler le bateau, nous étions tributaires de la marée et parfois obligés d'attendre le flot. Nous n'avions plus d'amis pour nous aider, c'est à cela qu'on se découvre définitivement vieux. Mon beau-frère, l'Irlandais, qui nous avait fait découvrir le Kerry, était mort à Londres un peu avant que ma sœur Flora ne sombre dans l'inconscience [1]. Mes contemporaines s'étaient fracturé le fémur ou l'épaule et les couples plus jeunes s'étaient découragés, je suppose, après une ou deux tentatives, de prendre le train puis le ferry pour Cork puis de faire deux heures de route pour passer... dix jours sous la pluie. Quant à nos filles, elles avaient sans doute nettoyé et débrouillé trop de filets pleins de goémon et de crabes morts durant toute leur enfance, pour trouver encore du plaisir à partager nos manies en écoutant des bulletins météo si souvent alarmants. Seule Constance, la fille de Paul, m'accompagne à Derrynane à chaque marée d'équinoxe, où nous nous livrons à nos coupables activités.

« Mer forte devenant grosse puis énorme »... il faut l'avoir vécue sur la côte ouest pour comprendre l'horreur de ces mots-là.

Après des années brillantes où tous nos amis parisiens étaient venus tour à tour découvrir les paysages

---

1. Par suite d'Alzheimer.

sompteux de l'Ouest et s'ébahir de nos pêches miraculeuses, vers la fin, nous nous retrouvions assez seuls. Mais je m'en accommodais, luttant sans relâche pour faire fleurir mon coin de lande, brûlée par les vents chargés de sel, et ayant toujours un livre en cours, ce qui me permettait d'écrire au pied de montagnes roses de rhododendrons sauvages ou violettes de bruyères, et face à cette baie de Derrynane aux lumières si magiques qu'on se berçait de l'illusion que le génie de Synge, de Yeats, de Joyce ou de Beckett allait nous visiter.

Et puis, était-ce un reste d'enfance, j'éprouvais toujours la même excitation à voir monter un homard bleu dans un casier ou grouiller cinq cents grammes de bouquets au fond du pêche-tout.

Je voyais bien que Ploc ne dégustait même plus les mollusques, oursins et crustacés que nous rapportions chaque jour dans nos paniers d'osier. Seule la vodka qui les accompagnait lui faisait encore plaisir. Il se recouchait après le déjeuner, faisait une sieste qui durait jusqu'au soir, se réveillait grâce à deux ou trois whiskies, dînait vaguement depuis que cuisiner ne l'amusait plus et lisait plus vaguement encore avant d'entrer dans sa nuit.

« Entends, ma chère, entends la douce nuit qui marche [1] », aimait-il à dire ironiquement chaque fois que sifflaient les rafales dans la cheminée, faisant frissonner les flammes bleues du feu de tourbe.

1. Baudelaire.

La sonnerie stridente de mon réveil l'arrachait au petit matin de l'inconscience, qui semblait désormais son climat favori, pour enfiler des vêtements de pêche encore humides et se traîner jusqu'au bateau qui, hélas pour lui, se dandinait sagement sur son mouillage.

Je dis « hélas » car j'ai compris beaucoup plus tard que Ploc avait peut-être tenté, la dernière année, d'échapper à la corvée de pêche. Lui qui réussissait tous les nœuds marins et ne manquait jamais un amarrage, avait évidemment fait un nœud de vache ce matin-là pour arrimer le bateau à son corps-mort. Une heure plus tard, contemplant l'horizon depuis la maison, ce qui était devenu son occupation favorite, il me signala soudain d'une voix altérée :

« C'est bizarre, il y a un rocher supplémentaire dans la baie... viens voir. »

Il se saisit des jumelles et aperçut effectivement un machin d'une insolite couleur bleue, dérivant vers les Pigs, la bande de récifs qui fermaient la baie et qui méritait bien son nom. Je n'ai même pas pris le temps de vérifier ; Ploc connaissait la baie comme sa poche, c'était forcément notre *Ptite Poule* qui dérivait vers la barre écumante. Le vent d'ouest, si fréquent, nous l'aurait ramenée à terre. Le vent d'est qui soufflait ce jour-là l'emportait vers le large où les Pigs se réjouissaient déjà de l'éventrer. Sans même enfiler mon ciré, je suis descendue en courant vers la cale. Notre voisin Paddy, qui était assis sur les marches, a tout de suite saisi l'urgence et nous avons sauté dans sa vieille barque, mis son vieux hors-bord plein pot et dix minutes plus tard je parvenais à crocher avec la gaffe l'avant de notre *Poule* et à sauter à bord avant qu'elle ne se fracasse. Nous l'avons ramenée en remorque (et en triomphe) à son mouillage où j'ai laissé Paddy faire la demi-clef qui s'imposait, me promettant de réviser le soir même dans l'*Almanach du marin breton* les quelques nœuds importants pour notre survie, que j'oubliais régulièrement chaque hiver.

« Belle manœuvre », nous a simplement dit Ploc qui nous attendait sur la cale au retour.

À la maison, il m'a longuement serrée dans ses bras, sans parler puisque nous pensions les mêmes choses, indicibles. Le bateau était armé, moteur, filets, avirons en place, la catastrophe aurait été totale, et notre saison de pêche avait failli s'arrêter là. Que dire de plus ?

J'ai longtemps voulu croire que nos sorties en mer avaient constitué son dernier bonheur, que je lui donnais la chance d'être encore, un jour de plus, à la barre, de choisir sa route et de s'imprégner de la beauté toujours recommencée des petits matins.

Pourtant, sur les photos, qu'il ne se souciait plus de prendre lui-même, comme si plus rien ne requérait son intérêt, je discerne aujourd'hui une absence. Sur l'une d'elles, je contemple son sourire, le dernier jour du dernier été en Irlande, lors du dernier retour de pêche puisque nous avions décidé de vendre la maison. Ploc est assis à l'arrière, un casier sur les genoux, un autre entre ses pieds, car nous allons désarmer. Lamb's Island est noyé de brume, son regard gris aussi sous sa casquette de marin, et il arbore en me regardant un sourire trop large comme il n'en avait jamais, le sourire figé du devoir accompli, du semblant de bonheur, du plaisir de faire plaisir.

Je doute qu'il ait été heureux d'autre chose que de mon bonheur les dernières années. On ne meurt pas seulement de maladie quand on vieillit, on meurt parce que le goût s'en va.

Du temps où Ploc s'appelait encore Paul Guimard, il avait écrit ce roman magnifique et glaçant, *L'Âge de Pierre* qui se passait entièrement en Irlande, dans l'île des Saints et des Savants, l'île des poètes et des fous, l'île de ceux qui vont partir.

« *Un temps vient où l'on ne reconnaît plus le paysage*, avait-il écrit. *Les amis, les amours disparaissent à un rythme accéléré et les décors changent à vue. Dans la mort d'un proche, le plus facile à supporter est la peine, sentiment simple et indiscutable. Ensuite on constate que le mort n'est pas parti seul, qu'il a emporté un morceau de soi, plus ou moins saignant. J'ai vu mourir les amis mais aussi les idées, principes, mœurs, goûts, plaisirs, peines, sentiments. Rien ne se ressemble plus. Je suis d'une race différente de l'espèce humaine où je m'achève.* »

C'était en 1992, douze ans avant que Paul ne s'achève tout à fait, qu'il avait tracé ces lignes. Il avait commencé à se sentir mourir assez jeune encore et je n'avais pas imaginé un instant que *L'Âge de Pierre* préfigurait le retrait du compagnon que j'avais « de si près tenu et tant aimé »[1] pendant un demi-siècle.

---

1. *Pauvre Rutebeuf*, chanté par Léo Ferré.

Alors qu'aucun signe d'alarme n'était encore apparu, son héros y décrivait une sorte de suicide au ralenti. Paul avait laissé tomber parfois, à la légère et comme en passant, que ce livre constituait un peu son testament. Nous écoutions distraitement, nous entendions rarement. Les romanciers écrivent tant de choses ! Et puis qu'aurions-nous fait ?

Dans le roman, Pierre est un homme vieillissant, un architecte connu, qui soudain décide de déserter sa vie parisienne, de quitter sa femme et son fils, qu'il aime pourtant, pour s'en aller mourir seul en Irlande, où il va se pétrifier peu à peu, se minéraliser en commençant par un pied, puis la jambe, et jusqu'à devenir un bloc de granit, une statue de pierre qui, un jour de grand vent, basculera dans les rochers que surplombe son jardin pour disparaître dans l'océan.

« *Inerte plutôt que sage, il avait fini par relier deux concepts, la calcification et l'indifférence. Il n'y a pas d'autre remède à la mort*, concluait l'auteur.

— Si, l'amour de la vie », lui répondais-je sans me décourager, sur tous les tons et tout à fait en vain.

Mais qu'est-ce après tout que la vie conjugale sinon cet effort répété, cette illusion tenace de comprendre l'autre et de pouvoir l'aider, alors que les mots n'ont jamais le même sens, même chez deux êtres humains qui croient qu'avec le temps ils ont appris à parler la même langue, voire à se comprendre à demi-mot ?

Ils se comprennent si peu qu'après la mort le malentendu persiste. J'espère que Baudelaire se trompe quand il écrit « les morts, les pauvres morts ont de grandes douleurs », une phrase que mon père répétait souvent dans mon enfance et qui me faisait toujours frissonner. Ce sont les survivants au contraire qui se tourmentent, qui se posent des questions pour lesquelles il n'arrivera plus jamais de réponse et des problèmes auxquels il n'existe pas de solution.

Je ne me suis jamais autant interrogée que depuis la mort de mon Ploc. Une autre que moi, peut-être celle qu'il a aimée pendant des années (qui m'ont paru une éternité), aurait-elle réussi à le retenir dans cette lente et désespérante glissade vers le néant ? Existait-il un moyen, une attitude que je n'ai pas su trouver ?

« La maladie de la mort », comme l'appelait Marguerite Duras, peut durer très longtemps, avec des accalmies. La carrière de Paul n'était pas encore close puisqu'il allait écrire un autre roman trois ans plus tard, *Les Premiers venus* dont il résumait le thème en deux lignes, bien dans sa manière : « Deux jeunes gens volent une pomme. Ils sont condamnés à mort. »

Entre le jugement et l'exécution de la peine, huit cents ans vont s'écouler puisqu'il s'agit d'Adam et Ève qui vont inventer un monde dont ils ignorent tout, accompagnés par le serpent, leur seul ami véritable. Ce livre portait en dédicace : « À mon Ève » et je crus y lire une déclaration d'amour, la première et la seule de toute son œuvre où, contrairement à moi, il n'avait mis que très peu de lui-même ; du moins en apparence. Car on écrit toujours avec son sang finalement, ou ses tripes, ou ses nerfs. En tout cas avec son malheur.

« Tu as là-dessus des opinions de garçon-boucher », m'avait dit Paul, un jour.

Il avait une manière de mettre fin aux discussions par une phrase définitive signifiant que le sujet était clos. Pourtant nous avions été d'accord sur quelques questions essentielles dans nos vertes années, le bien-mourir par exemple, en souscrivant tous les deux aux objectifs de l'ADMD[1]. J'y étais inscrite depuis 1982 mais je n'ai retrouvé nulle part la carte de Paul. Ses réticences à tout enrôlement l'ont sans doute empêché de s'inscrire et il n'a jamais rédigé son Testament de vie. Et plus les années passaient, plus il devenait de mauvais goût d'aborder un tel sujet. Il était clair que Ploc refusait de lutter, qu'il s'agisse de vivre ou de mourir.

Il est vrai qu'en dehors des rubriques nécrologiques que nous commencions à parcourir d'un œil torve, chaque matin, nous ne nous sentions pas trop concernés. La fin de vie n'avait pas encore pris l'aspect scandaleux que de récents drames ont mis en lumière, notamment depuis le geste héroïque de Marie Humbert pour accéder au vœu de son fils Vincent, qui subissait une survie pathétique, totalement assistée, depuis des années.

Aujourd'hui, les drames se multiplient en France et ils auront désormais le visage terrifiant de Chantal Sébire, qui a dû pour mettre fin à son calvaire[2], recourir à un remède de cheval prescrit par un vétérinaire puisque les traitements humains lui étaient refusés.

---

1. Association pour le Droit de Mourir dans la Dignité.
2. En mars 2008.

Que la formule du « laisser-mourir », inventée par M. Léonetti sans frémir, soit considérée comme une avancée en France, me paraît consternant. Elle ramène en arrière au contraire, aux temps que j'ai bien connus du « laissez-les vivre », inventé par les mêmes bien-pensants.

Faute de budget, faute de structures, faute de volonté politique surtout, les conséquences de la loi Léonetti, dans les rares cas où elle est appliquée, commencent à apparaître dans toute leur cruauté. Un exemple récent suffit à l'illustrer : au lieu de lui injecter une dose létale, les médecins de Denis P., 28 ans, dans le coma depuis huit ans, ont choisi de le débrancher en application de la loi, le livrant pendant une semaine à de torturantes convulsions, auxquelles ont dû assister ses parents impuissants, en l'absence de tout secours médical puisque les débrancheurs avaient appliqué la loi, toute la loi, mais rien que la loi.

Marie de Hennezel, la croisée des Soins palliatifs pourtant, vient d'ailleurs de le reconnaître : depuis trois ans aucun ministre de la Santé n'a jugé nécessaire de prévoir un budget et de mobiliser les services hospitaliers pour assurer l'accompagnement décent des patients en fin de vie.

L'échec est patent : il faut euthanasier la loi Léonetti avant qu'elle ne fasse d'autres victimes.

C'est d'autant plus urgent que sept de nos « Sociétés savantes médicales » suivant l'avis de notre comité d'éthique qui n'a jamais été à la pointe du combat pour nos libertés[1], viennent de rappeler qu'elles refusent ce qui se pratique en toute légalité aux Pays-Bas, en Belgique, en Suisse et depuis peu au Luxembourg. Motif : « La mort ne relève pas de la compétence des médecins. »

Stupéfiante déclaration ! Alors que la mort est un risque inhérent à tout acte médical et qu'aucun praticien ne peut se désintéresser de la phase ultime de la vie.

C'est oublier aussi que de grands « Patrons »[2], dont la morale et la compétence étaient au-dessus de tout soupçon, ont déclaré avoir mis fin, en leur âme et conscience, à la vie de certains patients, grands prématurés ou malades cancéreux sans espoir, non par pitié mais par respect de la dignité ou de la volonté de tout être humain.

Les héros de romans ont bien de la chance : ils peuvent choisir d'appuyer sur la touche étoile ou se changer en un rocher bien propre… Mais comment devenir un héros de roman ? Et dans la vie réelle, tout le monde n'a pas le privilège d'être né en Suisse, en Belgique, en Hollande ou au Luxembourg. N'ayant pas l'intention de changer de nationalité, j'espère tenir assez longtemps pour pouvoir jouir de la même liberté de choix en France. « On ne va tout de même pas légiférer sur la mort », s'écrient nos bons apôtres.

---

1. Voir sa position sur la recherche de cellules-souches en France.

2. Les professeurs Alexandre Minkovski ou Léon Schwartzenberg entre autres.

Or il ne s'agit nullement de faire une nouvelle loi, mais au contraire d'en supprimer une vieille, qui fait de l'aide à mourir un crime. Tout comme pour l'IVG en 1975, il ne s'agissait pas de légiférer mais d'abroger la vieille loi de 1920, qui faisait de l'avortement un crime.

Le simple fait de pouvoir ouvrir un dossier, de savoir qu'on pourra être aidé le jour venu, apaise l'angoisse et apporte une telle sérénité que les demandes d'euthanasie ont nettement diminué depuis cinq ans aux Pays-Bas, qui a la plus longue expérience en cette matière.

La France, hélas, n'est plus le pays de l'audace dans le domaine de l'éthique et je risque d'avoir quelques années à attendre. Mais rien ne presse ! Je me suis constitué un refuge à l'épreuve des intempéries, fondé sur le sentiment d'avoir participé à la plus magnifique des causes, celle de la moitié exploitée et humiliée de l'espèce humaine, que nous voyons enfin émerger de ce que Freud appelait « le continent noir ». Et la conviction d'avoir apporté à cette lutte, ne fût-ce qu'une contribution de fourmi, me remplit de paix et de joie pour le restant de mes jours... ou de mes années ?

Je n'ignore plus que la mort est tapie non loin désormais, guettant sa proie sous ses paupières de crocodile qui ne dort jamais. Je me berce encore de l'espoir qu'elle n'abattra pas sa griffe sur moi de sitôt. Mais je sais qu'elle a plus d'un tour dans son sac.

Par quelle grâce parvient-on à l'oublier ? Par quels stratagèmes réussit-on encore à jouir de la beauté du monde, du bonheur d'écrire et du plaisir de se réveiller chaque matin ?

Il faut se garder d'approfondir la question. Un malheur est si vite arrivé…

Table

Du même auteur :

Aux Éditions Grasset

Aux Éditions Denoël, en collaboration
avec sa sœur Flora Groult

Chez d'autres éditeurs

OLYMPE DE GOUGES, textes présentés par Benoîte Groult,
    Mercure de France.
PAULINE ROLAND OU COMMENT LA LIBERTÉ VINT AUX
    FEMMES, Laffont.
CETTE MÂLE ASSURANCE, Albin Michel.